我是個和香港一起成長的人。所以，在心態，在對事物的觀感，都和每個香港人很相似。因此，有「我」的東西，或許也會引起香港讀友的共鳴。

保育黃霑，拉闊香港

黃霑（1941-2004），香港著名流行文化人，1950年代起在多個界別活躍，擅長寫詞、作曲、配樂、做廣告、寫專欄、拍電影和在舞台演出，期間參與創造了大量性格鮮明、技藝出色，又貼近民心的作品，對香港文化影響極大。

2004年，黃霑離世，留下大批物品。翌年，同事們開始執拾黃霑的書房，並構思研究出版計劃。很快，有兩種聲音在我的身體打仗，一種叫打鐵趁熱，快快出版，另一種說，這些事情一生人只做一次，不如做到最好，結果打鐵的輸了。

之後，團隊抱着慢工出細活的宗旨行事，加上主事人喜歡拉扯，預備工作搞了15年，黃霑書冊才終於出版。在這期間，黃霑由家傳戶曉的流行大師，變成名副其實的歷史人物。事後看，這個拖延利多於弊。

要認真梳理黃霑，其實並不容易。黃霑出名，又到處留情，他離世時，來自民間的集體留言鋪天蓋地。說得誇張一點，似乎每一個留意香港流行文化的人都認識黃

霑，心中可能都有一個自家的霑叔故事。既然早已認識，也不用再加深究，不如一起懷念鬼才，追憶獅子山下，朗誦滄海一聲笑，立此存照。吊詭的是，這種趕緊抓住故人的衝動，跟流行文化的本性同聲同氣。流行文化周期短，能量大，輻射力強。流行不會等人，想捕捉它，就要緊貼時流，凝住剎那的光輝，有機會的話，再說永恆。

可是，這樣記住霑叔，好嗎？

黃霑自己說過，他其實是一個不太透明的透明體。他自幼喜歡大笑，性格開門見山，但思想和感情卻山外有山，由外表到內心，有一段不短的路。想認真認識黃霑，這段路，要再行。

同樣道理，香港文化有趣的地方，在它行過的路。

黃霑的博士研究寫香港流行音樂，論文的範圍由香港戰後講到回歸，內文超過十萬字。他自己承認，寫得最好的，不是今期流行，而是昨日風光。寫作期間，他曾經對我說，因研究所需，他要到廣播道上訪問四大天王的少年粉絲，了解他們的追星心得。他覺得十分痛苦。如果可以，他寧願到尖沙咀探訪菲籍音樂人，跟他們月旦戰後初年夜總會內老牌樂手的彈琴絕技。因為這些絕技確實厲害。更因為他知道世事有因有果。沒有之前的尖沙咀，就沒有之後的廣播道。幾十年來兩者之間有一條

路，在這路上出現過無數奔流和暗湧，告訴他流行文化其實山外有山，人和事比想像的要豐富和複雜。做研究的任務，就是面對複雜，抽出線頭，順藤摸瓜，理順這條經脈。

黃霑不再流行，讓我們更加放心讓黃霑回歸歷史，以另一種方式記住霑叔。

我們踏進黃霑書房那一天，香港正掀起文化保育潮。很快大家知道歷史地標沒有 take two，舊人舊物，同樣極待搶救。保育黃霑，成了我們往後十多年的日常工作。我們老實將黃霑的物品當作歷史文物好好收集、儲存、整理和修復。最初，團隊大部份屬熟讀社會學的書蟲，對保育文物的操作毫無經驗。我們請教專家，由初階學起，實試各種保育工藝，包括清理書房珍藏古本內伏櫃多年的書蟲，和將因日久褪色而變成無字天書的輝黃傳真手稿逐字還原。我們將他的專欄文章和訪問記錄全部數碼化，並實行每週圍讀，透過他的文字和聲音，重訪黃霑踏過的那條路。我們將他親歷的夜總會、廣播道、利舞臺、上海灘、人頭馬、黃飛鴻和滄海一聲笑放在香港戰後幾十年的曲折軌跡上一併觀察。這麼一來，黃霑書房的藏品竟然有種「昔日如異邦」的距離感，連黃霑着開襠褲的童年照片，也添了新的生命。

在黃霑書房，我們深深體會到個人的命運，最終離不開時代的因緣際遇和制度張力。黃霑在戰亂出生，在社會

重建中成長，在潮流革命中成人，然後跟幾代師友協力，創造香港黃金年代，衝出本土，面向中華，以港式摩登，再續滔滔兩岸潮。黃霑一生，踏着戰後香港發展幾個重要的階段，不論所思所想還是流行創作，皆充滿時代烙印，見證了香港文化的形成和變遷。

這套書冊，一分為三，用黃霑留下的材料，探究黃霑行過的路。第一冊由黃霑自述 1941 至 1976 年間他的身世跟香港軌跡的交錯。第二冊展示黃霑眼中 1977 至 2004 年間香港流行音樂的原點、細藝和群像。第三冊用鮮有曝光的書房資料，進一步鈎沉黃霑在香港流行音樂中的足跡，以及他和同代音樂人保育這段歷史的方法。我們的目標，是盡量做到寫人有人味，講流行不忘歷史，為香港這本難讀的故事書，加添一丁點厚度。說到底，保育黃霑，就是為了拉闊香港。

輯錄舊有材料，同代人易有共鳴。我們希望新一代的朋友也能在書中找到閱讀的樂趣和思想的切入點，讓黃霑這個歷史人物，在香港的十字街頭面前，以另一種形式恢復流行。

吳俊雄

2020 年 11 月

保育黃霑 1

黃霑看黃霑 1941-1976

CONSERVING JAMES WONG . 1
JAMES WONG ON JAMES WONG.

黃霑 著

吳俊雄 編
黃霑書房 製作

導論

黃霑 看 粵語

2005 年，初次踏足黃霑書房，看見很多寶物。

目眩過後，我們發覺這些寶物有兩大類。一是霑叔詳盡的創作手稿和筆記，我稱它們為香港流行文化的黑盒，內裏暗藏各種獨門技藝的記錄。二是有關霑叔生平的資料。讀過後者，我發現他的人生，跟香港一起轉折，兩者猶如平衡剪接的電影畫面，複合共鳴的程度幾近駭人。它給這段我自以為頗熟悉的香港歷史添加了難以言傳的質感。

這個生平故事，值得廣傳。我記得他寫作博士論文時曾經問我：「我一生跟香港流行音樂交往，經歷不少，與其要我訪問 13 歲的粉絲，我可不可以訪問自己，為這段歷史提供一些一手的佐證？」我答：「求之不得，請盡快進行。」

結果，霑叔的自我口述歷史計劃沒有開展。可是，他留下的生平敘述和書房物品，其實就是口述歷史不可多得的原材料。我們希望讓計劃重生，由黃霑以筆代口，按人生的階段述說自身，輔以摸得到的實物，逐一詳講當中的故事，加起來就是黃霑跟香港交往的歷史印記。

最初，我們預備把他一生 63 年的足跡完整呈現，不久就遇上困難。手上的文字和物件，厚薄不一，個別範疇，資料不全，整個故事怎樣編排，需要抉擇。結果我們決定，這個故事由黃霑出生開始，至 1976 年作結。

為甚麼是 1976 年？

黃霑自己的生平敘述，最詳盡和有顏色的大多有關 1970 年代中之前的體驗。我想當中有兩個原因：一、越遠的事，越多沉澱；二、對他來說，那個年代的事，無比重要，甚至影響一生。這種感覺，跟大眾對黃霑以及香港流行文化的想法有落差。

主流看法認為，黃霑和香港最重要的經歷，發生在 1970 年代中之後：香港經濟起飛，流行文化由本地年輕一輩主導，講粵語，搞新潮，電視普及，樂壇發達，演藝水平大幅提升，帶來之後 20 年香港文化的黃金時期。黃霑遇上無綫電視和顧嘉煇聯手為香港製造幾代傳唱不息的聲音，是黃金的印證。

這個說法，不一定錯，但肯定不完整，因為它多講「之後」，少

講「之前」。而聚焦「之前」，對認識黃霑和香港社會，至少有
兩點好處。

首先，在「之前」的香港，我們可以更清楚看到戰後大社會和小
市民的互動。

1949 年的香港，人口由抗戰結束時的 75 萬急升至 200 多萬。當
中大部份人希望避開戰亂，重過新生。他們集體經歷了社會重
建，看到同一場大火，入過同一種學校，名副其實成為「同一
代」的香港人。

黃霑是這一代的香港人。他 1941 年在廣州出生，八歲時一家流
徙到港，跟香港同步長大。他上學、跑山，發展了各種口味和
技能，然後提早出道，跟南來海派音樂人同台演出。1960 年他
入讀香港大學，畢業後當教師，再加入廣告行，在香港人開始
打 band，穿牛仔褲，飲可樂期間，兼職流行文化創作。黃霑在
麗的映聲登場兩年後，無綫電視啟播。同年，香港暴動，黃霑結
婚。1973 年黃霑在周刊寫「不文集」，香港影院接力上演鹹濕電
影。1974 年他推出首部電影《天堂》，講周而復始的難民掙扎和
代表殖民新政的 ICAC。同期香港人大量節育，他為家計會宣傳
《兩個就夠晒數》。1976 年他為新派電視劇初寫詞曲，又為香港
第一齣新浪潮電影《跳灰》的插曲《問我》寫詞，詞句「我係我」
成了第一代港人胎記。黃霑從 1941 到 1976 年的個人回憶，記下
香港平民的集體前傳。

此外，讀好前傳，讓我們更好認識後來，特別是它們中間的複雜軌跡。

我一直認為，研究黃霑跟談情說愛有點相似。愛情故事最引人入勝的不是結婚，而是拍拖，和拍拖前後那種「愛還是不愛？」「我愛他多還是他愛我多？」的曖昧。同樣，讀黃霑生平，我最感興趣的是 1976 年之前，他和香港社會的那種舊的將去，新的未來，廢墟之上如何再起新門牆的混沌狀態。

1976 年之前的 20 多年，是香港社會的關鍵時刻。那時霑叔還未變成「霑叔」，香港還未變成我們以後熟悉的香港，不論黃霑的面容，還是香港的社會結構，都未成形。因為眼前發生的事大部份沒有前科，眾人處世每天有一種人生初體驗式的刺激，和因為站在十字街頭，而不得不用心抉擇的醒覺。這種刺激和醒覺，在文化人的身上，特別深刻。他們的創作，為自己定位，向大眾示範，慢慢模塑了一個社會的感性。1949 到 1976 年間，香港由多元曖昧過渡到歸一自信，成就了日後的「香港模式」，整個社會形成的過程牽涉了眾多磨合、轉折、選取、釋放、壓抑、犧牲和再造。第一代本土文化人在當中有何角色，值得用力梳理。放大黃霑在這 20 多年的身世，就好像在他身上以慢鏡頭重播香港本土文化形成的經過。

以下篇幅，分成六章，由書房物件開始，讓黃霑敘述自己 1976 年「之前」的生平故事：

第一章　抉擇 1941-1953

一家人由廣州遷徙到深水埗落戶。黃霑以稚子之眼，直擊殖民地天空上的烽煙和隨後的社會重建。

第二章　青春 1954-1958

在喇沙上學，釋放猴子性格，遇上文化高人，在本地、南來和西洋的文化板塊中，找到自己的腳步。

第三章　出道 1959-1960

攜帶大袋口琴，到電台、錄音室和學校演出，未成年前已拿了入場券，行入一個剛剛開業的流行文化新世界。

第四章　大學 1961-1963

受大師身教，體會大學之道，並且愛上書本、音樂和戲劇，一生不變。

第五章　摩登 1964-1972

入職廣告，兼職電視、電影、舞台演出、音樂創作和報刊寫作。同期香港進一步跟世界接軌，他的搞作，全部走在香港摩登新浪的前緣。

第六章　本土 1973-1976

香港摩登，由模仿到翻譯到自創，成功開墾了一條本土自家的路。黃霑這條路上，為自己和一代港人發聲，唱出我係我。

目錄　　　導論　黃霑看黃霑　　13

第一章　｜20｜　1941-1953　　抉擇

1-1　大江大海　　24
1-2　廣州記憶　　28
1-3　深水埗的天空　　34
1-4　我的家　　40
1-5　懸旗的日子　　54

第二章　｜62｜　1954-1958　　青春

2-1　爬樹　　66
2-2　少年夢　　76
2-3　我是「喇沙仔」　　88

第三章　｜110｜　1959-1960　　出道

3-1　高手　　114
3-2　「黃霑」出生　　134

第四章 ｜142｜ 1961-1963

大學

4-1　大學問　146
4-2　愛書・愛樂・愛戲　160

第五章 ｜190｜ 1964-1972

摩登

5-1　隨緣 ― 社會轉型　196
5-2　本地化 ― 廣告　204
5-3　上前台 ― 戲劇　244
5-4　新潮面譜 ― 電視　256
5-5　文與載道 ― 寫作　272
5-6　九流與一流 ― 音樂　292

第六章 ｜326｜ 1973-1976

本土

6-1　我係霑叔　330
6-2　不文集　344
6-3　世界真細小小小　364
6-4　大家樂　370
6-5　我係我　394

黃霑的放大鏡。

第一章

抉擇

一九四九年，黃霑一家作了一個抉擇：別了昔日家，萬里而去，由廣州乘船到港，落戶深水埗，再起新門牆。

那一年他八歲，對身邊發生的事情一知半解。事後用放大鏡重組，他記得廣州的木棉花很漂亮，深水埗的天空很清澈，爸爸很嚴，媽媽很妙，那年白田村的大火很大，每年十月在大埔道飄揚的旗海很飄。

一九四九年的香港，個人的抉擇與時代的命運，緊密相連。少年黃霑，站在深水埗街頭，前面有許多未行過的路。往後五十年，他跟幾百萬人一起，在大中華的邊陲，做好自己身邊的事，並見證香港社會逆流而上，寫下歷史。

· 廣州教會學校懿群小學肆業

· 小學和幼稚園皆屬教會學校

· 廣州出生，本名黃湛森。

1941

1946

1945

1949

· 廣州聖神學校幼稚園畢業

· 隨父從廣州移居香港

· 同期抵港還有他的二媽
媽、生母和兩位弟弟。

· 定居在深水埗大埔道與白
田村交界

· 入讀離住所不遠的寶血會
德貞女子中學附屬小學

· 在喇沙書院升讀中學
· 加入喇沙書院由梁日昭指導的口琴隊
· 父親帶黃湛森兄弟三人到海旁洋紙店看英女皇加冕花車巡遊
· 在家目睹石硤尾大火，災場跟故居只有一街之隔。

· 德貞小學附小畢業，入讀喇沙書院，由第八班（小五）唸起。

1951

1953

1952

· 投稿《中國學生周報》

● 《大華晚報》1949 年 6 月 17 日。

大江大海

黃霑書房藏有不少有趣的歷史痕跡，其中包括圖中這一份《大華晚報》。我不清楚這份報紙的來歷，它因何會被好好包紮，並且跟書房內的霑叔物品共存多年。我只知道，講黃霑的故事，由它開始，最適合不過。

黃霑本名黃湛森，1941 年在廣州出生。1949 年隨父親逃避戰亂，由廣州乘船到港，迎接他的是《大華晚報》呈現的那個半灰白，半金黃的世界。報紙上半頁頭條報導國軍大舉反攻共軍，轟炸上海。下半頁有不少商業廣告，最搶眼的有無敵牌西鞋大市場的促銷，和李我原著、任護花導演的電影《蕭月白》正式公映。

1941 年的廣州，1949 年的香港，大時代吹起烽煙，小市民照常營役。

黃湛森抵港時年幼，對烽煙和營役，一概不懂。他只知道香港有芒果、菩提子，和原子糖，因此高興。然後，他遇到不少好事，包括母親送他美味無匹的燒鴨髀和愛到發燒的膠塞槍。

慢慢他記得，父親決定離鄉時，眼有淚光。後來他知道，數年之間，不少人跟他們一樣，眼帶淚光，離鄉到港。黃湛森的遭遇，是很多人的遭遇。在他身旁，有數百萬人因為這段經歷，對鄉土國族欲拒還迎，又愛又恨。然後他們咬實牙關，遷牆建屋，在這個殖民城市安身立命，變成了世上獨一無二的「選擇了香港為家的中國人」。

又是十月一日

1948 年 10 月 1 日，我還在廣州。那時，只有八歲，在唸四年級。

那年的冬季，在一個寒冷的夜裏，父親抱着我在懷裏，很慈愛、很莊嚴地對我說：「兒，再過兩天，我們要到香港去了。媽媽過了年後，帶着兩個弟弟來。明天你不要上學了。」

我當時甚麼也不懂，聽見不用上學，還要到那有芒果、有菩提子、有「原子糖」的香港，當然很高興。

想起當夜父親的模樣，似乎記起，他那時兩眼還有淚光。

父親那時已經 62 歲。在他 16 歲那年，我祖父去世。他是唯一的兒子，肩負起養活一家八口的責任。而家裏，甚麼東西都沒有。

別人窮是家徒四壁，他窮得只有三壁，因為家裏的一面牆塌了，連磚頭石塊也沒有錢買，只能把拾荒執回來的爛瓦，用泥漿糊住竹竿，當做擋風，又不起牆壁。

他赤手空拳，當了 13 年沒有人工的船上小夥頭，再當了 13 年苦力，終於熬出了頭，慢慢，一文錢一文錢的積下來，買了點田地，蓋了所房子。

本來不想走。因為他自問一生，沒有要過半分不應取的錢，他積下來的每一塊錢，買回來的每一寸地，是他用血、用汗、用力、用命捱回來的東西。他不信有人會從他手上把這些東西拿走。但母親害怕，母親怕爸爸會受損害，怕兒子會受損害。而爸

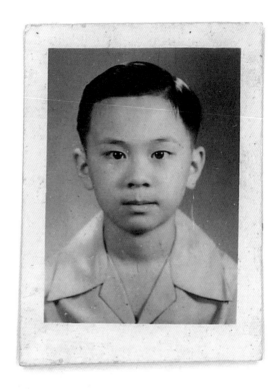

1940 年代攝於廣州。

爸因為愛媽媽，因為愛我們，所以才肯放棄了他自己數十年辛勞換來的東西，帶我們到這裏。

● 黃湛森（正中）、父母及兩位弟弟，1940 年代攝於廣州。

廣州記憶

黃霑留有大量生活照片，攝於廣州的，卻寥寥可數。這一幅，眾人衣履端莊，髮式時髦，連手抱的小弟弟都甚有台型，是有水準的家庭照。照片正中頭特別大的那位哥哥，雙目烱烱有神，對鏡頭背後的世界充滿期待。

黃霑的童年，在廣州度過。那八年間，日佔和內戰接踵而來，穗港人口反覆流徙，但大部份時候電台繼續廣播，平民日子依樣過。黃湛森的廣州兒時記憶，因為是兒時，也因為是記憶，內裏沒有煙火，只有情趣，西關大街和珠江河上，到處情緣，黃家在廣州荔灣十六甫的故居，留下不少過年、賞月、種花、拍照和與家人共處的溫馨片段。

1949 年，廣州時局劇變，照片中五人先後避難來港，在深水埗落戶。一家人沒有打算在此長住，連廣州故居的屋契也沒帶在身邊。他們期待捱過幾年流浪生活，便桃花依舊，重回廣州。

誰知一待，就是一生。

抹不去的廣州記憶

對五羊城，有種描不出，分析不來的情感。再髒再亂，也是故家所在。童年光影，數十年經時間洗刷過濾，仍然抹不清，濾不去。

兒時在廣州，家居轉角，有魚生名店「新遠來」客似雲來，先父常為座上客，我亦隨父去多次。

廣州時節，家中每年，例有朋友送來香米與臘老鼠，以臘鼠放在香米上蒸，其味之美，其香之妙，再無別物足以比擬。

記得幼年在廣州，家裏入夜，點的是火水燈，到後來，有了電燈，也是常常停電，做夜課，有例是先開電燈，然後是火水燈上場。

又記得那時玩具少得可憐，只有幾張「公仔紙」，幾顆玻璃彈子，一個陀螺。當初肯離家來港，不過是為了來到之後，可以買到「膠塞槍」。

小時生活，交通就是自己的腳。走一兩小時是閒事，和先父回鄉掃墓，在阡陌間哪一年不是走三四小時？走完不但沒有絲毫疲態，反而興高采烈，精神奕奕。

紅棉是我童年之伴，一直在廣州伴着我，像個好朋友。先父愛紅棉，兒時就沾染對英雄樹的好感，他攜我到中山紀念堂看紅棉的情景，至今未忘。

我的游泳老師，是爸爸。第一次下水，在沙面，與屎條同浮水上，老父教稚子做水上飛的幻夢，第一次破滅。他教我游泳的

「對於廣州有份解釋不來，而且說不出的情感。
到底是自己的出生地，和童年成長的地方。
看見有『騎樓底』的房子，我就只覺親切。」

黃湛森（左）和弟弟，1940 年代攝於廣州十六甫東四巷故居天台。

畫面，現在還不時想起。

先父本來替我起名叫黃湛深，他很喜歡「湛深」兩字，想我長大成人之後，學問精湛而有深度。後來，他找算命先生為我看「百歲」，算命先生說我五行欠水欠木，先父就將「湛深」改作「湛森」。先父生我之年，已是 53 歲。老年得子，對我的鍾愛，真是無微不至。幼時好吃荔枝，夏日父親每天下班，必帶荔枝回來。有時我睡着了，便放兩顆在我手心，再掛一串在蚊帳的鈎子

「同耶穌基督有緣，自細就响學校聽過佢嘅教訓。
連响廣州童年嘅 N 年前日子，
亦因為嗰間懿群小學係基督教學校，
所以亦知道聖誕節係咩嘢。」

黃湛森（前排左五），廣州聖神學校幼稚園畢業生攝影留念，1945 年攝於廣州。

上。那時我且已頑劣成性，睡醒必哭，只有摸到了荔枝，才露微
笑。父親為了讓我一樂，不惜天天如此。

　　先父在穗，頗有資財，既有一直利潤滾滾來的生意，又有房
產，更有鄉間別業。而我是長子，如果不是來了香港，一定遊手
好閒，變成「西關大少」，名副其實的二世祖。

　　我從小就頑皮，而且十分心野，理髮師一見我即皺起眉頭，

說：「頑皮仔來矣！」因為鄙人向來坐而不定，一忽兒屁股向右傾斜，一忽兒頭顱朝左而擺，理髮師要花雙倍時間，方能把我頭髮理好。

我很令先父擔心，但他很少罵我，只罵媽媽。

認真觸怒了爸爸的一次，他有盆深愛的花卉，好不容易等到有個蓓蕾，天天呵護，我這大頑童有天爬了上花槽，用手撫摸花蕾，蔔的一下，那該死的東西就和花托兒分了家。父親一回家看見，就知是我的傑作，一言不發，拿了竹掃把就在園子裏追我來打，不過，纏腳的外婆拱着我身前護着。

1983 年，別五羊城第一次重回，雖然人面桃花，故居所在地，已經不是從前舊貌，連路名都改變了，但老家門前徘徊觀望，竟也有說不出的親切。

少年的時候，有甚麼值得懷念？廣州沙面的東橋西橋？還是十六甫東四巷的舊居？抑或是天成路大新街口的出生地？

還是那個由乞丐變了人民英雄的鄒伯？

或是在父親半生辛勞積回來的花球果園「埜叟園」裏教我摘楊桃的滔哥？

還是我那愛上了暗瘡青年的三姐伊寧？

或是教我用國語唸「小明打遊擊隊」令我小學四年級時參加全校演講比賽得了 60 分的二姊蕙芹？

抑是那個我教她站着撒尿的鄰居小女孩？和那在冬天懂得坐在痰桶上拉矢的老狗？

● 黃湛森（前排右三），1950 年攝於寶血會德貞女子中學附屬小學門前。

深水埗的天空

1949 年，黃霑隨家人到港，在深水埗大埔道與白田村交界一幢四層高的唐樓定居，之後兩年，在離住居不足五分鐘腳程的寶血會德貞女子中學附屬小學上學。

學校鄰近嘉頓麵包公司、寶血醫院和美荷樓徙置大廈，屬本區老牌地標。這幅照片，攝於附小在元州街的門前。那時黃霑來港一年，站在前排，穿工人褲，梳西裝頭，跟一眾女生比較，身材相對短小，但頭圍毫不輸蝕，而且一臉自信。學校鐵閘旁邊，掛有「德貞平民夜校」的牌匾，可圈可點。

黃霑自幼入讀教會學校，德貞附小亦一脈相承。教會辦學有自家的風格：崇尚自由、有教無類、關顧弱小，在香港戰後，曾經大力幫忙移風易俗。有趣的是，德貞的風氣，跟深水埗的氛圍，不謀而合。

1950 年代初，大量難民到港，不少在黃霑老家背後的山頭聚居。一場大火，讓五萬人流離失所，很快在原地催生了香港第一代徙置大廈。然後，鄰近的長沙灣工廠地帶逐漸成型，深水埗經濟活動頻繁，區內滿佈戲院、茶樓、街市和各式各樣的小商戶。來往的人，背景混雜，目標類同，又不問出處。

少年黃霑得教會學校之風，學懂自信，同時自由好動，經常由白田村口的老家出發，經過美荷樓，穿越欽州街，逛街看戲，吹琴讀書，跟發奮平民和落難大師擦肩而過，盡吸天底下的人間精華。

重回深水埗

那夜，重回深水埗。

這是我童年成長之地。

童年，離我已遠。

閒時，很少想到當年情景。但偶爾一回首，很快樂。

比起香港的銅鑼灣和灣仔，深水埗的深夜，顯得靜，一個倦極了的男人在沉睡的感覺。

不是美人 beauty sleep，但其美，是另一種感覺。

深水埗是實在的，實際的，也古老的。全個區，沒有甚麼 hi-tech 高科技大廈，但另有種質樸誠實的美。

有一陣子，深水埗是木屋最多的地方，漫山遍野，數也數不清。然後，一把火，把這些山邊木屋，一夜之間，全部化為灰燼。此刻，那場大火的景象，想起也還驚心動魂，叫人顫慄不已。是這場浩劫，迫香港蓋起第一座六層徙置大廈的。雖然，這不是甚麼轟轟烈烈的歷史，但在深水埗人心中，這些往事，殊堪再記。

從前香港暴動，幾次和深水埗扯上關係。但平日，深水埗是可愛的，馴善而保守。彷彿是個半生勞碌的苦力，偶然發完一陣子牛脾氣之後，又再刻苦耐勞起來。

所以，我儘管不住深水埗了，直到今天，還不時回去，兜一兩個圈，到處走走。在母校小學門前，探頭探腦一番，找找那童年的感覺，開心一會，快樂一陣子。

少年黃霑在深水埗白田村口的故居目睹石硤尾大火、七層徙置大廈興建和雙十事件,同時在區內逛街、看戲、買書、上茶樓。2014 年開始,有團體舉辦「黃霑在深水埗導賞團」,導賞地圖記錄了他成長的地標。

「我是個深水埗仔。

在深水埗成長，一住廿多年。

對深水埗，我有深情。」

深水埗北河街，1950 年代。照片由張順光提供。

不是前一陣子為《喋血街頭》配樂和吳宇森談起，倒不知道我們在童年時代是石硤尾街坊。

阿森住在南昌街尾，我住在桂林街口，大家都在北河街上北河戲院看電影，就此愛上了銀幕上的影像，終生不渝。

住得那麼近，興趣又那麼接近，居然到那麼多年之後才交起朋友來。

那夜，大家在配音間談起，不知是怎麼形容石硤尾才是。

　　歲月已經把石硤尾木屋變成一棟又一棟的大廈，香江中學後面的山，早已鏟得扁扁平平，不像山了。

　　聖方濟各堂仍在，東盧卻早就不見了。皇宮戲院、金門麵包都失了蹤。

　　1950 年代、60 年代的年月，只存腦海裏，環境都不再如舊了。

　　曬布曬紗的空地，不見了。

　　白田村早已夷為平地。

　　連那時可望不可即的華爾登酒店，都在拆卸之中了。

　　那些日子，都失去了。

　　沒有失去的，是大家對童年、對街坊、對成長區域的思念。

● 黃湛森（正中）、父母及兩位弟弟，1950 年代攝於深水埗家。

我的家

與廣州家庭照片同樣的五個人，在深水埗的家留影。男的西裝筆挺，女的大方得體，之前手抱的小弟弟，已經跟背後的桃花一樣，亭亭玉立。

黃氏的家，在白田村口一家當舖之上，黃霑成長時有十多年在此度過。黃霑愛家，而且愛得頗為老派。對於他，家的感覺，在人。他不少專欄文章，都寫家人。在他筆下，家人愛恨分明，個性突出，而且因為生於亂世，即使是私人的際遇，往往也帶有時代的痕跡。

例如他的爺爺。清朝一個不貪污的小捕快，遇山賊身亡，遺下家徒三壁，由黃爸爸接力死撐。這個黃霑口中的「偉大的男人」，在動盪的時局底下，發憤圖強，結果做到「廣州有店，家中有屋，鄉下有田」。黃爸爸有三位太太，湛森為庶母所生，他出生時父親已經 53 歲。在老爸身上，黃霑學懂很多東西：游泳、書法、粗口、民族感情和做人處世的態度。1953 年，父親帶兄弟三人在上環海旁看英女皇加冕典禮巡遊，是黃霑人生的高點。

黃霑也疼愛母親，惦念母親常飲的豬肚湯。他的兩個姐姐，長期留在國內，一個年輕時投身共產黨，一個自幼鍾情《三毛流浪記》，各自以自己的方法，莫忘初衷。

當然，拜時代所賜，黃霑對老家的記憶，除了溫馨，還有恐懼。尤其是在那懸旗的日子。

爺爺

一幅炭相，長袍卜帽，這便是爺爺。

端詳炭相影像，依稀有一點兒爸爸的樣貌。可是爺爺到底是怎麼樣的一個人，不知道。

爸爸 16 歲的時候，爺爺就已死了。

爺爺大概在清廷當過小官，所以家中還有不少當時文士送給他的扇面，上面寫着「南山守戎大人」。大概是捕快頭領之類的武官吧。

廣州家中，依稀記得還見過他遺下的官服，金線繡的前後補子，是我接觸過他的遺物而印象最深的了。

他大概是個清官，所以我們家窮。別人家徒四壁就算窮，但據爸爸說，我們鄉下的家，只有三壁。另一壁是破瓦爛甕胡亂堆起來的。清代幾乎無官不貪，爺爺竟是個窮的清廉之士，也算是黃門有幸，祖先山墳風水有靈了。

83 年回廣州，看過「陳氏家祠」。那是保存得很好的古跡，文革時因為是高官住宅，所以沒有遭受任何紅衞兵損害。陳氏家祠全是石刻，牆上面很多詩文。而都出一人所撰。

那人叫黃南山。與我爺爺名字相同。曾經一度想查查，作詩的究竟是不是爺爺，可是問來問去，問不出「黃南山究竟」，只好作罷。至今，對爺爺故事，知得少。

父親

一、偉大的男人

先父是我心中最偉大的男人。在我心中的地位，無世上其他男人可以比擬。

他只受過一年正式教育，16 歲時，先祖父擒賊以身殉職，遺下一家八口，要先父一人養活。

到先父中年，他的努力有了成果，廣州有店，家中有屋，鄉下有田。然後，解放窮人的偉大中國共產黨來了，先父從前捱過窮，知道窮人的苦，於是感動的自動獻契，接着三反五反來了，獻了契的人再變成窮人。

世人大都知道鄭板橋有名言曰：「難得糊塗」，較少人知道他另有句「吃虧是福」。

吃虧真的是福。記得爸爸生前，有時對友人的熱心，真到了笨的程度，礙於他的父親尊嚴，不敢置一詞。到他死後，我才知道他是為我們積了福，因為父執仍然處處照顧我家，絲毫沒有因為人已不在，而對遺屬或忘。所以，恍然大悟，明白了爸爸處事待人的大道理。

爸爸書唸的不多，鄭板橋這句話，他大概沒有看過，但他待友人，的確是與板橋名言「吃虧是福」暗合。

二、嗜好

寫毛筆字。啃再沒有人肯碰的中國古書。種種花。

這三種心中想培養的嗜好，都與我父有關。

先父一介商人，書讀得少，但寫得一手好字，筆劃非常硬朗，字形也佳，雖然不是甚麼名家，可以領導風騷，令人讚歎不已，卻也絕對見得人。

他是老派人，只用毛筆，記賬寫信，都如此，日子有功，一手見得人的中國字，令我這做兒子的羨慕之極。

他也常啃古書，大概因為他基礎不好，所以啃得辛苦。但他卻自得其樂，又常做筆記。我與書有緣，大概是受了他的影響。

先父在鄉間長大，始終擺脫不了中國傳統的農人思想，一有餘錢，就買田。從前花縣，我們家有數百華畝的小農場「埜叟園」，花木多得不可勝數，而家中小園，與家中客廳，花從來不少。我自幼十分喜愛鮮花。而這喜愛是採兼收並蓄政策，不對任何花有偏見，只要是新鮮花朵，一律喜歡。

我自幼喜歡看報，也是受父親的影響。那時小腦袋在想：每天早上爸爸都看報看得那麼津津有味，報紙裏面，一定有很好玩有趣的東西吸引他了。所以，還未看得全懂報上所述的事物的時候，我便開始看報。

清清楚楚的記得，一看了報以後，中文科就開始進步。以後在求學時候，中文是我年年考的最高分數的科目。

三、粗口

講粗口得自家傳。

父親是極傳統的廣東商人，三字經不假思索。最喜歡吃飯的

時候,說不文笑話。

先父家貧,在港澳渡輪上當有食無薪的小廝,然後去太古當了 13 年 tallyman,管的是勞苦大眾苦力手足。所以善用人民語言,說三字經從不皺眉頭。後來經商,來往的是廣東商人,所以粗口絕對不少,因此耳濡目染,從未以粗口為恥,而且有時候更以此為榮。後來學了英文,連英文粗口也十分暢順,和洋人說起粗口來,絕對出口成章,不曾輸蝕。

四、成材

先父在世的時候,他從來沒有和我講過甚麼人生的大道理。爸爸 50 多歲,我才出生,兒子的年齡,比他的外孫還小。中間自然甚有代溝。

他一心要兒子成材。而在他心中,成材,必然靠在學校用功,努力把書本啃好。其他一切,都是分心的玩意,絕不鼓勵。最好能禁絕。

他反對我學音樂,不但絕不贊成,而且時加諷刺。

「好!一天賺三塊錢。」父親一臉不高興:「當送殯的洋操隊!」

其實,他心中,不是不愛音樂的。心情好與興致高的日子裏,他會哼幾句:「籠中鳥,網內魚,掛翅不能高飛,難以逃出羅網,怎樣啊……。」

而就這樣偶爾哼哼,兒子就偷偷的愛上音樂了。還不管他反對,瞞着他學藝呢。

也許,沒有他的反對,心中沒有那種強烈的動力,要在音樂方面,無論如何,也弄點成績出來。

五、家

家中到中秋，必有各式各樣的燈。

那時先父健在。相熟的衣紙店送走馬燈來，父親不喜佔人便宜，有例掏腰包再多買幾盞小孩玩的中秋燈回來。所以楊桃燈、白兔燈等，多得很。

中秋前後幾夜，家中就關了電燈，燃亮中秋燈的小燭。

先父老年得子，兄弟三人年紀甚幼，爸爸卻已經白髮斑斑。因為年齡的差距大，很少和我們玩童稚玩意。但一到中秋，他例為我們把柚皮做燈。

柚皮燈易做，一條繩、一支洋燭、一支棍子，就是個很耐玩的玩具了。

爸爸一生刻苦，總是很懂得廢物利用，買回來的燈，我們三個頑童玩不了一陣子，就弄得燈身燒殘。但柚皮燈，一定中秋過後，還可以繼續玩，柚皮燒不着，即使焦頭爛額，一樣玩得下去。

所以中秋印象，在燈。而燈中，又以柚皮燈為最。柚皮燈令我想起父親。

黃湛森（左）和爸爸，1950 年代攝於深水埗家。

母親

我老母，係妙人。

「今日好凍，着多件衫啦！」

佢重當我三歲，响冬天時候，周不時會打電話俾我，提醒我着衫。

「十號風球嘞！重未收工呀？」

舊陣時，我屋企同寫字樓唔同地方，一打風，佢就會打電話嚟我公司。

好多年前，我响「無綫」做節目。劇本係我寫嘅，許冠文客串，用嘅手法，想話創新些少，好多硬 cut 嘅倒敘。

節目播出之後，我打電話問佢意見。

「好睇！做得好好！」佢話。

「你明唔明我哋講緊咩嘢呀？」

「咁我又唔知呀！」

總之係個仔做嘅，就好，唔明，另一件事。

請佢食飯，佢一定爭俾錢。

有時，俾錢佢買嘢食，佢一定封番利是俾我，封利是，起碼係我俾佢嘅銀碼百分之九十。

去親探佢，必有利是。

我有親事，佢一定先同我神前作福，事成，就去還神。

聽佢稟神，好過癮。

「湛森花仔，而家同亞洲電視，做『世界盃』，請菩薩保佑佢大吉大利，大受歡迎……。」

「我家有個好傳統。每次我們孩子生日，
爸爸一定都囑咐傭人煲豬肚湯。『補補媽媽的肚！』
豬肚湯是不是真的可以補補媽媽的肚，
不必深究。孩子的生日是媽媽『母難紀念』。
母親陣痛，母親懷孕，母親無條件的愛，
都讓那熱騰騰的奶白豬肚湯形象化了，
比任何長篇大論的孝經，更能映入我的腦海。」

黃湛森（右一）、母及兩位弟弟，1950 年代攝於深水埗家。

「你做多啲電視啦！」佢成日叫我：「唔好將啲價錢揸得咁硬。有得做就做。」

　　佢鍾意我做電視，因為佢認為電視觀眾多，會令我有知名度。

　　佢白內障，割咗之後，又視力衰退，所以睇唔到嘢乜滯。但一到我出鏡，佢就開電視，睇唔見，聽吓聲都好。

　　我呢個老母，十世投胎再做佢仔，我都制。

二姐

自己取了個別字叫「易芹」；有些朋友以為我是，以曹雪芹自況。

其實不然。

黃霑再自大，也不敢和曹霑比。

「芹」是我二姐，一位在 1949 年前便加入了共產黨的中國女性。

芹姐比我大 20 多歲，早就出嫁了。我和她見得很少。但他是我先父之外，最敬重的家人。

她性子硬的很，是個窮得腰直的人。充滿了理想，也很有原則，所以我十分敬重她。她反對國民黨。那時天下非楊即墨，所以十來歲便懷着一腔熱血，加入了廣州的地下共產黨。為了加入共產黨，她不惜和她十分鍾愛的父親決絕，甘心捱窮，堅拒先父挹注。

亦芹二字，是說她的弟弟，很想學她。

三姐

初次見雨花臺石，在廣州。

三姐從南京把幾顆晶瑩的斑斕圓石帶回，引起了我對南京無窮的嚮往。那時心想，長大了一定和三姐去南京看看。

然後，我隨父母攜弟逃來香港，三姐也跟來了。可是 50 年來，難民湧入此地，資格再好的，也人浮於事，三姐只是個剛唸

張樂平作

初見此書，
時九歲左右，
...
細細俱...

張樂平，《三毛流浪記選集》，三聯書店，1978 年。

完國內大學的青年，找來找去都找不到工作，只好回大陸去。

她回去的時候，很多希望。她心想，香港用不着我，中國總用得着吧，專攻戲劇的大學畢業生，在大陸，還愁不能好好將一己所長，貢獻給處處需用人才的自己國家嗎？

如是者 30 多年，現在再不見雨花石，再沒有希望，只有一封封要求寄東西回去接濟下一代的家書。

流浪記選集　　三聯書店（香港）有限公司

「三姐蕙蓉，把張樂平的《三毛流浪記》介紹了給我，自此就迷上漫畫世界。人雖已屆中年，卻仍然讓漫畫留住了我的童心，得以不老。」

李先生

6/12/88.

調一.

「調景嶺風雲」

1. 調景嶺：itself。

調景嶺 is a symbol. 它代表着一些過去的事。

調景嶺是為些未死、根本回不去的中國人而設。

The question is, he 們 who 中華民國主義, why don't they go to Taiwan.

退香港, 為什麼?

是不是因為是 lesser of the 3 evils?

這點有一些。

那他們的夢想到底是什麼一回事?

I think it is a dream, a symbol.

調景嶺, 另外一些就有真的離鄉別井的上素。

他們都是老人物、中國故事、已「不再出名亮」。那些都好像中國過過是歷史一般。他們也八十幾歲、都是 60、70 歲的人了。在垃圾而言如一個夢、一些就是愛國然後一些就認為老年過着百樣的夢。It's a very romantic treatment of sentiments. I very noble!

這種半浪漫而站立的情懷。而這是不一致。

這是寫底. Conflict 由此而來.

● 1988 年籌備拍攝電影《調景嶺風雲》通訊手稿。

懸旗的日子

黃霑書房珍藏了一份十頁的傳真手稿,上載黃霑在1980年代末籌拍電影《調景嶺風雲》的初步構思。電影最終沒有拍成,但構思留下。文稿上,黃霑說:「調景嶺 is a symbol。調景嶺是貞忠老兵,極愛國的中國人的代表。」這個想法,有段故事。

黃霑來港初期,時代風暴如影隨形。他領教過英女皇加冕大典,目擊了白田村火災,親身體會到天地人間的大起大落。更貼身的,是國共鬥爭。黃霑未成年前,每年10月,家中例必懸掛「青天白日滿地紅」旗,跟眾多左鄰右里一起宣佈國共內戰年終無休。1956年,雙十事件在老家門前發生,鬥爭的凶殘景象,和背後的國族糾結,教他念念不忘。在此,調景嶺有特殊的連繫。

1950年,港府在調景嶺闢地,收容流亡的國民黨士兵和其家屬。三年間,超過三萬人先後遷到這片荒蕪的土地上。黃霑成長時,調景嶺的存在,顯示國民黨「反攻大陸」的號召日益脫離現實。但他看到不少調景嶺的軍人堅信心愛的國家將會在兩黨鬥爭之外,以另一種形式恢復光輝,並為此願望而努力過活。對他來說,這個地方代表了一個對國家忠貞與愛的符號。

這個符號,提醒少年黃霑,跨過大海之後,前面是另一輪的抉擇。1974年,黃霑第一部當導演的電影《天堂》,寫避難,盼重生,承繼了這種複雜的心情。

旗的感觸

廣州「解放」的時候，先父還在。看見「人民解放軍」入城，真的是不動民間一草一木，感動得涕淚交零。因為那時國民黨的兵，比賊還要勝一籌。人家賊過如梳，他們卻兵過如篦，民間草，或許不取，但民間的貴重物品嗎，少不免要據為己有的了。現在居然有守紀律的兵，那真是中國人幾百年來少有的福氣。於是家中大廳正面，高高掛上了五星旗和偉大的舵手毛主席像，天天領着我們兄弟三人，在像前鞠躬。私人財產，他自願獻大部份給國家。我們十六甫的舊居，有個「光榮之家」的招牌在大門。爸爸覺得，共產黨會是中國的救星。

可是，旗掛不了多久，我們一家，終於看清楚了中國共產黨的真面目。

1949年隨父母攜兩弟來港。那時，家人從沒有打算在這裏作長期定居。父親也沒有預備把自己一手創立的家園放棄，那些屋契都鎖在保險箱中沒有丟掉。一家幾口，都是想捱過了幾年的流浪生活，便要回到祖國懷抱。誰知一獃，就是多年。

在這期間，家中每年都有在「雙十」懸旗的習慣。爸爸仍然不喜歡國民黨，可是兩黨一比，五星旗代表的意義太差勁了。家中周圍的徙置大廈，也是一片「青天白日滿地紅」的旗海。其中有大至連跨三四層樓的巨旗，和霓虹管製成的雙十巨字。

先父逝世之後，我成家。10月也仍然懸旗，還教大兒子尊重國旗的意義。慢慢，這旗的顏色有點褪了。

懸旗人家之中，相信都希望重回大陸，他們希望大陸不再在

「那時家住深水埗大埔道。家人都搬了到親戚家，
遠離暴動區，老家只賸我與爸爸看守。
露台之下，是青山道與大埔道交界。
我親眼目睹暴亂群眾燒汽車，燒的士，
把外國人拉下車亂打，燒嘉頓麵包廠。
那種不可理喻的瘋狂，真的叫人震驚震怒。」

深水埗欽州街，1956 年 10 月 11 日，照片由高添強提供。

旗的感觸　黃霑

此文昨日，又見雙十。這是在香港過的第二十個雙十了。

為此稿時，驀回首周圍的批屋大廈，已是一片「青天白日滿地紅」的旗海。其中有大至連跨三四層樓的巨幅「青天白日滿地紅」，粗覽紅旗製成的雙十字，是台灣政府的「統戰」或者寫傳攻勢的感染。懸旗的人家，又甘心情願的把旗幟高高的當眼展出來。

知我心中的鄰居們誠，我問：「你們相信台灣政府能反攻大陸嗎？」再問：「你們認為希望會實現？」對方皺了皺眉，苦笑了一下，答：「不是相信，只是希望！」

如果我的朋友要我容納無限的黑頭髮、黑眼睛、黃皮膚、扁鼻子的在祖國山河裏渡過的中國人，大概不少是在大陸出生，隨父母逃來了香港，你……

好像懸旗了，也習慣了。但其實，我想，懸旗的那班人家之中，相信絕沒有幾多個是真心實意對著雙十旗表情，他們只代表了我對失去了的祖國底……

二十九年前，那個家鄉的黑頭髮、黑眼睛、扁鼻子……今天，熱愛著二十年前的我……

鋭也習慣了。但那旗幟在那裏？似乎……

鴕鳥的心情　黃霑

執筆寫這段東西的時候，窗外一片暗淡，狂風怒號，七月颱風光。與這情一樣。

一九五年他月父母，與過兩弟來港時，沒有打算在道真外淹留定居，大家從把自己二年間立的家園歇寨，以為一年便可以回來。但都是想得過了一年一年了，熟得二十代的生活，就是十九歲，便知道難能稀釋了……二十九年十九年如是……

十九年來，我已由黃毛小子子之交，而能成有一子之交，而能在道外的小島……自由，換取了新生，換過十月……一個時段的……一個苦之日夜……只是知道無……

懸旗的日子　黃霑

執筆的今晨，剛收拾完畢檢出了稻在香港……我做了二十一年的「無國籍的中國人」。

有一年，「青天白日滿地紅」國旗……家中每年在雙十懸旗的習慣，這是……交談了到我結婚後……到今日，另有了新國旗，溫國旗懸二十一年夠了，不痛……

二十一年夠了，不痛苦？二十一年，誰道懸不道十二十一年！難道懸不……

即使我的小兒叫小兒的蘇經過我叫小兒……兒子的感覺，同樣……兒子的蘇經……平日再記起他：「這是青天……這地就紅色」這是青……

買夜，風暴的愛到旗店……買夜，然後……兒子最大的懸旗……挨的，和你共養懸旗的日子……是的，我最好好的國旗……

1968 年開始，黃霑連續三年在雙十期間發表他對懸旗和去國的感想，文章調子由激動逐漸轉化成無奈，反映了一代避難到港人士的心情。《明報》專欄「隨筆」，1968 年 10 月 2 日（左上）、1969 年 10 月 10 日（右上）、1970 年 10 月 10 日（下）。

暴政之下壓得透不過氣。但另一方面,也再不相信台灣的國民政府,可以成功地反攻了。「青天白日滿地紅」的旗幟,在懸旗人心中,只是表達出他們熱愛祖國的心情,和那要終於一日重投祖國懷抱的期望。也可能是對暴政的一種控訴,與對自由的堅強信念。旗,並不代表甚麼政府。

我做「無國籍的中國人」,做了多年。每年雙十,靠招展的國旗,延續對自己回復國籍的希望。但其實我真是沒有國籍,也沒有甚麼政府。我只是個托庇在香港政府之下的黑頭髮、黑眼睛、黃皮膚、扁鼻子的中國人。

漸漸看清楚我們國旗背後的真相,自此,國旗就在我家失蹤。

參考資料

又是十月一日

○　「又是十月一日」，《明報》專欄「隨筆」，1970 年 10 月 1 日。

抹不去的廣州記憶

○　「故鄉」，《新晚報》專欄「我道」，1994 年 4 月 26 日。
　　「魚生」，《新晚報》專欄「我道」，1994 年 8 月 15 日。
　　「鼠肉」，《明報》專欄「自喜集」，1990 年 6 月 16 日。
　　「且來『公仔麵』、『維他奶』」，《新報》專欄「即興集」，1977
　　年 1 月 21 日。
　　「身為物繫」，《東方日報》專欄「黃霑在此」，1982 年 9 月 25 日。
　　「一見心開」，《東方日報》專欄「滄海一聲笑」，1993 年 3 月 25 日。
　　「游泳」，《東方日報》專欄「鏡——一題兩寫」，1987 年 6 月 17 日。
　　「不如以後用番本名」，《東方日報》專欄「我媽的霑」，1985 年 6
　　月 12 日。
　　「二世祖」，《東方日報》專欄「滄海一聲笑」，1994 年 5 月 23 日。
　　「理髮」，《明報》專欄「隨筆」，1968 年 11 月 11 日。
　　「不孝子的自白」，《明報》專欄「隨筆」，1969 年 6 月 17 日。
　　「憶父」，《明報》專欄「隨緣錄」，1983 年 6 月 13 日。
　　「彷彿就是昨天」，《東方日報》專欄「黃家店」，1984 年 5 月 18 日。
□　「老家」，《東方日報》專欄「滄海一聲笑」，1994 年 4 月 16 日。
　　「嗰個聖誕，人生滿驚喜！」，《東方新地》專欄「黃霑 Talking」，
　　190 期，1994 年 12 月 25 日。

重回深水埗

○　「探望」，《新晚報》專欄「我道」，1994 年 8 月 20 日。
　　「童年街坊」，《明報》專欄「自喜集」，1990 年 8 月 22 日。
　　「我是個深水埗仔」，《華僑日報》專欄「區域特刊之旺角與深水
　　埗——香港 My Love」，1994 年 9 月 30 日。
□　「我是個深水埗仔」，《華僑日報》專欄「區域特刊之旺角與深水
　　埗——香港 My Love」，1994 年 9 月 30 日。

爺爺

○　「爺爺」，《東方日報》專欄「鏡——一題兩寫」，1989 年 3 月 12 日。

父親

○　「窮完再窮」，《明報》專欄「隨緣錄」，1983 年 6 月 14 日。
　　「吃虧是福」，《東方日報》專欄「鏡——一題兩寫」，1988 年 5

月 21 日。

「嗜好與父親」,《明報》專欄「自喜集」,1988 年 2 月 22 日。

「看報」,《東方日報》專欄「鏡——一題兩寫」,1988 年 11 月 20 日。

「春花」,《明報》專欄「隨筆」,1969 年 2 月 20 日。

「家傳粗口」,《東方日報》專欄「黃家店」,1984 年 12 月 21 日。

「粗口妙用」,《明報》專欄「隨緣錄」,1981 年 6 月 14 日。

「父親的影響」,《明報》專欄「自喜集」,1989 年 3 月 28 日。

「家祭無忘」,《明報》專欄「自喜集」,1991 年 1 月 14 日。

「中秋的燈」,《明報》專欄「自喜集」,1987 年 10 月 6 日。

母親

○ 「舐犢情深,最愛母親」,《東方新地》專欄「黃霑講女人」,65
期,1992 年 8 月 2 日。

「母親」,《東方日報》專欄「阿霑詞」,1985 年 1 月 25 日。

□ 「做生日」,《東方日報》專欄「鏡——一題兩寫」,1988 年 9 月
4 日。

二姐

○ 「力學吾姊」,《明報》專欄「隨緣錄」,1983 年 10 月 28 日。

「家中共黨」,《蘋果日報》專欄「我道」,1995 年 6 月 25 日。

三姐

○ 「雨花臺石」,《東方日報》專欄「黃霑在此」,1982 年 11 月 16 日。

□ 「得以不老」,《明報》專欄「隨緣錄」,1983 年 9 月 22 日。

旗的感觸

○ 「被迫明白」,《明報》專欄「隨緣錄」,1983 年 6 月 15 日。

「旗」,《明報》專欄「自喜集」,1988 年 11 月 5 日。

「鴕鳥的心情」,《明報》專欄「隨筆」,1968 年 10 月 2 日。

「旗的感觸」,《明報》專欄「隨筆」,1969 年 10 月 10 日。

「懸旗的日子」,《明報》專欄「隨筆」,1970 年 10 月 10 日。

□ 「付不起代價」,《明報》專欄「自喜集」,1988 年 12 月 9 日。

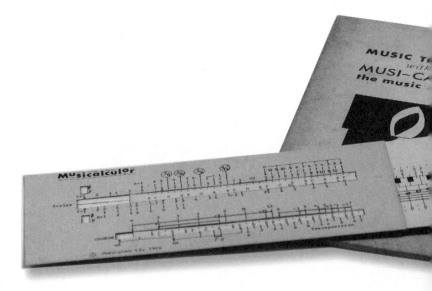

音樂計算尺，黃霑中學時期自學音樂用的工具。

第二章

青春

黃霑初來港的時候，年少無知，然後，慢慢步入青春。

青春是年齡，更是一種狀態：身體充滿能量，腦袋急速發達，心態上不再是小鬼頭，但還未學懂大人的圓滑。

黃霑的青春，有時代的烙印。一九五〇年代，香港處於有趣的交界狀態。上一個十年的戰爭烽煙以另一種方式在民間延續，下一個十年的集體反叛在流行媒介中悄悄醞釀，殖民管治還在摸索跟大眾共存的方法。

在這個山雨欲來又生機煥發的年代，少年黃霑爬樹、奔跑、看戲、愛上書本、音樂和朋友。成年之前，學懂擁抱矛盾，用自己喜歡的方法，尋找自己喜歡的人生。

· 跟隨梁日昭走遍全港大小
　錄音室及電台
· 第一次以友聲口琴隊隊員
　身份，為電影《馬來亞之
　戀》配樂作口琴伴奏。

· 任喇沙口琴隊隊長
· 雙十事件期間，目睹暴徒
　在深水埗家附近的馬路上
　燒死瑞士副領事夫人。

1954

1956

1955

· 投稿《星島日報》「學生園地」
　和《新晚報》「一笑會」

· 喇沙口琴隊四重奏演奏莫扎特的《小夜曲》第二樂章，在校際音樂節奪得冠軍，並奪得「和來盾」。

1958

1957

· 聽收音機是每日娛樂
· 常到電影院看戲，新舊中西、暴君與美女，一律兼容並包。
· 跟梁日昭之弟梁日修學打鼓
· 看了不少流動攤檔賣的中文「鹹濕小說」
· 為李香蘭主演的電影《神秘美人》歌曲《梅花》、《分離》，及電影《一夜風流》配樂作口琴伴奏。
· 在喇沙書院第一次演出舞台劇《費魯喬》
· 常去距離喇沙不遠的孟氏圖書館借閱圖書

● 1951 年攝於深水埗家後山華爾登酒店附近。

爬樹

這張黑白照片，是黃霑到港兩年後在深水埗地標華爾登酒店附近的山坡拍下，當時他十歲。

照片上，他眼睛有光，頭髮有蠟，穿短褲皮鞋，成功爬上看來不矮的樹，在斜陽底下，張目遠眺。華爾登酒店位於大埔道琵琶山段，地勢居高，能俯瞰整個深水埗。我很好奇，那天他在樹上，看到怎麼樣的風光？

由這一年開始，黃霑的人生，有了轉變。

他從德貞附小畢業，轉入喇沙，在校舍寄宿。他開始長高、變聲，並由家中惡霸，升級為操場頑童，做了世間上很多頑童都會做的事。他學會不分場合，盡情「搞鬼」。他學懂捉金絲貓、玩兵賊、捉迷藏、打劍、打鼓、打架、打戲釘、打蟑螂、講粗口、讀鹹書和偷吃禁果。他也學懂好奇，放大幻想，抓住跳動的感覺。

這種感覺，黃霑說，叫做青春。有幸的是，他的青春，跟香港的青春，同場出現。黃霑十歲之前，香港是一個下流社會，一代人因為戰亂，生活與身份一起滑下。十歲之後，深水埗的民生慢慢改善，大埔道早已擴闊，書刊電影，越來越多，電台廣播，越來越長。同期，有幾萬個少男少女，一起度過十歲，當中有人爬樹，有人打鼓，一個新的世界，正在這片急劇轉型的土地上醞釀萌生。

少年黃霑由樹上下來，找到自己的腳步，然後一步一步，行入未知的新世界。

頑童

小時候，是個頑童。但沒有膽。

喜歡爬樹，但不敢。

所以，沒有爬過幾棵。

但卻常常羨慕可以隨時隨地爬樹的其他頑童。他們的膽子比我大。他們回家，大概也不會被媽媽罵。

其實媽媽也不怎麼罵我。何況，爬了樹，回家不告訴媽就行。媽媽也不會知道。

也許是出自對媽的敬畏，也許是怕媽傷心，也許只是因為自己只有頑童的心，而沒有頑童的膽量，我在幼年，只爬過幾棵樹，而且都是矮樹。

高的樹，我從沒有爬過。

但我可以想像，爬上了高樹的感覺。

童年搞的鬼

一、家中惡霸

想當年鄙人穿的是開襠褲，露出的是小屁股；清風隨來，清涼之至。

想當年我是家中惡霸，父固視如珍珠寶玉。母亦認為翡翠珊瑚。鄙人放聲一哭，一家大小，全部當作世界末日，忙向我面謝，見禮陪罪，希望使我轉怒為喜，露出我的傾城一笑！鄙人笑了，便舉室皆春，一若世上生樂，無遇我的露齒裂唇。

當年我是三兄弟中領袖，一言一行，兩弟無不視若圭臬，當哥哥是大英雄，大俠士。

想當年朋友之中橋王，反斗之事，一切由鄙人作主。話去東，朋友極少曰西；話去西，朋友絕無提議到東。真是叱吒風雲，威盡天下。

再想當年，不用勞力，更不必勞心，飯有娘資，衣有爹買。伸手錢來，開口茶到。要那個甚麼，得那個甚麼，稱心如意之至。

二、快樂童年

專欄作家話，快樂童年，要有十大特性。我逐個特性睇，哈！一，有！二，有！三，有。十個特性，全部有齊。

嘩！嬉戲，即係玩。我做嘅仔嗰陣，玩精嚟，由泥沙到賓

周，由金魚到金絲貓，春子到波子，冚扮冷玩齊。

朋友多到極，多到俾老母鬧。

愛心多到極。周時俾靚靚妹鬧花心。

好奇心亦爆棚，鍾意裝人沖涼。

想像力就豐富咯，唔駛瞇埋眼，已經可將自己幻想成占士甸加占士邦。

思想開放呢一大特性，亦強。唔使解咯！

驚嘆感同探索力一齊咁勁，次次探索女人身體，都驚嘆不已。而且周時驚嘆唔切。

樂觀唔駛多講。純真呢，亦甚。時時以為錢有用，純真到跡近白癡。

三、初戀

我唸小五。她比我低很多班。第一眼看見她，已經整個人飄在雲中。

怎麼會有這樣令人暈眩的女孩？那一頭鬆鬆長髮，明亮眼睛，和唇邊那可愛得難以形容的一顆小黑痣，真是人間仙女！

馬上養成了天天早起，一早回校等她上學時偷看多幾眼的習慣。然後，我的好運來了！聖誕節！學校演賀誕戲，要選同學表演劇中舞蹈。她入選了！

當然入選！不選她選誰？

但想不到居然也選了我。我不是她的舞伴。我的舞伴，醜得無以復加。但雖不是同伴共跳，倒也是同台共舞。天天多對她不知對多了多少次。

兩年過去，偷戀、單戀，積累成為無可抗拒，無時或忘的熱戀！我認為。

1950 年代初攝於深水埗家。

終於，在畢業後轉了男校寄宿的某一個初春的夜裏，我採取了行動。寫了封破題兒第一遭，處男下情海的情信。信上用了我每個識得用上的羅曼蒂克與浪漫的字彙。

出擊成功！感謝香港郵政局綠衣天使的效率，三天後，回信來了。

然後，我回信提出約會，也不等初戀對象情人再覆，就登門造訪。自此全軍覆沒，初戀停止，徹底失敗。

四、玩「拍戲」

記得小時候和弟弟玩，我們就玩「拍戲」。長木凳是我們的馬，地拖棍子是我們的孫悟空「定海神針」。

當然，還有木劍。幼時不知買過多少把木劍當做玩具。而加一條紅巾在晾衣裳的叉上，就變成了童年幻想世界中的英雄丈八蛇矛……。然後，我們在衣櫃裏用鞋盒、手電筒與用墨汁毛筆一筆一畫繪上的「幻燈片」來「放電影」。

一有空，就在近前用毛巾裹着頭，用墨汁一點一點在頰上點鬍子，想像着自己是江洋大盜，又奸又勇。弟弟手中劍刺過來，左手一伸一夾，加在身上：大叫一聲「哎呦！」倒地！「死」了！

五、上影院

電影院是個少年人過癮的地方。

當年讀緊天主教中學，尤敏第一部片，黑白嘅，扮純情天主教修女，當時上畫嘅宣傳，係映早場，請學生去睇，我哋嗰間學校，一班班排隊响何文田，一直行去「樂宮」睇免費戲，以後，尤敏就成為大家偶像。

黃湛森（後排右五）及喇沙同學，1950 年代攝於旅行地點。

少年時，我們都曾在銀幕上光澄澄，銀幕下黑麻麻的電影院裏發夢，拖手仔，和摸摸錫錫，過盡癮。

那時真大癮，一周，起碼進院數次。

沒有錄影帶，沒有影碟，要看戲，只能進電影院。我這一套好戲要看幾遍才過足癮的電影青年，常常為一部戲進院不下十餘次，比邵逸夫還要勤力。

初吻自然在電影院發生。對我們來說，進電影院是雙料娛樂，每次都有期待。

六、買鹹書

做嘅仔嗰陣，香港有種白皮嘅鹹書，响街嘅流動攤檔賣。我睇過唔少。

呢啲攤檔，多數係响地下度鋪張布，上面擺幾十本書。多數

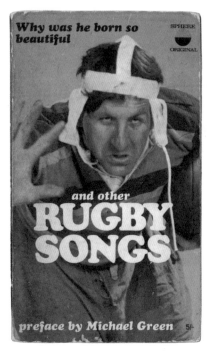

Harry Morgan (ed.), *Why Was He Born So Beautiful And Other Rugby Songs*, Sphere Books, 1967.

响戲院門口，九點半場開場就擺賣。

鹹書三毫子一本。小說嚟。文字半文半白。大約隔三頁，就有一場打真軍床上情節。

睇得多，通常知道，呢場完，有三篇廢話，跟住又有床上嘢。咁費事嘥時間，廢話跳過，淨係睇戲肉。

另外又有英文鹹書。

不過就唔係戲院門口，而係灣仔大佛口水兵聚集區至有。每本一蚊。

藍皮唔係白皮。好細本。細過袋裝書。

亦係每章一大戰。四五頁廢話,夾一場真軍。

英文四字母語,就係咁樣學識。可惜一本都冇留存。依家周圍搵,一本都搵唔番。

七、唱鹹歌

幾鍾意唱鹹濕歌同寫鹹濕歌嘅。

過癮。中學响學校寄宿,成班麻甩仔都鍾意唱嘅。

嗰陣學番嚟嘅鹹歌,通常都係粵樂小曲,填上鹹詞。最多人用嘅歌譜,係《流水行雲》。咩「共嬌瞓,共嬌過夜……」之類。

又有數字歌,咩「一心想起,二人同床。衫褲剝齊,四圍摸過」,個個都會。

嘅仔唱鹹歌,無分中外。

英國就有所謂 rugby songs,係打完 rugby 之後,班波中去劈啤嗰陣,一隻一隻咁接住唱嘅。

重出埋唱片嚇。不過為掩檢查耳目,碟上寫 78 轉。但係播嗰陣,要用 45 轉聽。先至啱速度。

後來,搬屋搬得多,唔見晒。

● 1950 年代攝於深水埗家。

少年夢

黃霑中學時在深水埗的家，家裏依老父的喜好裝修，中式酸枝木几上放了一盆桃花，几旁放了一個有腳飾櫃。黃霑的造型跟他穿開襠褲的時期相比，顯著不同，嘴角微翹，以做夢般的眼神，直視雀籠，若有所思。

少年黃霑像個街童，但其實有時頗有「文化」。他喜歡讀書看報，聽音樂，看電影，親身接觸了當時極速增長的流行文化。後者一個重要的推手，是他背後木几上的收音機。那時，電視仍未普及，少年黃霑每天貼近收音機，喝着電台的奶水長大。他喜歡聽戲劇廣播，並對空氣中傳來的音樂，不論印度潮州、粵語國語、西洋本土、古典流行，實行大愛兼聽。

老家窗外，戲院林立，黃霑看了不少古今中外的大電影和粵劇舞台演出，遇上了石燕子和紅線女等本土明星，也領教過差利和瑪莉蓮夢露等來路高人，對光影顏色和天地動靜，有不能磨滅的體會。因為這些體會，黃霑鍾情戲劇。他也迷上音樂，每天在家練習打鼓，喧嘩震天。慢慢，他開始不分晝夜，時刻「做夢」。他踏台板、讀副刊、翻小說，並在中五那年，寫成人生第一首歌曲，送給初戀女友。

長大後，黃霑問：「少年夢，有多少個可以成真？」

黃霑答：「現在的嗜好和工作，無一不是童年時積下來得不到宣洩的夢。」

夢

一、嗜好和夢

　　現在的嗜好和工作，無一不是童年時積下來得不到宣洩的夢。

　　待人接物，無一不找得見父親的影子。他的坦誠，成為我一生座右銘。連穿衣服的習慣，都有意無意的受了影響。

　　自幼喜歡看報，也是受父親影響。那時小腦袋在想：每天早上爸爸都看報看得那麼津津有味，報紙裏面，一定有很好玩有趣的東西吸引他了。所以，還未看得全懂報上所述的事物的時候，我便開始看報。

　　那時，很愛看小笑話，間有看小說。必看港聞。次序是先看副刊，後看新聞。清清楚楚地記得，一看了報以後，中文科就開始進步。以後在求學時候，中文是我年年考得最高分數的科目。

　　對電影、對音樂、對文學之愛，也是童年就有的嗜好，而合群的個性，也是寄宿生活中逐漸形成的。

　　自小就過舞台上的生活，幼稚園開始，就踏足舞台。然後小學、中學、大學，以至大學畢業以後，每個階段都不停有不同的舞台表演，當演員，當報幕員，酬勞都是象徵式的，但卻始終不能自拔，一有適當機會，就跳上舞台上亮相。

　　中學時，學過不少東西，都學不好，學過西洋花劍，學過楊家太極拳。學過國畫，學過田徑，學過拯溺。

　　而從懂得進圖書館的第一天起，就喜歡借劇本回家看。

　　古典音樂的知識，就是聽收音機積聚起來的。受潛移默化多

「青年時代，學了半年西洋花劍，手腳都不夠敏捷，
臂力更嚴重不足，終於棄劍就筆，
在學校的周末國畫班，每周一課學花鳥。
也學過一年楊家太極，師父是高手，我這劣徒卻
一無所成，天資低下，教而不善，無話可說。」

黃湛森（左一），1950年代攝，地點不詳。

年，令我至今仍然狂愛貝多芬、蕭邦和莫扎特諸賢遺作，隔了一
段時期不聽，就會心房發癢，耳股飢渴。

二、作曲

從少年時起，就有夢：當作曲人，讓大家都唱我寫的歌。
也不知道為甚麼會有這夢。中四那年，把夢告訴同班好友，
好友笑，半信半疑。

「進了中學，終於學會游泳，還考了救生員銅章，有了游泳技術『沙紙』。」

1957 年攝於南丫島。

少年夢，有多少個可以成真？也難怪同學對我存疑。

第一首歌，中五那年寫好，試唱給初戀女友聽。小姐說：「好熟，像在哪裏聽過似的。」不知不覺臨摹了別人作品，原是初學創作的人，必有的通病。所以處男作沒有發表。

今天，早已忘記了當年寫的旋律，究竟是怎麼個樣子。那些不成熟的初試啼聲，忘掉也罷。除了對自己有些紀念的價值之外，不值半分錢。

得口琴老師梁日昭先生給我的機會，1960 年，開始了寫詞生涯。

三、學鋼琴

1949 年，隨父母從廣州逃難來港，說家窮，倒不是事實，

但卻也真的算不上是富裕人家。

而在那個年代，只有富人子女，才可以享受得到可以學彈鋼琴的奢華生活。

我們的責任，是把書唸好，與唸書無關的事，都屬非份。

學鋼琴？甚麼玩意？提也甭提！

只能偷偷藉着寄宿生活的庇護，瞞着爸爸，用自己辛辛苦苦儲了半年才儲足的錢，買具口琴，加入學校口琴隊，來闖進音樂國度去。

想起來好笑，對鋼琴的羨慕，在我青年時代，簡直到了瘋狂的地步——我連拍拖對象，也挑了個鋼琴彈得好的小姐。

她是瑪利諾修院學校的女生，小小年紀，就考了第八級。我參加校際音樂節口琴初級獨奏比賽，她為我伴奏。

我，這愛琴的人，很自然而然的，就愛上了她。

少年時的「志願」，居然是當酒店大堂的鋼琴師。那時心想，一邊彈三角琴，一邊賺錢，世上最愜意工作，莫過於此。

而在五十年代，我連想從師學鋼琴的錢都沒有，哪有機會彈三角琴？只好做做白日夢去。

四、學口琴

我們這一代，童年時的樂器是口琴。可以說，我們是吹着口琴長大的。

童年時，那是我最大的樂趣，一隻琴，吹個下午，人就樂在其間，醉進琴聲內，飄飄然如中酒。口琴中，有我的音樂國度，雖然不過是幾塊錢的玩意，就引我升入音樂的仙境裏，連聽音樂的機會都少，逃離到此地的孩子，家裏如何肯讓我們花錢？為了買隻「樂風」，得儲蓄半年，把零食錢省下六個月，很要些自制

和忍耐。但真是值得，以後一生受用。

我們拿口琴來吹貝多芬、莫扎特、柴可夫斯基。也吹流行、爵士樂、民歌與時代曲，只要能一隻小口琴吹得出來，就編成口琴音樂。有歌便吹，不理是洋是中，是古是今。

口琴，要真吹得好也不容易。小孩兒的玩具，一吹不好，就一片尖銳銅聲，非常刺耳，要用盡方法，如控制嘴形，調節一呼一吸力度，加上雙手合掌，增加共鳴，還用舌頭抽縮轉捲，來把音色弄得柔和雄厚圓滑。

幼時，愛音樂愛得發狂，宿舍裏一天起碼吹四五小時口琴，校際音樂比賽前，更是全天不停的練習。後來不寄宿了，回家還學打鼓，家中於是鼓樂宣天，永無寧日，父親十分反對。

五、北河街的石神

童年夢中，石燕子是方世玉化身。

小時候在廣州，很難得才有機會看次電影。先父那時還未退休，紙行的業務鼎盛，他酬酢也不少，到回家的時候，已倦得不肯再帶我們到電影院去了。

來港之後，父親無事可做，我們全家看電影的機會才多了起來。而家在深水埗，離北河街的戲院只是五分鐘步行。於是成為石神的長期忠實影迷，幾乎有石燕子演的戲，全都看過了。

他演粵劇，我們也常看。尤其愛他的脫手北派。

六、三樓看女姐

粵劇，在我們尚是幼年時期，是非常好看的。至少，在記憶中，的確如此。

「從師學藝，學得最好的，是口琴，
自問頗得梁日昭老師真傳。」

黃湛森吹口琴，1950 年代攝，地點不詳。

那時，不常有機會看，一家大小看一場粵劇，如果坐大堂
中，消費十分厲害。逃難來港，老父不願為我們的娛樂而增加不
必要的負擔，可以理解。

所以，只好自己儲錢看。看的當然不是大堂中，是三樓，沒
有靠背的硬板凳。而且，只能打戲釘。

打戲釘即是戲開了場之後，你付兩角錢給收票的人，進去
看，見空位就坐。那兩角錢是收票大哥外快。戲院滿座就沒有打
戲釘這回事了。

但即使是最旺的班，三樓硬板凳也常有空位。我就是這樣打

「校際音樂節，喇沙口琴隊年年有獎。
我哋四條友吹口琴四重奏，
有次，爭奪『和來盾』，吹莫扎特嘅《小夜曲》
Eine kleine Nachtmusik，四個樂章吹匀。」

喇沙口琴隊隊友，黃湛森（左二），陳鑛安（右一），攝於 1950 年代。

戲釘看粵劇看了多年。紅線女我是首迷，一聽女腔，渾身皆酥
掉，只覺入耳舒服，感覺一流。三樓最後一二排看去，女姐雖然
遠，卻也令我這超級戲迷看得如醉如癡。

　　光與影繽紛，大鑼大鼓震耳欲聾，管弦絲竹卻平衡了鑼鼓
的吵。

　　而釘膠片的戲服，每次都令人讚嘆。自然不懂甚麼叫做好，
但童年的戲迷，大多只求過癮。

七、暴君焚城

我是看烏斯蒂諾夫的戲長大的。十一二歲，就開始看他的電影，而一開始看，就喜歡他的演出，覺得他與眾不同。

比如上世紀五十年代初的《暴君焚城錄》（*Quo Vadis*），他演那個一時興起，點一把火將羅馬燒掉的暴君，讓我一見難忘。幾十年過去，腦中仍留深刻印象。

粵語電影裏的暴君，永遠是紂王翻版。但烏斯蒂諾夫演的暴君，卻怯懦而口吃，他把大權在握的暴君演成被寵慣壞了的大頑童模樣，所以特別新鮮，令我這戲迷一生記住。

後來，他演過不少改編自英國偵探小說之后克麗斯蒂（Agatha Christie）作品的電影。戲中演的就是比利時的神探赫克丘理·波洛（H.P.）。

碰巧我也是偵探小說迷，很熟悉的書，因此覺得和老先生有緣。

八、方榮講古

我本是個電台迷。

小時候，收音機是每日娛樂來源，天天聽。

講述《七俠五義》的方榮，是我的偶像。

不知今天還有誰記得這位曾經迷過廣大電台迷的方榮先生？我們年紀小時候，夜夜伏在收音機前，聽他講古。

他的「古」，是《七俠五義》、《小五義》這類武俠小說。一本小說，他可以講上一兩年。很多細節，都是他加上去的，原書沒有。

一本書講一兩年，當然是情節發展甚慢。一開講，例是：

「上文嗰段因果……」然後唸兩句詩或對聯,或四字句之類,再講故事。天天如是,很有中國說書人說章回小說的味道。

結尾例必是:「講到呢度,又啱啱夠鐘。」

但聽方榮講古,吸引力不在情節,而在他的技巧。

他的技巧,完全自成一派。嗓門是沉雄的,響而低,但非常油潤,入耳很舒服。我們聽他的時候,還是小孩。小孩自然心急,可是你急他不急,照樣慢如蝸步,一個字一個字好整以暇的吐出來。而且時常靜下來,一言不發。

在廣播界來說,半聲不響是 dead air,是此行大忌。開了收音機是要聽聲音,居然噤聲不響?這是甚麼玩意?

但這位方榮先生,連 dead air 也巧妙地運用了。他不作聲,是為了令聽眾屏息靜氣,等着他說下去。

有時,這空氣中的死寂,是為了向聽眾提供想像的餘地。

《七俠五義》、《小五義》是武俠小說,有打鬥的場面。講古,打鬥場面,怎樣講?

方榮的方法是:

「咁御貓展昭,見錦毛鼠白玉堂,『咄』一聲,飛咗上瓦面,佢——

唏!……。

吓!……。

噹!……。

…………

嘩!只見刀來刀往!」

「嗰個展昭,佢劈……唏……劈拍……唔……咁就一刀,將個賊仔攔腰劏成兩截。」

方老先生,一招都沒有講。但我們這些迷他的聽眾,腦中早已自己用想像把南俠展昭如何一刀把小賊攔腰劈死的場面,清清

楚楚地看了出來。好像擅長留白的畫家，不着一筆，就得盡風流一樣，功夫絕頂。

　　能這樣把技巧運用得出神入化的，印象中，只有他一人而已。不過他講古的時候，年事已高。我們聽了幾年，油喉就失了蹤，「上文因果」成了絕響。

● 黃湛森任學生長，1960 年攝於喇沙舊校舍門前。

我是「喇沙仔」

黃霑有一大疊他在喇沙時期拍下的照片，不少甚有意思。例如他跟同學的旅遊照，泳裝上陣，體態活現，教人對青春垂涎欲滴。我也喜歡那些課外活動照：同學一起打劍、互相拯溺，盡顯黃霑口中的喇沙集體精神。

但我選了這張照片。黃霑中七畢業之前，站在喇沙舊校大門那尊聖喇沙石像底下，雙手背放，一臉正經。1951年，黃霑入讀喇沙，在學九年。拍照時，黃霑是學校的領袖生，端莊臉容背後，其實滿是矛盾。

傳統上，喇沙的領袖生要不是最好，就是最頑皮，黃霑屬於後者。他負責監督同學的操行，但自己曾經跟人比武。他愛在校刊寫詩，同時又愛寫爛 gag 文虎。他篤信主耶穌，同時又會因為聽到 29 個字的粗口而興奮不已。這一刻他寫充滿文人風骨的喇沙解徵宣言，下一刻改藝名參加業餘歌唱比賽，最終被叮飲恨。

事後看，喇沙給黃霑最好的禮物，是在他青春的肌膚上，刻下了「矛盾多元」四個大字。

黃霑長大的年代，殖民地教育封閉政論，但開放文思。教會辦學，方針有教無類，課程一元多面。在學校，黃霑學會熱愛文字，緊抱書本。他學國畫、田徑、口琴、西洋花劍、楊家太極，並演出話劇。喇沙鼓勵黃霑「搞鬼」，也要求同學「做夢」，年月下來，為香港養大了不少怪人和奇葩。

「喇沙仔」

一、母校

我是三代「喇沙仔」。

先父腦後還拖着辮子的時候，就進了喇沙修士辦的學校「羅馬堂」（今聖若瑟書院）唸書。

他只唸過一年，剛唸完第八班，廣州的祖父和匪徒駁火殉職，爸爸被迫停學回穗，肩起養活家中八口的任務。

後來，我們從穗市來港，他就堅持我進喇沙書院遂他的未完之願。

我由小五唸到中七，九年於茲，算是完成了他對我的期望。

開始的時候，在何文田巴富街的軍營平房屋唸。

學校那時在何文田口一排又一排的黑瀝青金字頂木房子，分隔在一塊塊長方的草地旁。大禮堂是個圓拱，天花高得很，十分通爽。平日用作寄宿生溫習室，考試的時候，就變成試場，和考完試校長把全級召來派成績表的刑場。

木房子樸素得很。但設備很好，陽光極充足。籃球場和足球場都大。

而且傍山而築，非常清幽，是個很好的校園。

畢業的一年，母校已經遷回九龍城界限街的巍峨黌舍了。當年校舍，圓拱指天，雄踞九龍城山上，遠眺鯉魚門，背枕獅子山，校園林木蔚蔥，建築和環境，都實在好。

二、有教無類

母校喇沙書院是家很好的學校，我每次和人談起，都引以為榮。

喇沙會的修士們，真是有教無類的好導師，畢生獻身教育，諄諄而訓，這種精神與愛心，實在偉大。

如果不是斐利時修士和彭亨利修士，當年在我屁股上打了那難忘的幾籐，大概黃霑還要更頑劣。但九年在他們與母校的其他好老師薰陶之下，我的劣根性改了不少，現在，黃霑的那一丁點

「少年時，寄宿校中五年，
天天都有寂寞的感覺。幸而宿生同學不少，
有友作伴，閒愁易散一些。」

黃湛森（左一）及同學，攝於 1950 年代。

「求學時候，一心一意要當工程師，想不到，
微積分不及格，改讀文科，
竟然就此找到了令我樂此不疲的事業。」

黃湛森，攝於 1959 年。

「11 歲時堅決要領洗，媽媽不准，

堅持到 19 歲，媽媽才首肯，

讓我進天主教。」

黃湛森與白英奇主教，攝於 1960 年。

兒的良知和教養，可說是全憑他們引導出來。

我衷心感謝我的母校，母校的修士和教師們。當年能進入母校，是我一生人幸運的開始，我愛「喇沙」，母校不但賜我愉快童年，更為我一生幸福打穩了基礎。

三、小故事

恩師天主教喇沙會修士嘉錫美故校長，告訴過我一個小故事。我很喜歡這故事。

有位教徒，窮極了。每次望彌撒，有濟貧箱遞過來，總沒能

黃湛森（前排右二），1952年喇沙書院小六班，攝於何文田巴富街臨時校舍。

力捐獻，心中非常不安，忍不住問主堂神父。

「我實在一毛錢餘錢都沒有，」善心教友說，「又體弱多病，天天咳，每個月都捉襟見肘，但我想，一定有比我更窮的人，需要我幫助，幫助不了他們，我心很不安。」

「你為甚麼不試試先捐一點？」神父說，「也許以後會有甚麼意外收入？」

「母校喇沙書院，雖為名校，
但卻一直是有教無類的。
對有志於學的學生，從來一視同仁。
我的舊同學，來自各種階層的家庭。
有等名校，只收富人權貴後代。
但喇沙書院並不如此。
母校從來不會因家境而歧視學生。
這才真是名校。」

　　教友想了想，點頭。

　　告辭神父，步出教堂，他走過門口濟貧箱，掏了 10 塊錢，放了進去。月底算月結，咦，為甚麼會有 10 塊錢賸？細心逐項開支查，和上月前月的支出，逐項查對。

　　原來，這個月他買少了一瓶藥。那瓶藥，20 塊一瓶。他捐了 10 元，還多出 10 元來。咳喇，忽然不藥而癒。

幸遇好老師

一、普及音樂

我是個幸運的人，半生遇到的良師極多。中學時候，就遇上了一生以普及音樂為己任的梁日昭先生。他是中國口琴大師王慶勳先生的弟子。他憑着一隻口琴走遍大陸，春風化雨，教導着我們這群梁門弟子，把世上的美麗音符，灌進我少年的心竅，帶我進入音樂的國度，令我此後受用不盡。

另一位名師高人，是時代曲大師梁樂音老師。他是《賣糖歌》、《月兒彎彎照九州》、《博愛歌》等一流旋律的作者。梁先生寫廣東話廣告歌，技術一流。「新奇、新奇洗衣粉，月老牌，月老牌，新奇洗衣粉！洗得靚，更潔白、慳水又慳力……。」就是他的傑作。其他名作，如「快潔」，如「菊花牌乳膠漆」，都是一聽就記得的好旋律，又易上口，又易記，是廣告歌中表表。

後來我常常寫廣告歌，就是從梁老師那裏，偷師得來。

他最擅長用裝飾音來解決廣東話九聲的配譜問題。光是學會這一招，我已妙用無窮，解決了很多別人解決不了的難題。

二、國文老師

母校有幾位特別優秀的國文老師。其中影響我最深的是黃少幹先生。

黃老師書香世代，本來就是個翩翩俗世佳公子。但不知怎

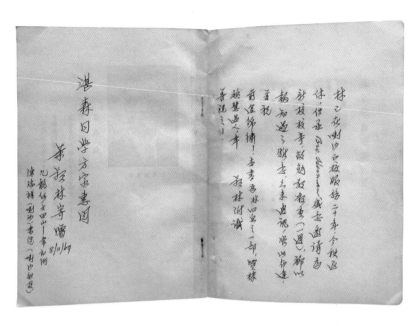

《葉穎林詩文集》，國文老師葉穎林 1969
年贈予黃霑。

「那天收拾雜物，翻出初中時的國文課本，
書上自己記得密密麻麻的一大堆鉛筆字，
顯然是黑板上抄下來的註解。初中時，
讀國文最用心，書背得頗勤。年年國文考試，
分數都在九十以上。」

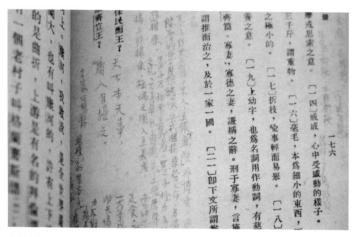

宋文翰（編），《中華文選》，中華書局，1948 年。

的，竟以作育英才為己任。

他最愛宋詞。背誦的時候，有一種獨創的聲調，抑揚頓挫，
有如唱詠，在課堂中背誦李煜的傑作，眼睛半閉，頭隨音樂瀟灑
地搖動，整個人投進了「林花謝了春紅」的世界，如癡如醉。

那時，我想，這世界能令這位我們的偶像如斯渾然忘我，一
定是其中有不可言傳的勝境。於是啟發了我這個頑童，以後愛上
了伊國文學，年年月月，不肯離。

三、袁氏四法

教翻譯的袁琦老師，教曉我如何靈活用腦。他獨創的「袁氏四法」，刪、存、補、調，我後來移用了來作廣告創作之道，居然豐衣足食廿餘年。

唸中學的時候，翻譯老師袁滙炳先生，是香港唯一中譯英與英譯中公開比賽，一起得冠軍的高手。他創的翻譯口訣「袁氏四法」，「刪、存、補、掉」，實用之極，比起聲名甚大的嚴幾道的「信、達、雅」更有道理。

袁老師本來是聖約翰大學唸化學的，不知為甚麼，到他壯年，不教化學，改教翻譯，他的方法極重啟發。我中學唸完，以後就沒有再從師學翻譯，但23年廣告生涯，就憑他這四個字心法，一切外文廣告翻譯難題，從未試過解決不了。真是畢生受用。

他認為，形似，不如神似，所以，翻譯時不妨大膽增刪，和將詞語句子次序調排整理，以合讀譯文人的語言習慣。

再有需要，不妨補白、修補、補充。

這「刪、存、補、調」，袁門弟子都尊稱其為「袁氏四法」，不謀而合。

當年在下用「認真好嘢」四字來翻 It's the real thing，就是用「袁氏四法」的「補」字訣。

四、教練

他是英國退休御林軍。

西維亞、潘敬達，都是他所教出來的。

他喜歡教喇沙學生。

我能跳高欄，就是他教出來的。

1957 年校運會，攝於九龍界限街警察球場。

他是典型的中國教練。

黑實，強壯，連半點過肥肚腩也沒有。

喇沙田徑隊，在他的訓練之下，才有機會年年有成績。

他是「體專」畢業生。

他是莊文潮老師。喇沙同學都記得他。一經他教過，就會永世不忘。

學生生活

一、當年勇

當年，勇過一陣子，在運動場上。

母校喇沙書院，運動有好傳統。那時校舍在何文田巴富街，我是寄宿生，天天踢足球，一天三場，早午晚。我是後衛，不過，那時我們做「二閘」，沒有現在的體育界那麼文縐縐。

踢了五年，學校不再收宿生，就沒有再踢下去了。中二那年，班際賽少人參加，班主任不太高興，要同學再考慮，小息時見校隊同學練跳高，很過癮。加入一試，居然一躍而過。不過跳的是鉸剪式，不是西維滾。但卻因此，參加了乙組賽事，得了兩項冠軍，跳高和 110 公尺高欄都糊裏糊塗的贏了，賸下 100 公尺短跑。

同組比賽的是潘敬達。潘兄後來是「亞運」香港短跑代表。是母校的飛毛腿，人人視之為西維亞之後第一人。

和他比賽，自然輸。他後勁凌厲，我帶了 60 公尺，被他從後趕上，幾乎 deadheat，落後他 0.5 秒，得了亞軍。

此後就代表學校出賽，年年跑校際，跑了幾年。五九年，甲組高欄，冠軍是我。以後掛靴不跑。但體育，我自問懂一點。

二、和李小龍打架的日子

李小龍是我小五 P5 的同學，他那時，已牛王得不得了，是個

「田徑，年年代表校隊。1959 年，校際 110 高欄，
居然贏咗後來創香港紀錄嘅拔萃男校高手，
連我哋校長斐利時修士都唔信，
話個金牌係天主特別錫我，夾硬恩賜嘅。」

校際跨欄比賽，黃湛森（左一），攝於 1959 年。

名副其實的小阿飛。

小龍那時，有一奇怪嗜好——喜歡扮猩猩金剛。小息時，
一聚夠觀眾，他就雙手搥胸，然後往前直仆，口中作猩猩吼叫。

嗜好之外，另有習慣——打架。

那時喇沙書院校舍，在巴富街。三面是未經剷平的何文田
山，中飯時候，在山邊一條我們稱作「水壩」後面，就是李小龍
與人決鬥的場所。

李小龍和人決鬥，自然是每鬥必贏。

我們這些每打必輸的人，輸得多，心有不甘，就謀報復。

但對力大無窮、狠又蠻的猩猩金剛李先生，我們有甚麼報復的力量？

有！團結！

六個人一起，乘其廁所小便之際，攻其無備的把他按倒在廁所地上，施行在當日同學們無不視作奇恥大辱的刑罰——剝褲！

語云：蟻多摟死象。六隻小猴，團結起來，金剛也一樣無法反抗。而把金剛按在廁所水泥地上之時，就每隻小猴，輪流來一招「神仙摘茄」！

而一摘之下，發現只有他媽媽，他的太太和他的女友們才知道的秘密——別的男人有兩粒，他只得一粒！

此役之後，我們被小龍窮追了一個月。一放小息，他就追。我們分頭沒命奔逃。跑到他背後擲石。

終於大家都筋疲力倦，我們在 tuck shop 擺和頭酒，請吃一支汽水，一碟乾炒牛河，過節一筆勾銷！

那些好玩的打架日子，令我的資格裏有個這樣的 quali：我和李小龍打過架！

三、最長的一句粗口

我聽過最長的一句粗口，是十來歲那時聽回來的，一共有 29 個字之多。

「我搵《劫後英雄傳》埃雲豪個碌蛇矛丈八槍吊卵賊你老母個死爛臭化兮」。

《劫後英雄傳》這套講歐洲「圓桌武士」故事的電影，是羅拔泰萊與伊利莎白泰萊一男一女兩泰萊一起演的，羅拔泰萊，就演那個埃雲豪。

黃湛森（右二）與同學們，攝於中學時期。

這電影初在香港放映的時侯，大概是一九五幾，我還在九龍巴富街一所著名天主教男校唸中學低班。那時我在校裏寄宿，我們一群小鬼，常常受「大嚿佬」高班同學欺負。

年紀最小的，受欺負最多。有位看上去像沒有下巴的「高大衰」，綽號「扯旗山」的高班同學最喜歡欺負一位綽號叫「武大郎」的小同學。

有一天，「武大郎」兄實在忍無可忍，給「扯旗山」欺負得眼淚直冒，就先跑得遠遠的，然後，扯開嗓子，從遠處開腔直喊：「扯旗山，我搵《劫後英雄傳》……」

「扯旗山」聽了，整個人愕住。目定口呆，半晌，說不出話。

「武大郎」兄因此成為我們小鬼中的英雄。

此後幾天，我們一見「扯旗山」就先數「一，二，三」，然後齊聲高喊：「扯旗山，我地搵《劫後英雄傳》……」。

黃湛森（前排）及同學們，攝於中學時期。

　　說也奇怪，「扯旗山」從此不敢再欺負「武大郎」，也減少了欺負我們。

　　這是我聽過最長，也最有效力的香港式粵語粗口。

　　「三字經」，比起這句「二十九字真言」，也實在是太小兒科了。

解徵

「喇沙解徵，我校重光了！」

像久旱中的一響巨雷，暴雨後的一弧虹彩，黝黑的一閃燐火，這喜訊激蕩了喇沙的每一份子，振動了每個人的心弦；正如感受着巨雷響後的甘雨，虹彩弧邊的青天，燐火閃中的光明，壓抑了的情感獲得了滿足的解放，都禁不住從心底喊出興奮的歡呼。

整整的十年了，壓抑了的感情才得到舒放，虔誠的禱告才得到允諾，禁錮的希望才獲到完償，蒙蔽的正義才獲到伸張。十年的容忍，十年的期待，十年的呼籲，十年的奮鬥，如今都收獲了成果；嘉恂修士的呼籲，柏德力修士的努力，斐利時校長的奮鬥，和各界熱心人士的支持，如今都顯見了效用。不管奮鬥的期間是多麼漫長，環境的考驗是多麼艱重，喇沙都一一的經歷過了，體驗過了。「經得起時間考驗的才是成功！」喇沙是成功了，我們是成功了！正義在這裏的社會又再一次佔了上風！民主政治在這自由的世界又再一次顯示了力量！

作為喇沙的一份子，被徵用了十年的校舍一旦重歸己用，就正如遠離鄉井的游子，一旦回到久別的家園，看到還碧油油的綠草，猶鬱青青的老樹一般的親切，一般欣慰，一般喜悅，一般歡忭。而作為香港的一介市民，作為這民主制度下的一個成員，我們該更興奮，更慶幸，更光榮。因為「磴階依舊，黌宇還雄」的校舍終於能夠交回喇沙校方，正指出正義的勝利，真理的抬頭。人民的力量終於贏回了民治，民享，民有的自由準則！這也正顯

黃湛森（右二）與同學們，攝於喇沙書院門前，1960 年。

示社會人士對神聖教育的尊榮，對正義的支持，和對整個自由民主制度的擁護！在這籠罩着世紀末頹風的社會裏，在這充滿了仇視，憎恨，和戰爭的世界上，這代表着正義獲得了伸張的大事——喇沙書院的解徵，實在是值得每一個人高聲喝采！

參考資料

頑童

○　「爬樹」,《明報》專欄「自喜集」,1991 年 1 月 2 日。

童年搞的鬼

○　「想當年」,《明報》專欄「隨筆」,1969 年 6 月 25 日。
　　「十大特性有齊」,《新報》專欄「出位」,1995 年 2 月 28 日。
　　「初戀」,《明報》專欄「自喜集」,1988 年 4 月 12 日。
　　「愛戲」,《東方日報》專欄「杯酒不曾消」,1986 年 10 月 8 日。
　　「除了偶然想起」,《新報》專欄「黃霑傳真」,1996 年 8 月 24 日。
　　「岑建勳最迷尤敏」,《明報》專欄「唔講唔知」,1987 年 10 月 18 日。
　　「中英鹹書」,《快報》專欄「出位感覺」,1995 年 10 月 3 日。
　　「鹹濕歌」,《快報》專欄「出位感覺」,1995 年 10 月 13 日。

夢

○　「都是童年攪的鬼」,《明報》專欄「自喜集」,1990 年 5 月 23 日。
　　「舊嗜好」,《東方日報》專欄「滄海一聲笑」,1994 年 5 月 30 日。
　　「翹首望電台」,《新報》專欄「黃霑傳真」,1996 年 9 月 4 日。
　　「看報」,《東方日報》專欄「鏡——一題兩寫」,1988 年 11 月 20 日。
　　「舞台上」,《東方日報》專欄「鏡——一題兩寫」,1987 年 7 月
　　24 日。
　　「琴」,《壹週刊》專欄「彷彿是昨天」,59 期,1991 年 4 月 26 日。
　　「口琴」,《信報》專欄「玩樂」,1990 年 11 月 19 日。
　　「口琴夜裏傳來」,《明報》專欄「自喜集」,1990 年 3 月 28 日。
　　「少年夢」,《壹週刊》專欄「彷彿是昨天」,83 期,1991 年 10 月
　　11 日。
　　「矛盾得很」,《明報》專欄「隨緣錄」,1982 年 2 月 21 日。
　　「少年傻夢」,《東方日報》專欄「我手寫我心」,1989 年 12 月 4 日。
　　「悼石神」,《東方日報》專欄「杯酒不曾消」,1986 年 10 月 3 日。
　　「記憶中的粵劇」,《信報》專欄「玩樂」,1990 年 12 月 6 日。
　　「我的偶像烏斯蒂諾夫」,《南方都市報》專欄「黃霑樂樂樂」,
　　2004 年 4 月 2 日。
　　「香港播音界高手　講古大師方榮」,《東方新地》專欄「黃霑
　　Talking」,174 期,1994 年 9 月 4 日。
　　「方榮講古」,《信報》專欄「玩樂」,1991 年 1 月 10 日。
　　「『上文嗰段因果…』」,《明報》專欄「自喜集」,1988 年 1 月
　　24 日。
□　「一瓢」,《新晚報》專欄「我道」,1994 年 7 月 9 日。
　　「游泳」,《東方日報》專欄「鏡——一題兩寫」,1987 年 6 月 17 日。
　　「獎」,《東方日報》專欄「鏡——一題兩寫」,1987 年 10 月 6 日。

「喇沙仔」

○　「我是『喇沙仔』！」，《壹週刊》專欄「浪蕩人生路」，171 期，1993 年 6 月 18 日。

「校園生活」，《東方日報》專欄「鏡──一題兩寫」，1989 年 3 月 4 日。

「喇沙書院」，《明報》專欄「隨緣錄」，1982 年 11 月 19 日。

「小故事」，《東方日報》專欄「滄海一聲笑」，1995 年 5 月 18 日。

□　「也說說寂寞」，《明報》專欄「自喜集」，1988 年 2 月 27 日。

「想不到」，《東方日報》專欄「黃霑在此」，1982 年 10 月 15 日。

「名校」，《東方日報》專欄「鏡──一題兩寫」，1987 年 7 月 22 日。

幸遇好老師

○　「老師」，《東方日報》專欄「鏡──一題兩寫」，1987 年 11 月 23 日。

「幸遇好老師」，《明報》專欄「自喜集」，1991 年 2 月 12 日。

「袁琦秘傳譯學」，《明報》專欄「廣告人告白」，1986 年 8 月 18 日。

「教練」，《東方日報》專欄「鏡──一題兩寫」，1987 年 11 月 5 日。

□　「只得任其鏽蝕」，《明報》專欄「自喜集」，1990 年 7 月 30 日。

學生生活

○　「且說當年勇」，《東方日報》專欄「我手寫我心」，1990 年 3 月 18 日。

「一粒龍」，《東方日報》專欄「霑記講古」，1984 年 9 月 17 日。

「和李小龍打架的日子」，《壹週刊》專欄「彷彿是昨天」，41 期，1990 年 12 月 21 日。

「二十九個字的粗口」，《新報》專欄「即興集」，1977 年 7 月 5 日。

□　「獎」，《東方日報》專欄「鏡──一題兩寫」，1987 年 10 月 6 日。

解徵

○　黃湛森，「為喇沙解徵而歡呼」，《喇沙校刊 1959 / 60》（頁 2），香港：喇沙書院，（1960）。

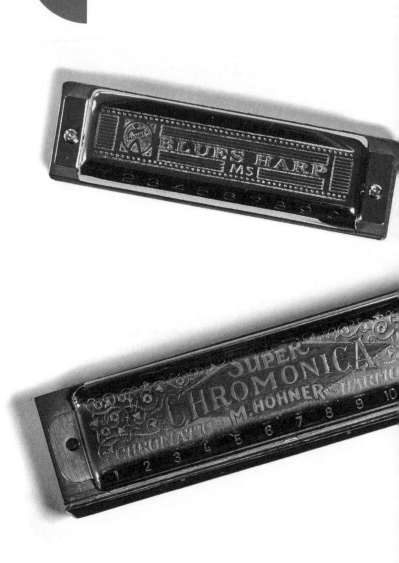

1959-1960

黃霑的口琴。

第三章

出道

跟同一代的青年比較，黃霑最獨特的經驗是「早出道」。

還在讀初中的時候，他拿着大袋口琴跟師傅梁日昭四處演出，途中遇上了一班戰後從上海南來的高人，在他們身上學會了各種音樂造詣，並沾染了第一代中國摩登的氛圍。

一九六〇年，黃霑（以為自己）學成，出道參加業餘歌唱比賽，以落敗退隱收場。但他和他那一代的渴求，阻也阻不了。他們自選歌曲，自修道路，很快變成了新一輪香港摩登的原動力。

- 被校方選作學生長
- 領洗為天主教徒，改洋名，以本名英文字首 J 與 S 改成 James。
- 帶備口琴，定期在梁日昭主持的商業電台節目「一曲難忘」，跟梁寶耳、詹小屏和「簫王」洛平等菲律賓音樂人一同演出。
- 第一次現身電影銀幕，在林鳳的電影《青春樂》當小「茄喱啡」。
- 跟喇沙口琴隊為《青春樂》兩首電影歌曲，和《玉女驚魂》電影配樂作口琴伴奏。
- 與林鳳、梁樂音、彭鵬等參與《星島日報》主辦的濟貧義唱大會。

1959

1960

· 在喇沙校刊刊登文章《為喇沙徵解而歡呼》及《回憶的琴匣》

· 參加星島第一屆業餘歌唱比賽，怕輸不敢用真名，作了「黃霑」這名字。參賽歌曲 *Ciao Ciao Bambina*。

· 第一次寫歌詞，是為呂紅製作的唱片寫八首國語歌詞，包括《友誼萬歲》。

· 進入香港大學文學院中文系就讀

· 在港大學生會之夜演出自編自導自演的處男劇作 *The Proud One*

● 參加《中國學生周報》口琴隊演出，梁樂音（左一）、黃湛森（左二）、丁瑩（中）、梁日昭（右三），攝於 1960 年。

高手

黃霑 11 歲習口琴，14 歲跟師傅梁日昭進出錄音間，參與電影配樂，名副其實是少年出道。

「早出道」有很多好處。一是能夠寓學習於工作，收取專業酬勞。二是能夠遇到高手，提早得道。

少年黃霑遇過不少高手。單是美女，就有絕世美人李香蘭、一代玉女林鳳，和跟林鳳平起平坐的丁瑩。1960 年，黃霑參加《中國學生周報》口琴隊為社團賀新禧的演出，丁瑩穿連身裙在豆大的咪高峰面前演唱。伴奏的五個樂師，右邊兩位佚名，正在吹口琴的是梁日昭師傅，最左邊背鏡頭彈琴的是早在上海揚名，名作有《賣糖歌》、《博愛歌》、《月兒彎彎照九州》和《梅花》的梁樂音。中間打鼓的是黃霑。

黃霑出道後，有幾年經常和類似的高手同台演出。當中有時代曲一代宗師姚敏、李雋青、王福齡與周藍萍，和為本地流行音樂開山的菲律賓音樂人。在他們面前，黃霑是學徒。跟藝術音樂不同，流行音樂演出講即興，學藝靠耳濡目染。學徒的任務，是在高手過招的台上盡情偷師。1950 年代，在港發功的高手又多又雜，黃霑偷到的師多元豐富，技藝混習的程度天下無敵。20 年後，本土流行音樂漸露頭角，行出自己的道路，第一個要多謝的，就是這批不理輩份，跨越港滬雙城，堅持發光發熱的高手。

學藝

一、當學徒

十一二歲開始，我跟梁日昭老師跑錄音間。那時的職責，是一腳踢打雜。有機會就站在梁老師旁邊，為他吹奏，他獨奏的時候，就坐着看他吹。他那裝了幾十個口琴的大袋，是我和一位大師兄好友輪流挽的。

出道早，有好處。經驗原是一點一滴積累的，需要時間。因此出道得早，經驗就累積得多。

挽了十多年口琴袋，我有機會走遍全港大小錄音室，看音樂大師實際工作的情形。我經歷過一個大米高峰，錄整隊樂隊的時代。那時，只有 mono 單聲道，歌星、樂師一起，mixing 混音邊錄邊做，中間不能剪輯，樂隊有一個人出錯，就要從頭來。這些經驗培養出錄音時專注的習慣，也培養出自己看譜準確的能耐。到今天，可以整首歌分句錄，錄不好可以逐句 punch in 修補的時代，這些舊習慣和技巧，依然派上用場。令我在錄音室工作的時候，效率比同行稍高，因而控制時間，控制成本，都十分準確。

而且，出道早，可以親近前輩高人。李厚襄，姚敏，王福齡，周藍萍，梁樂音這些中國流行音樂大師的工作方法與個人特點，自己全見過，從中偷師，獲益良多。比在黑暗中摸索，省了許多冤枉歧路。

二、錄音室

我是在錄音室長大的。初中時，就開始進錄音室了。從此就沒有離開過。從前錄音室是髒的，總是在車房，與片廠隔壁。除了電台裏的，設備都不好。所謂隔音，都是騙自己騙人。

EMI 錄音室在銅鑼灣恩平道的大廈地窖，電動水泵一開，歌星、指揮、錄音師，就要全部豎長耳朵一齊等。上邊寫字樓有人搬東西，也要停。

別的錄音間，也好不了多少。在九龍城的，在鑽石山的，要等飛過的飛機遠去。在青山道的，要讓警車警笛靜下來。

不過不要緊，等候的時間，都有錢收。年紀雖然不大，待遇卻是平等。專業樂師的標準，只論技術，不問年齡。三小時最少，每小時 17 元正。連坐着談天，也照收如儀。然後，過了幾年，收獨奏樂師，比一般 sideman 多 5 塊錢。再後，不任樂師。收的是指揮費，比樂師酬勞多兩倍。

拜師

<u>練功</u>

11 歲，我加入了母校的口琴隊，起初個多月，一切如常。教我們吹口琴的梁日昭老師，是個很懂音樂教育的好老師。全隊 30 多個小男孩，進度很平均。我們，由完全不懂得吹奏口琴的，變作可以吹好一首簡簡單單兒歌《昔年》(Long Long Ago) 的口琴演奏者。

老師教「打音」了。

「打音」這口琴技巧，是用舌頭，在嘴裏一伸一縮，令空氣進出口琴吹洞，刺激琴裏銅簧，發出有節奏的和弦。

我舌頭笨，練了幾個星期，都學不會這有節奏的伸縮。隊友都學會了，全隊卅多位小孩，只有我一個笨人不會。羞愧滿面，退出口琴隊。

隊友是人，我也是人。他們能做，偏偏我不能。自大變成自卑。感覺很不好受，人前，矮了一截。自卑感困擾了自己大半年，有苦自家知，而且，有苦說不出。

終於，頂唔順。拿出老師著作，和塵封了的樂器，照書上列明的步驟，一步一步，對着鏡子，舌頭一伸一縮，慢慢的一下一下去練。一天，兩天，三天。

七天以後，舌頭伸縮自如，口琴的「打音」技巧，我也終於

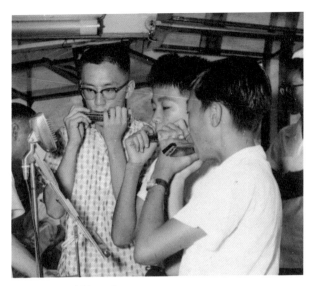

黃湛森（左一），攝於 1959 年。

學會了。

　　他是人，我也是人。他能做的，我也能。即使天分不如人，但我可以將勤補拙。

　　信念回來了。我再次加入口琴隊。同年，參加初級獨奏，拿了個季軍。

　　到數十年後的今天，我還可以馬馬虎虎的演奏一兩首歌。雖然，因為失練的緣故，我再不像青年時，可以把貝多芬的《D 大調小提琴協奏曲》的小提琴獨奏部份，一音不易的用口琴演奏出來。

　　這幼年時的經歷，深印我腦海，教懂了我練功之道。

口琴王

稱梁日昭老師做口琴王，不是我這「梁門弟子」要替師傅臉上貼金。「王」者稱呼，梁老師當之無愧。

由五十年代開始到九十年代，他從未停止過授課。而除了一班一班的教，一隊一隊口琴隊地訓練之外，還在電台開「口琴講座」。香港不知有多少少年，就此有了進入音樂王國觀光瀏覽的機會。

這些青年，多數都是窮孩子。富有的，都學鋼琴、小提琴，玩結他去了，只有買不起鋼琴、小提琴、電結他的孩子才學口琴。

這位一生貢獻了給音樂教育的口琴家，從來宗旨不變。數十年於茲，永遠努力不懈，為「音樂大眾化」而用盡心力。

「我喜歡小孩子」是我這位老師的口頭禪。這是真心話。上課的時候，他不但教口琴技術，還常常講解人生道理。

有好的歌，他找不到原譜，往往自己一個個音符默，把旋律記下來，用作教材。務求用最吸引的教材，把青年人引進音樂的領域。選教材，他的標準簡單。只要旋律好，不問來源。民歌、古典、中樂、洋樂，可採即採，全沒有門戶之見。一般音樂老師的頭巾氣，梁老師絕對沒有。

老師授課傳藝的時候，有個習慣。他喜歡用手握拳，在桌上打拍子。拳頭敲重拍，手指敲 offbeat，碰仄碰仄，或碰仄仄的敲。他右手，全起繭了。

數十年的辛勞，早在他手上留下了標記。

音樂大眾化

對香港學界音樂，好有貢獻嘅口琴大師梁日昭先生，係我師傅。

我跟梁老師學嘢，大大話話跟足十幾年。

梁日昭老師，全港學校有口琴隊口琴班嘅，十間起碼有七、八間係由佢教。如果要計數，佢咁多年教出嚟嘅學生，至少有成五六萬人。出自梁門嘅就更多，因為我嘅師兄弟，後來亦有唔少，走梁老師條路，教學生。

老師一向有句，「音樂大眾化，大眾化音樂」口號。呢句口號，佢身體力行，而且數十年於茲。

梁先生呢兩句嘢，影響咗我半生。我自己其實十分鍾意嚴謹音樂，屋企個唱片櫃，古典嘢多過流行曲，但係我亦明白，大眾唔鍾意聽呢味嘢乜滯，所以我大凡執筆寫嘢，必定力求大眾化。呢個作風，係受我嘅好老師梁先生影響嘅。

我之所以寫起歌詞嚟，亦係因為我呢位音樂啟蒙老師。嗰陣粵語時代曲個開山皇后呂紅小姐，忽然想開唱片公司，做國語時代曲唱片，搵梁老師搞音樂，叫梁先生搵人寫詞，老師推薦我。就係咁樣，我開始寫起歌詞嚟。

後來我識寫電影音樂，亦同梁先生有關。佢同佢宗兄梁樂音教授周時合作，音樂要用口琴，佢就帶埋我一齊，因此耳濡目染，連電影配樂亦都就此識埋。

美女與口琴

從 1951 年，就拿着口琴，跟着梁日昭老師，一跟，跟了十年。

每星期，跟着梁老師，到處演奏去，同時，學會了打鼓。《中國學生周報》的「新年聯歡」，我們是樂隊。九龍總商會慶典，我們在台上助興。對個十來歲的男生來說，那是太多采多姿的生活。

還出現大眾傳播媒介。香港電台、綠邨電台、麗的呼聲、商

「十幾歲的孩子，一個又一個的晚會跑，
一家又一家的電台吹，由一個的咪高峰，
錄到今天的多聲道。音樂之花，就是這樣開出燦爛
來了。焉能不謝辛勤撒播種子的人？」

梁日昭（中）、黃湛森（後排左二）及口琴隊隊友，攝於 1950 年代。

業電台，無處不在。而且，常常參加電影配樂。

　　林鳳的歌舞片《玻璃鞋》，白明的《戰地奇女子》，李香蘭
的《一夜風流》，有口琴的電影音樂裏，就有我這永遠跟在梁老
師背後的青年的口琴聲。

　　跟着梁日昭先生，常常有些喜出望外的好事發生。例如，不
是因為音樂，我絕對不會見到風華絕代的李香蘭。

　　李香蘭是我十分佩服的歌者，當年應王龍先生之邀，來港拍
她最後一部國語電影《一夜風流》，請姚敏和梁樂音兩位大師為

「林鳳剛出道，我還是中學生。
林鳳非常漂亮。在十來歲的中學生眼中，
嘩！簡直天仙化人。
竟然有機會站在她身旁拍照，怎不令人喜出望外？」

與藝人參與濟貧義唱大會，崔巍（左一）、黃湛森（左二）、林鳳（左三）、梁樂音（左四）、彭鵬（右三）、梁日昭（右一），1959 年攝於灣仔的呼聲大廈。

她寫曲。梁先生寫了兩首《分離》和《梅花》，要口琴伴奏。我們那時就跟梁日昭先生領導的友聲口琴隊，為這位人非常漂亮，歌唱得非常好的李小姐吹口琴。

　　記得那天她穿了件中國旗袍，個子小小的，艷光四射得令人怦然心跳，令我們這群十來歲的口琴隊男孩，看得口瞪目呆。

二、梁樂音

梁樂音是《月兒彎彎照九州》、《賣糖歌》、《博愛歌》、《分離》的作者，香港的青年，不會知道他的名字。也許，也不知道他寫過的歌。

優美的旋律是梁樂音特長。他喜歡用五音音階為主，然後用短調和弦作和聲，很有些淡淡的哀愁，路子和與他同輩大師不一樣，而個人風格非常強烈。

我不算是他弟子，但老實說，從他那裏，我學懂了不少寫旋律的竅門，也明白了不少處世之道。

他和我的音樂啟蒙老師口琴王梁日昭先生，是極要好的朋友。他有工作，往往有理無理，都在樂隊中加口琴。我在五十年代，常常跟着老師到處跑，因此和梁樂音接觸得不少。

今天，人人提李香蘭。當年，李香蘭常唱梁樂音的歌。中日戰爭的時候有首《博愛歌》，全體紅星大合唱。歌的旋律極佳，是時代曲的鳳毛麟角作品，起承轉合，流暢之至。「我們是人，應該愛人」的詞兒，人人瑯瑯上口。

梁樂音是廣告歌高手，《新奇洗衣粉》、《快潔》、《菊花牌乳膠漆》等好作品，盡出其筆下。作曲之外，兼寫歌詞，粵語歌詞口語化得非常生動，而且意簡言賅，短短幾句，產品的好處，便完全勾畫了出來，後輩諸人，鮮能企及。

當時是國語歌領風騷的年代，梁生是廣東人，對粵語九聲的認識要比他同行多。他的廣告歌，字一定準。有時候，因為旋律進行，字填了上去，要倒；他就用裝飾音，把字的「韻首」藏了在裝飾音上，再用「韻腹」滑行，然後用「韻尾」協諧在本來要押的原音上。像《新奇洗衣粉》廣告歌的尾句，如果照旋律唱，不加裝飾音，就會像「新奇洗衣糞」了。但他把「粉」字的 F 音

「『新奇！新奇！新奇洗衣粉！月老牌！月老牌，
新奇洗衣粉！』是梁樂音先生當年信手一揮的傑作。
樂隊由梁日昭老師領導，成員有特樂樂隊
森遜姊弟的尊翁簫王洛平，和曾於利園酒店
任琴手的阿仙拿。敲出『篤的篤的篤咚咚』
小梆鼓『查查查』節奏的，正是在下。」

台上樂師：梁樂音玩手風琴，梁日昭吹口琴，黃湛森打鼓，攝於 1958 年。

先上高一度的裝飾音，然後滑下，結果字圓音正之餘，還另有一
種中國歌花音搖曳生姿的獨特韻味。這是從中國傳統戲曲吸收過
來的技巧，實用得很。

論寫旋律天份與技巧，梁先生是一大高手。將來有人研究中
國時代曲史，肯定要寫上他一頁，而我也可斷言，他的好作品，
會留下來，成為長青不朽的歌。

三、梁寶耳

梁寶耳從不承認他是我老師。但天地良心，這位奇才，的確是我青年時代影響我最深的師友。

我知道這世界有湯恩比，有羅素，全因他的推介。他的旋律，是我偷師的對象。他的淵博，令我明白自修是可行的治學途徑。

在五十年代，我們常常邊散步邊談。從深水埗一直走到尖沙咀，又從尖沙咀走到九龍塘，許多個愉快的晚上，都如此度過。

「他從不賣自己的作品，旋律寫好了，
就留在身邊陪自己。
令天生麗質的好歌，始終識者奇少。」

梁寶耳(左)、黃霑(中)、華娃(右)，攝於 1960 年。

他是口琴王梁日昭老師的令弟，本名叫梁日明，英文名 Paul。「寶耳」二字就是英文名的翻譯。

梁日昭老師當年在香港各中學傳藝，最好的口琴隊，應該是母校喇沙書院的。我們每次參加校際音樂節，總有點成績拿回來。而梁寶耳，是大功臣。很多次參賽，都由他擔任指揮。

有一次，自選曲。梁寶耳把貝多芬的《D 大調小提琴協奏曲》第二樂章，整理配器，把這首偉大作品，弄成口琴隊合奏。那次，我們屈居第二，但評判大事讚揚，令同學高興得很。後來，我對貝多芬作品，視作畢生至愛，說起來，是受了寶耳先生

「『一曲難忘』的主題音樂《夢江南》，是首五音音階寫成的小調式流行曲，全歌九句，只得十二小節。句法與結構都和一般流行曲有異，但起承轉合，渾然天成，好聽得很。」

梁月玲，《夢江南》，愛美唱片公司，1963 年。

啟蒙的。

他是寫旋律的高人，音符一到他手，就脫胎換骨。那時，他在商業電台主持個周末的音樂節目，叫「一曲難忘」。每兩星期，錄音一次。每次，他都帶兩首新作來發表。首首有水準。有「菲律賓簫王」之稱的大樂隊領班 Lobing Samson，就常說「Paul is an excellent song writer!」

他有一首《九月心情》，我至今仍然每個音都能背。起承轉合的順暢悅耳，真是一聽難忘。他的《相逢何必曾相識》、《夢江南》、《傾城之戀》等等，水平之高，我一直以為香港沒有誰可以企及。

梁寶耳這個絕世高人，我行我素，兼「但開風氣不為師」，寫了作品，得一兩知音，就不問其他。所以，自甘淡薄，也自得怡然。

四、姚敏

生平有兩大憾事，其中一件是未能與姚敏先生合作寫歌。

我初在音樂圈子混的時候，不時喜歡在錄音間探頭探腦。第一次見他，在恩平道某地窖的百代錄音室。梁日昭老師，帶我去吹口琴。後來我也為他當過音樂員，拿着口琴演奏他的旋律；又為他配樂的電影唱過合唱。常常見他啤酒在手，一邊吹口哨，一邊寫寫歌。

姚先生寫旋律快得驚人，天賦之高，令人咋舌。他的旋律，好的極多。《三年》、《恨不相逢未嫁時》、《春風吻上我的臉》、《第二春》、《情人的眼淚》，和無數黃梅調歌，都是出自他手筆。

他指揮，動作很細，有時拿着鉛筆當指揮棒，只動手指和手腕，即使指揮大樂隊，動作也大不了多少。

姚敏先生生平最精采的旋律是《恨不相逢未嫁時》。樂句起

伏，完全不落俗套，而纏綿蘊藉的情意灌滿了每個音符，每次重聽，都令我深受感動。這首歌連格式都和一般時代曲不同。姚先生摒棄了大家都喜歡的ＡＡＢＡ四段體，樂句自由地蜿蜒像一江碧水，穿山遊石，轉千灣轉千灘，然後平和地融入大海，了無影蹤，卻餘音繞樑地完結。

他在40歲剛過，一個下午，在「金舫」打麻雀期間，就這樣去了。出殯那天，由全港菲律賓樂手精英當樂隊，由喇叭王Barry Yaneza領導，在靈堂奏樂。全港歌星，跟他合作過的，一齊合唱《情人的眼淚》，個個聲淚俱下。

黃霑第一次當殯儀館堂倌，就是為姚先生，一邊公開哭，一邊講話。

可惜與他交往的機緣，就止於此。始終沒有機會，為他的旋律譜詞。與這位大師，有幸同時代生存卻無緣合作。

五、李雋青

生平兩大憾事，另一件是未能立雪李雋青先生門前，向他討教寫歌詞的要竅。

1960年代初，我認識了李雋青先生，很欣賞他寫歌詞的功力，很想請他教我。因為我希望在將來也和他一樣，能寫出深入淺出，而纏綿動人的歌詞。

因為我怕我這籍籍無名的小夥子，開了口問他，他會拒絕。我更覺得，我已是港大文學院二年級學生，我有潛質有才華，就算你不教我，我難道不會自己去學？於是沒有替他端椅子。

現在，不錯我也寫寫歌詞，但始終望塵不及李先生。而且自學過程的艱苦，不足為外人道。如果我從頭開始，我寧願替李先生端椅。

六、周藍萍

初識周藍萍，在 1961 年邵氏之黃梅調全盛時期。當時華籍喇叭好手何達，本任大師姚敏副手，見周氏初到港，人生路未熟，乃毅然助之，為其找歌星與召集樂隊。

袁秋楓之《黑森林》開鏡，找周氏譜曲，周氏欲組男聲合唱團。何達先生薦我加入，那時我是初生之犢，不知天高地厚，膽正命平，一拍胸口，乜都敢制。居然一混，混進邵氏男聲合唱團中。猛賺外快，獲得拍拖經費不少。由此識周藍萍夫婦。周氏夫人，更要愛子陽正，叫我做舅舅，過從頻密。

周藍萍是小個子，但短小精悍，指揮時聲威懾人，十分有勁。編曲最具魄力，有雄奇之勝，善甩短調，哀而不傷，別見韻味。幾部黃梅調歌唱片中最成功者，都是他的傑構。《梁山伯與祝英台》中的《十八相送》配上三拍子，旋律美得驚人。把本來簡單的黃梅調句子，大大的豐富了。而書塾一段，用《劉三姐》的山歌改編，唱出《四書》與《大學》章句，更是化腐朽為神奇，很見功力。

七、菲律賓樂人

香港流行音樂的功臣很多，裏面有一群出過力的，是菲律賓音樂人。

菲律賓音樂人來我國成為推動音樂文化的一員，為時甚早。在上世紀三十年代，他們就已經十分活躍於上海。這些菲裔音樂家，既演奏古典音樂，也玩流行音樂。據韓國鐄教授的考證，當年上海的工部局交響樂團，其中有一半成員，正是菲律賓樂師。

而在夜總會演奏的，也有極多的菲律賓樂隊。吳鶯音當年獻

唱的仙樂斯舞廳，伴奏的樂隊就是由有「簫王」稱號的菲籍音樂家洛平（Lobing Samson）領導的大樂隊。

到上海的時代曲作曲家、詞人和歌星後來移居香港，這個由菲籍樂師參與演奏的傳統，就傳承下來。而且除了演奏之外，菲籍樂師們還參加了編樂工作。

創作「港式時代曲」的作曲家，如姚敏、李厚襄、王福齡等，寫旋律的功夫了得，但編樂方面實在不如菲籍樂人。因此，大家都實行作曲與編樂分工。分工的效果甚佳，等於將各有所長的專家結合在一起，於是「港式時代曲」的水準，達至東南亞最高水平。

這群編樂名家，如歌詩寶（Vic Cristobal）、雷德活（Ray del Val）及上世紀六十年代中香港的奧金寶（Eugenio Nonoy O'Campo），對提高香港流行音樂的配器及演奏水平，很有功勞。

在下出道早。十四五歲，便拿了口琴，跟着老師梁日昭先生到處跑，錄音、播音，與做電影配樂，跟不少菲律賓音樂人合作過。

杜麗莎的祖父加比奧是結他大師，我們經常合作。他以前是香港流行樂的一流樂隊領班，炙手可熱的菲籍音樂家歌詩寶來港之初，便是在其屬下樂隊任喇叭手。

特樂樂隊姬麗絲汀的爸爸「簫王」洛平，有一段時期，和我每周一次在商業電台錄「一曲難忘」。我和他合作最多，前後玩了廿多年。

前 EMI 音樂總監 Romy Diaz 還是年青小夥子的時候，我就用他作結他手。後來，黃霑的旋律如非戴樂民兄悉心參與配器、編樂，能否一曲風行，實在大成疑問！

Eddie Gusman

Manuel Rozario.

Ray ⟶ del Val

Arrangement.

Lobing 厚名 Leovegildo.
　　　(Loving)
Lobing 是 nickname.

Vancouver

19 yrs.

9

9 mon

loving

Ciros

1950

SHAKUNAGE 7mm×22行

黃露博士論文研究筆記。

「黃霑出道早，年方十五，
便跟着梁日昭老師到處錄音去。
而合作得最多的正是洛平兄。」

LD Telephone
24/4/2003

ber Shanghai

Charlie Paramount
h   Niteclub.
mth's.

. 16 yrs.

Room

Band.

SHARONAGE 7mm × 22[]

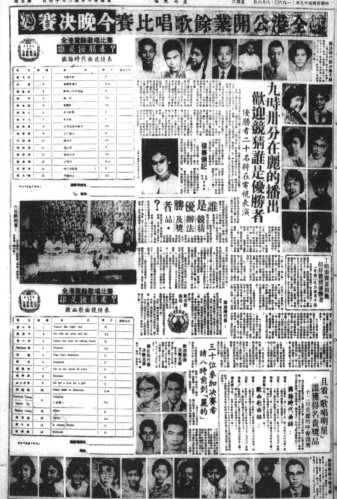

● 「全港公開業餘歌唱比賽今晚決賽」,《星島晚報》,1960 年 8 月 6 日。

「黃霑」出生

1960 年 8 月 6 日，第一屆星島業餘歌唱比賽，30 人進入決賽，其中包括因為怕輸而改名「黃霑」的黃湛森。

決賽由麗的呼聲銀色電台轉播，是城中大事。比賽分歐西和國語兩組，不設粵語歌。「黃霑」在歐西歌組，參賽歌曲 *Ciao Ciao Bambina*，用意大利文唱。那時，「黃霑」聲量很大，但歌藝平平，進入最後 15 名後慘被淘汰，成終生憾事。

比賽有六位評判——姚敏、梁樂音、黃飛然、李厚襄、綦湘棠、梁日昭——全部屬南來音樂大師。參加的新秀，不少身懷絕技，並先後成為本地流行文化的先鋒，當中包括第一代電視靚聲王蕭亮（真名盧永華）、邵氏影人樊梅生、香港新型電視劇教母梁淑怡，和黃霑的老友詹小屏。

評判的賽後評論，一語中的：這是一個新時代的開始。這年之後，各種類似的大賽相繼出現。戰後一代，正式找到自己的主場。然後姚敏淡出，梁淑怡淡入，兩代藝人開始交棒。

「黃霑」落敗一刻，香港社會也悄悄在變。是年，英國政府停止徵用喇沙主校舍作軍事醫院用途，確認戰時草木皆兵的氛圍，已經淡去。香港經濟加速開放，社會面貌雙倍多元，文化地圖上新添了大丸百貨、鑽石唱片、《天天日報》，和粵劇《帝女花》的黑膠唱片。

比賽之後，「黃霑」銷聲匿跡。1965 年，「黃霑」重出江湖，強勢回歸。

我叫黃霑

我叫黃霑，名字是 1960 年自己改的。本名叫黃湛森，湛江的湛，森林的森。

先父本來給我改名叫黃湛深，他很喜歡「湛深」兩個字，希望我長大成人之後，學問精湛而有深度。後來他替我找算命先生「睇百歲」，算命先生說我五行欠水欠木，先父就將「湛深」改作「湛森」。

中學開始唸洋書改洋名，以本名英文字首 J 與 S，取接近的聲音改成 James。

1960 年星系報業第一次辦全港業餘歌唱比賽，我報名參加，怕輸，不敢用真名面對群眾。把 James 縮成 Jim，再譯做中文，變成「霑」字。

選用「霑」字，因為曹雪芹這位仁兄，本名叫曹霑。我是《紅樓夢》迷，想沾他的光。而荷里活鼎鼎大名的華裔攝影家黃宗霑，亦是我心儀偶像，所以就弄了個「黃霑」的名字。

那年比賽詹小屏得第一。我鬧着玩的，別人去唱，我跟着去唱。到準決賽最後 15 名被淘汰，引以為終身憾事。所以我後來夠膽唱歌，無論如何也要出唱片，報當日被淘汰之恨。

以後就漸漸兩個名兜亂用。我的舊朋友和同學，還是叫我做黃老湛，或者黃湛森。但逐漸，真名反而沒有多少人認識。六五年在麗的開始主持「青年聯誼會」以後，就一直沿用「黃霑」此名。

其實，沙翁早有名言：「玫瑰叫任何名字，都是這樣香。」黃霑怎樣改名，其臭如故，所以以後不如用回本名好了。

「我與詹小屏交往多年，對她的水準知之甚稔。
她是全香港最怯場的歌星，第一屆業餘歌唱比賽決賽，
唱比提比芝的《沿那傷心的路》，竟然唱到一半，
緊張得完全唱不下去。因此，香港夜總會與歌廳，
曾屢出重資，也不能說服她在咪高峰前唱。」

詹小屏與梁日昭，攝於 1960 年左右。

在麗的呼聲舉行決賽之熱鬧情形，詹小屏（第二行左三），黃霑（第二行左五），
照片出自《星島周報》，1960 年 8 月 11 日。

全港業餘歌唱比賽

誰 是 優 勝 者？

歐西歌曲競猜表

姓　　名	號　碼	曲　　　　名	調　子	號猜名次
盧　永　華	1	You're the right one.	G	
鄧　漢　平	2	My rifle my pony and me.	Eb	
詹　小　屏	3	Down the trail of aching heart.	G	
Barbara 馮	4	Pretend.	Bb	
黃　霑	5	Ciao Ciao Bambina.	C	
蘇　英	6	Amapola.	C	
楊　藹　培	7	I'm in the mood of Love.	C	
何　莎　森	8	Because.	A	
盧士米會	9	All for a love for a girl.	D	
司　徒　碩	10	Come back to Sorrento.	Dm	
Patricia Tsang Mabel Ng	11	Deborah（合唱）	Gb	
Selma Liang	12	Misty.	E	
楊　素　娟	13	Teddy.	Bb	
羅　永　全	14	A certain Smile	C	
吳　華　港	15	Deborah	C	

全港業餘歌唱比賽歐西歌曲 15 強競猜表，黃霑和詹小屏分別 5 和 3 號。照片出自《星島晚報》，1960 年 8 月 6 日。

1960 年星島業餘歌唱比賽決賽其中四位歌手,包括黃霑的好友梁淑怡(左上)和詹小屏(右下),照片出自《星島周報》,1960 年 8 月 11 日。

參考資料

學藝

○　「出道早」,《明報》專欄「自喜集」,1990 年 8 月 7 日。
　　「當學徒」,《東方日報》專欄「杯酒不曾消」,1986 年 7 月 12 日。
　　「本來就是家」,《明報》專欄「自喜集」,1990 年 6 月 7 日。
　　「錄音室之憶」,《東方日報》專欄「滄海一聲笑」,1993 年 5 月 21 日。

拜師

○　「只要能堅持　信念會重生」,《東周刊》專欄「開心地活」,129 期,1995 年 4 月 12 日。
　　「口琴王梁日昭」,《壹週刊》專欄「浪蕩人生路」,187 期,1993 年 10 月 8 日。
　　「被梁日昭老師影響半生」,《東方日報》專欄「霑記講古」,1984 年 12 月 11 日。
　　「美女與口琴」,《壹週刊》專欄「彷彿是昨天」,46 期,1991 年 1 月 25 日。
　　「也說李香蘭」,《東方日報》專欄「我手寫我心」,1989 年 12 月 6 日。
　　「音樂界奇人梁樂音」,《壹週刊》專欄「浪蕩人生路」,155 期,1993 年 2 月 26 日。
　　「廣告歌想當年」,《東方日報》專欄「黃霑在此」,1980 年 8 月 13 日。
　　「梁樂音先生」,《信報》專欄「玩樂」,1991 年 2 月 14 日。
　　「高人梁寶耳」,《壹週刊》專欄「浪蕩人生路」,183 期,1993 年 9 月 10 日。
　　「此生兩大憾事」,《東方日報》專欄「黃霑在此」,1980 年 5 月 27 日。
　　「也憶姚敏」,《明報》專欄「隨緣錄」,1982 年 5 月 16 日。
　　「恨不相逢未嫁時」,《新報》專欄「黃霑傳真」,1996 年 10 月 20 日。
　　「彈《聖誕樹》憶姚敏」,《東方日報》專欄「霑記講古」,1984 年 12 月 30 日。
　　「姚敏先生之憶」,《中國時報》專欄「一聲笑」,1991 年 3 月 20 日。
　　「如果能從頭開始」,《東方日報》專欄「黃霑在此」,1980 年 6 月 6 日。
　　「喜賀周藍萍」,《明報》專欄「隨筆」,1970 年 10 月 15 日。
　　「菲律賓樂人對香港音樂貢獻大」,《南方都市報》專欄「黃霑樂樂樂」,2004 年 5 月 13 日。
　　「阿叔」,《東方日報》專欄「黃家店」,1984 年 10 月 22 日。
　　「簫聲醉人」,《明報》專欄「隨緣錄」,1983 年 12 月 22 日。

「樂壇的新一代」，《明報》專欄「隨筆」，1969 年 5 月 15 日。

□　「播種的園丁」，《信報》專欄「玩樂」，1991 年 1 月 17 日。

「美女與口琴」，《壹週刊》專欄「彷彿是昨天」，46 期，1991 年 1 月 25 日。

「音樂界奇人梁樂音」，《壹週刊》專欄「浪蕩人生路」，155 期，1993 年 2 月 26 日。

「梁寶耳的旋律」，《信報》專欄「玩樂」，1990 年 12 月 9 日。

「簫聲醉人」，《明報》專欄「隨緣錄」，1983 年 12 月 22 日。

我叫黃霑

○　《訪問黃霑》，香港：香港電影資料館，2001 年 7 月 14 日。

「不如以後用番本名」，《東方日報》專欄「我媽的霑」，1985 年 6 月 12 日。

「黃霑由來」，《明報》專欄「隨緣錄」，1982 年 10 月 19 日。

□　「論詹、韋、崔、席」，《明報》專欄「隨筆」，1970 年 9 月 3 日。

1961-1963

黃霑的印鑒，刻記「讀書是福」（左二）。

大學

一九六〇年，十九歲的黃霑帶着矛盾走進香港大學。

大學之道，在傳承學問，鼓勵探索。黃霑主修中文，在課堂遇上不少宗師，接觸到許多學問。他副修自由探索，在學期間幹了很多荒唐但間中有益世人的事。他也兼修自學，善用分秒，擴充了自己一直以來對書本、音樂和戲劇的溺愛。

一九六〇年代的香港大學，隨本地社會發展的趨勢，開放門戶，增加學科，貼近社會。黃霑一輩，受惠於這個大潮，然後以前所未有的自信，繼續前行。

· 參與黃梅調電影《花田錯》幕後
合唱

· 喜歡黑澤明的電影《流芳頌》、
《穿心劍》、《羅生門》、《天國與
地獄》等。

1962

1961

· 在香港大學學生報《學苑》當編輯,
並加入大學社會服務團。

· 在香港大學演出話劇《桃花扇》,因
應對「蝦碌」展示急才,被邀加入香
港業餘話劇社。

· 與美國口琴家拉利羅根(Larry
Logan)在皇仁書院禮堂合作二重奏
演出

· 大學時期常投稿《明報》「自由談」,
全部用筆名。

1963

- 大學畢業，論文《姜白石詞研究》。
- 在天主教中文中學培聖任教，教國文、英文、聖經。
- 在麗的中文台演出電視話劇「葛嫩娘」、「鄭成功」等。參與戲劇節目「我是偵探」和「第七號溶液」編劇。

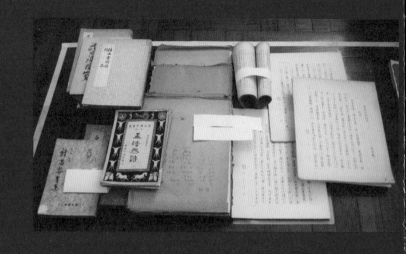

● 黃霑藏書及論文手稿，2005 年攝於黃霑書房。

大學問

2005 年，我們在香港大學辦了一個小型展覽，叫「學校的日子」，以黃霑的物品，呈現他不同階段就學的經歷。我們在黃霑的故居翻找物品，遇到合適的，就放在地上鋪排篩選。圖片所見，是黃霑大學時期的書本和手稿。有關物品，數量甚豐，這裏是冰山一角。

1960 年，黃霑入讀香港大學中文系。他是死硬的喇沙仔，一生熱愛母校，可喜的是，喇沙的優良品質，香港大學有，而且加碼出現。

首先，港大有文化。黃霑有關香港大學的藏品，大部份是書本。他的大學記憶，不少環繞着課堂上多位宗師如牟宗三、饒宗頤、羅慷烈的一言一行，確認大師學問博大精深，待人接物態度精誠。

同樣重要的，是港大鼓勵自由。無拘無束，自由曠課、兼職、爆粗、談戀愛。也善用自由，讀自己喜歡讀的詩，研究讓自己興奮的論題，幫人修橋補路，然後做自己喜歡做的戲。

黃霑在一個很好的時候遇上香港大學。校長賴廉士（Lindsay Ride）1949 年就任後，積極發展大學教育，實行知識下放。黃霑入學時，香港大學學生人數約 2,000 人，是 1941 年的四倍。大學讓黃霑這一輩人得到「學問」，同時把「自由」的價值嵌在心裏，一生同行。

那些「港大」的日子

香港大學今年八十周年，此刻，母校正舉行一連串的紀念活動。

我不算是「港大」的好學生。「明德格物」校訓，自問極不合格。但那些在校的日子，是我人生中一段極難忘的經歷。而且六十年代的香港大學，和九十年代的「港大」，很有不同。現在記記當年，或者會有一丁點兒的歷史價值吧！

六十年代，港大的宿舍有玩新生 ragging 的習慣。新同學，叫做「綠角」greenhorn，在我們的利瑪竇宿舍要被舊生戲弄一個月。

校規是明文禁止這類活動的。但禁歸禁，宿舍裏，照玩如儀。

我們下課回到宿舍，就要結上綠 bow 呔。看見舊生，要叫 Sir。而且要替他們擦鞋，全部舊生 senior 的名字，要記牢。

有不少新生很介意。我生性好玩，覺得無傷大雅。許多同學，就是因為 rag 過我而變得很熟絡。像李柱銘、林鉅成、鄔維庸等，就是因為給他們玩過而成為朋友的。

宿舍環境很好，但膳食欠佳，難道還有魚翅？

老師都當你是成年人，稱你為 Mister！

上課很少點名，求學是你自己的事，你不自律，老師少理。

我常常有課不上，走堂。到錄音間唱合唱賺外快。筆記有死黨代抄，兼代拿講義。

不過，圖書館倒是常去。馮平山圖書館是香港中文書最多最完備的，善本極多，我倒沒有放棄這難得的讀書機會。

老師是一流的。劉百閔、饒宗頤、牟宗三、羅錦堂、羅香林

諸位，都是學術界知名的碩學通儒，雖然我這懶學生常不聽課，但單讀講義和同學代抄的筆記，已肯定受益不淺。

「港大」課外活動奇多，要參加所有活動，一天 24 小時都未必夠。我是「火麒麟」，不過因為已經開始拍拖，所以沒有太多時間，只挑了兩個會。

但這兩個會的訓練，對我日後，影響甚大。

一個是中文學會。學會常常演戲，而且請此地的劇壇名宿來作義務導演。我就是因為這樣的機緣，終於由在電視演話劇開始，變成了電視人。

另一個會是 Social Service Group。我們利用假期當義工，服務有需要人士。大埔聖基道院那條由兒童院通往海灘的士敏土小徑，就是當年我們建的。這項課餘工作，是我後來獲得「羅文錦爵士紀念怡和獎學金」的資格之一。

我從來沒有拿過獎學金。這是平生第一次，令老父開心得很。也因此結識了羅爵士的公子羅德丞，以後成為朋友。

我也當過「港大」校報《學苑》的中文版總編輯。對刊物編輯工作，居然有一點認識，就是那時候學來的。

我非常慶幸自己在「港大」受業。

雖然，那時候，唸中文系頗受歧視。但的確，那三年唸書生涯，令我畢生受用。

今天，我有兩位知己友人，就是當年「港大」同窗。語云：「人生得一知己，死而無憾」，我不敢妄言我會全無遺憾地離開人世，但知己難得，以我這樣頑劣的人，居然有知己，不得不謝母校賜我機緣。

我至今仍然沒有改變的讀書習慣，實在是當日在校的時候養成的。進中文系，令我愛上了中國文化。而這熱愛，豐富了我的生命，令本來不文的我，沾上了一丁點兒的文化氣息。

中國國父孫中山先生，是「港大」前身的醫學院畢業生。我可以與中國現代偉人有先後同學的身份，是畢生光榮。

所以，我這個劣學生，是愛母校的，一有機會，我就回去，即使畢業後多年，還花了四年半的時間，回校從羅慷烈老師深造。

母校惠我良多，我無以為報。

想起來，很有些慚愧。

不過，此生還未完結，也許，在餘年，我會有回饋母校的機會。

大師

一、饒宗頤

國寶饒宗頤教授

「沒有香港，就沒有饒宗頤！」我們的國學泰斗饒宗頤教授，常常這樣說。

饒教授來香港，全是巧合之極的緣份。他在 1949 年來港，本來只為《潮州志》找資助人儒商方繼仁，商討汕頭修志館的經費問題。

方先生見了饒宗頤，不但馬上承諾繼續支持修志館經費，還做了件對香港學術影響極大的事：他勸饒老師不要回去，要留在香港。

幸虧方先生力勸，香港才有了饒宗頤。香港才有了國寶級的學人！

學問深不可測

饒老師的學問，博大和精深的程度，簡直令人咋舌。我唸第一個學位的時候，上了他幾年課。老實說，身為學生，是絕對未知老師的學問如何的。我們國學根基差，有時上課，根本不知道饒老師在說甚麼。

到後來，不停讀他的論文和著作，雖然仍然明白得少，卻終

於弄清楚饒老師學問的底蘊，知道他涉獵的廣博，到了大家幾乎難以置信的程度。

他不但國學根基深不可測，別人絕少弄得懂的學問，他也懂。不但懂，而且成了專家。

涉獵廣泛

遇饒師於卅年前。那時，已經目定口呆了。他上課，從不帶講義，但侃侃而談，一切我們剛進大學的青年聽也未聽過的資料，就這樣源源不絕地灌輸出來了。

八十年代，我想再回學校，利用空閒時間，再多讀點書，鑽鑽中國戲曲的一些問題，特地請饒老師出來討教。他一聽我心願，順口就替我列出一大張書單來。

一向對老師涉獵之廣，心悅誠服，卻從來未聽過他提中國地方戲曲，那次看他列出來的書單，只覺饒師是名副其實的「有腳書櫥」，學問之廣與深，真的到了不可測的地步。

又有一次晚宴，席上來了位在牛津大學研究梵文的先生。饒師那夜，碰巧興致高，忽然，就和那位先生研究起梵文來。

我們這下對梵文一竅不通的人，自然茫然不知究竟，但看那位唸梵文唸了多年的研究生，馬上討來紙筆，全神貫注地在飯館做起筆記來的情形，就知道，饒老師可不是開玩笑的。

治學舉重若輕

而因為他記憶力強，涉獵又廣，觸類旁通的思想於是特別多。別人看不出的聯繫，饒老師很容易就梳理出來。

所以他治學，有時舉重若輕。

「要用玩的心情！像玩一樣。」他常常對向他請教為學之道的學生說：「這樣，才會興趣大。有些問題，我研究了多年，但越研究，越覺得好玩，就是這樣，才可以鍥而不捨的追下去。」

而除了學問淵博精深之外，饒公還極有藝術細胞，書、畫、詩、詞，無一不精，一身兼有成功學人與成功藝術家的成就。

叫人欽敬

古人用「著作等身」，形容學人成績。我看如果要把饒教授生平著述疊起來，起碼會比他身高三倍以上。

我這位國學泰斗老師，半生講學，不知教過多少學士碩士博士出來，他卻自己從不穿學院的袍冠。

因為饒老師雖然是獲法國漢學最高獎「儒蓮獎」的第一位中國人，是舉世公認的國學巨擘，是全球最高學府邀請講學的對象，他卻從來沒有進過大學唸書，沒有讀過學位。

他在港大任教的時候，港大頒發學位，他的學生人人穿袍戴冠，他的同事人人穿袍戴冠，他只是便服一度，鶴立雞群。因為這位 16 歲便編纂《潮州府志》的饒教授，博大淵深的學養，全是家學與自修得來，所以特別叫人欽羨敬仰。

二、牟宗三

有次，牟宗三老師說：記不起我這學生。這不出奇，上課時永遠坐後排，又少發問。老師桃李滿門，自然記不起不標青的門徒。

我倒對牟師印象很深。

他煙癮奇大。好抽三個五。上課時，在課室門前，先深吸一口，然後橫過課室，到另一邊門外，噴出滿肺煙霧，弄熄煙蒂，

再進來講課。

講老子、莊子，從不帶書。課文完全一字不易的背出來。我們帶書上課的，簡直嚇呆了。

牟師是山東人，「國語」其實是山東話。但字字清楚，倒不難聽。但看他的著作，卻吃力。我們唸中國哲學，基礎不佳，他的句子長，往往一句近百字沒有標點，讀起來非常辛苦。曾以此問老師。

老師說：「因為力求準確。」牟師整個人是清癯的，而渾身不帶半點俗氣，晚年，這股氣質，更加突出。次次見，都暗自折服。

三、羅慷烈

「『江山如此多 Fun』節目是逢星期一錄影的。通常，我們二時就圍讀，把全部題目研究一次，有甚麼疑問，馬上查書。還有不清楚不肯定的，我再請教節目榮譽顧問羅慷烈教授。羅老師次次不厭其煩地傳來一頁又一頁只有他才有的資料。有他當靠山，我們信心充足了很多。」

香港大學中文系師友，趙令揚教授（左一）、羅慷烈教授（中）、黃霑（右），攝於 1981 年。

大學生活

一、逃學

小時候很規矩，絕未逃學。我逃學是進大學時開始的。

大學上課，很少點名。缺課教授們不知道，知道了也大多數不理會。他們認為我們都長大了，是成年人，讀不讀書，應該可以自己決定。那真是正合吾意，於是往邵氏影城唱黃梅調幕後大合唱賺錢去。反正有位教授，因為寧波國語全級沒有半個人聽得懂，所以講義寫得十分詳盡。於是，託同學代拿一份講義，就與上足課無異。

但到了第三年，一想老父半生辛勞，捱得鬚髮俱白，供自己讀書，如果竟然考試不合格，又怎麼對得他起？越想越自疚，這才發奮，把教授們的著作，兼同學的筆記，借來刨了數月，填鴨子勉強過關。

真正讀書，是畢業後。一進社會，發覺自己的淺陋，這才急起直追，至今未懈，能逃學，反而不敢逃了。

二、無憂日子

大學校園時代，離我已遠。

那段無憂無慮的日子，真舒服。

唸「港大」的時候，住在薄扶林的利瑪竇宿舍。六十年代的薄扶林，非常清幽雅靜，晚飯後，兩三同學，散步閒聊的閒逸，

1960 年在香港大學演出自編自導舞台劇 *The Proud One*，黃霑（左一）。

令我不時懷念。

徹夜不眠的習慣，就是那一陣子養成的。

我們同學中有幾位，喜歡挑燈促膝，上天下地，無所不聊。

青年人談天，其實是想訓練自己的思考能力。大家學養相近，談起來自是沒完沒了。

那時最喜歡談宗教與性。

幾乎可以說，「不文」嗜好，在少年十九二十時，早已種下了根苗，自後，我狂啃性學巨著，唸了近廿年，興趣到幾年前，才開始冷許。

最自由的日子。肩上無擔，身上有力，心中滿勁！焉不教人

「當同學想到這些孤兒能因這條路的建築而學到助人，而得到一些溫暖。那種感覺，是說不出的舒服，寫不出的美妙。」

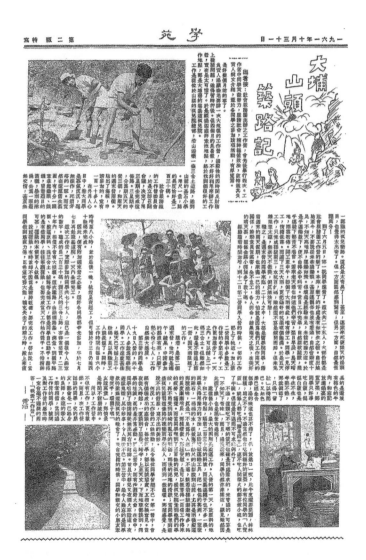

黃霑文章剪輯，出自《學苑》，1961 年 10 月 31 日。

懷想不已？

三、沙紙之馬！

唔怕自動爆料講你聽，我混咗入去間大學度做學生嗰陣，冇咩讀書。

連堂都冇上乜滯，成日走課，走咗去拍拖同秘撈唱歌教英專，賺錢揮霍。

我記得到第二年，第三個學期，有日，忽然良心發現，上堂啦！

個講師見我，完全唔認得：「點解好似我冇見過呢位同學嘅呢？」

嘩！屎滾尿流屁出啦，直頭嚇到。

「唔係！我嗰次咪去過你屋企⋯⋯」馬上雞毛蒜皮小事都搬出嚟頂！

到第三年，要考試。諗起個老豆，唉，佢辛苦咗一世，如果我完成唔到學業，佢會好傷心，我唔可以咁對佢嘅。

話女友知：「我唔見你三個月！要戙起床板咪書兼寫論文。冇論文交，唔畢得業，我會對唔住老豆㗎咁樣。」

坐言起行！真係除咗耐唔中一個禮拜通次電話之外，連女人都唔見，日日踎圖書館，重借咗全班最勤力個同學嘅筆記嚟刨。

咁又過骨。又話乜士物士，個鼻靴咁大個窿嘞。

出咗嚟做嘢發覺自己真係冇料到，先至搏命鋤番下書。

我覺得，入大學，學識查書，已經得。

人係冇可能有晒一切知識嘅，你有需要，用得到嗰啲知識，你一識去搵，已經好掂。

入大學，我覺得最寶貴嘅，只係三點。

一係學到點去圖書館搵自己知識。

二係見到學人治學點落功夫。

三係識到班好朋友。

三點，都唔係大學專利。

自修都掂。

亦唔駛親近學人嘅，睇佢哋啲文章同專著就得，最好嘅嘢，響晒度嘞已經。

所以，入唔到大學嘅青年 friend，你唔駛慄，亦唔需要 sad！

好閒嘅咋。

沙紙之馬！挑！

4-2

● 黃霑書房案頭，2005 年攝於黃霑書房。

愛書・愛樂・愛戲

這是黃霑日用書桌的俯瞰圖，2005年在黃霑書房拍攝。

書桌上有黃霑最常用的東西：眼鏡、放大鏡、字典、原稿紙、筆。書桌背後，是一個大書架，上面放了他寫作博士論文期間用過的書籍。書桌前面有電視機和音響、不少 CD 唱片和電影影碟，音響櫃內有幾個紙盒，內有電影《大家樂》的製作筆記，和「迪士尼樂園巡迴表演」的歌詞手稿集。書房之外，有更多的書、樂譜和電影劇本。

黃霑自幼愛書、愛樂、愛戲。入了大學，愛的力度有增無減，內容隨時代變遷而加厚。他在 1960 年入港大，世界思潮正值改朝換代。在學三年間，中環大會堂落成、第一映室成立、黑澤明的《用心棒》上映、劉以鬯的小說《酒徒》連載、商業二台啟播，標示本土文化也跟着移風易俗。黃霑的課餘至愛由少年時代的胡適和貝多芬，擴散到羅素、李英豪、十三妹、披頭四、費里尼、杜魯福、荒誕劇、現代主義和「樂與怒」音樂。拍攝那天在黃霑書房重遇這些痕跡，一個時代的生命歷歷在目。

愛書、愛樂、愛戲，是終身事業。黃霑晚年愛讀甚麼？書桌上有部份答案。枱燈底下是《禪門日誦》，右側《牛津字典》對上有雍正帝自輯的案頭書《悅心集》。淨心、看透、立於天地、隨遇而安。

愛書

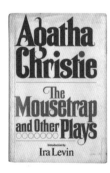

「愛書之癖，少年時候便已形成，一直到今天，好習慣依然未變。永遠手上有書，身邊有書。」

一、愛書人語

自幼有個信念：甚麼都可從書本上學懂。不懂得寫旋律？買本教寫旋律的自修書回來，邊讀邊試，不就行了？一試果然。

不懂五線譜？也是買本書去，用上點時間和功夫，過一陣，就會讀譜了。

少年時候，已知道書本是知識之源。

今天，在創作方面，略有小成，全是書本所賜。

因此對書籍，有份不可言喻的愛。家中四壁皆書，而且重重疊疊，堆得滿滿的。人生中多次轉變，連身邊人都轉了不少位，唯有書至今依然伴我，不離不棄。

所以常常笑說：「書比女人更重要。」

書開我竅，助我進步。

一本 Edward de Bono 的《縱式思考》，令我苦思多年的問題，豁然開朗，有似黑暗之中，忽見燦爛金光。以後很多事情，都很容易便想出解決辦法。

而那本書，不過花了十元八塊港幣和個多月反覆閱讀的時間而已。

書助我放鬆，解我寂寥。

一書在手，我這本來「紮紮跳」的猴子，居然可以端坐十餘小時，動也不動，人鑽進書中，渾忘世上種種，不知天光天黑，獨而不孤，每分每秒，縱使孑然一身也絲毫不覺寂寞。

書還讓我時空穿梭。

今天飛回唐朝，與李太白杜工部促膝攀談，看着我國兩大詩界天才逸興思飛。明日，投入古希臘世界。不必入時光隧道，或參禪打坐，我已自由自在，來去自如，不受拘束，完全衝破時空界限。

書的好處，令我精神富足，看見有錢人而沒有半點自卑，人前人後，不必低頭。

因此每次離港外遊，飯可以不吃，書局不可不逛。

唯一可惜，是書多，而時間不夠，永遠追不上追不完追不及，一次逛書局回來，就要拼命的擠時間出來，非廢寢忘餐，看不了看不盡，時生「吾生有涯學無涯」的慨歎。無窮的求知欲，永遠不能抑止，永遠沒有完全滿足的一天。

去年，有段日子，覺得自己吸收得不少，連運用也來不及，曾發傻想，企圖不碰書一年，先消化了這些年學來的東西再說。

然而，那天走過書局，一眼望向櫥窗，腳已經不由自主的轉向。到走出來，已經雙手各攜兩袋重甸的新書。

書惠我良多，時思報答。

所以，如果有一天，我有餘錢，一定捐個圖書館。

二、我愛的書

圖
書
館

「港大的馮平山圖書館，用了三年，
最令我印象深刻的是位長者讀書人。
他不是港大同學，也不是港大教師，
但他天天風雨不改的到『馮平山』看書，
每日第一個人到。比任何一位港大攻讀的同學都勤力。」

**戲
劇**

「我少年時，常常去逛舊書攤。
姚克老師的《銀海滄桑》、《楚霸王》，
薛尼盧密的《十二怒漢》成為我的架上
書與肚中書，都是舊書攤賜我的寶藏。」

詩

「我自從小學唸了李白的
『床前明月光』之後，就愛上了各種各式
各國的詩。古今中外，無不鍾情。
一有空就讀，半生未嘗停過。」

**謎
書**

「謎書，自少年時便喜歡看，
興趣延續至今。清人謎書，
謎底多出古籍。其中，
出自『四書』的最多。」

存在
主義

「一生人不停接觸的，
是一本一本又一本的書。
思想的形成轉變，全因書而起。」

羅
素

「李白與羅素並列，《馬克思選集》
擠在《元曲選》的中央，
旁人看了不明所以，自己找起書來，
一找便找得着。」

第四章　大學

汪精衛

「汪精衛寫的詩，真摯動人得很。

幾年前，獲香港知名則師何弢兄

令壽堂贈線裝珍藏本汪著詩集，反覆翻看多次，

次次都對汪兆銘其人，有說不出的嚮往。」

歌謠週刊

「《歌謠》週刊這本書，實在是個寶庫。

北京大學歌謠研究會研究成果的合集，

由周作人編輯，不少民謠性情，

就此得以保存下來。」

妓女史

「一向對娼妓史有興趣，讀了多年。
湖南文藝出版社出了一本武丹先生著的
《中國妓女生活史》，引用的資料，
廣泛而詳盡，令人大歎觀止。」

Erotica

「中外古今的色情小說，其實都少傑作。
《金瓶梅》、《玉蒲團》、《燈草和尚》與
Marquis de Sade 這部法國中世紀禁書，
或五十年代才開禁的勞倫斯名著，
《查泰萊夫人的情人》，都名大於實。」

An Inquiry Into Meaning And Truth

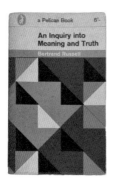

「青年時代的我，極受羅素思想的影響。
他的《婚姻與道德》，我讀完又讀。
《我為甚麼不是基督徒》令我對宗教
有了與前不同的看法。」

The Mousetrap

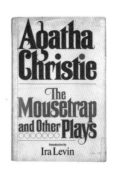

「姬莉絲蒂好在哪裏？少年時在宿舍，
深宵讀她的小說，往往看得毛骨悚然，
但又放不下手來，只好一面驚心一面看，
真是過癮之極。」

惠特曼的詩

「少年時代就開始讀惠特曼，先讀桑先生
的中譯，然後，英文程度好了點之後，
就看原詩。和中國的田園詩風比，惠特曼豪情奔放，
完全不避俚俗，實在痛快淋漓，別具一格。」

OK Hit

「*OK Hit* 這本歌集，搜羅了我們
年輕時代的最流行歐美 hit！
是我學寫歌的範本。」

文學雜誌

「那年初讀《文學雜誌》，不過是中學生。
奇怪的是時光磨不了我的記憶，
覃子豪的詩，今天我還是可以一個字
都不錯的默寫出來。」

米勒門生

「那一陣子，我們都喜歡米勒。
我自己寫情慾小說，也模仿過一點點類似的
用字與做句方法，算是個偷過米勒師的人。」

愛樂

「我聽音樂的興趣廣泛，由十六世紀的到超前衛的 John Cage；古到不知年代的古琴，到新得無可再新的電子東西，無不喜歡，無不迷醉。」

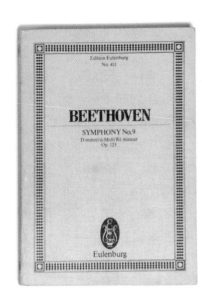

一、兼收並蓄地聽

音樂不一定可以陶冶性情，但卻會令人心性舒暢愉快。

我是不能一天無音樂的人，天天有音樂陪伴左右。朋友都說我是快樂之人，這大概與愛音樂有關。

聽音樂，我絕對兼收並蓄，古今中外，爵士樂、印度歌、粵曲京劇、民樂山歌，全在欣賞之列。這樣聽法，有好處，永不會悶。

老實說，天天貝多芬，聽得多，連總譜都背得出來的時候，就難得驚喜了。這句未完，下一句是甚麼，全在意料之中的時候，就要挑新東西來刺激耳膜，令聽的享受踏入新境界。

不過，聽音樂也有竅門。我們腦中，對音樂不多不少有慣性程序。程序不合，一時之間，會不習慣。

比方聽印度歌四分一音是不容易辨別的。要下幾年工夫，才可以慢慢聽出道理來。所以，在接觸未聽過的新異樂曲，首要是開放胸懷，把心中已有的一套標準，暫且拋開，輕輕鬆鬆的隨意聽。

因為心靈開放，全不緊張，好音樂裏面的靈氣，會不知不覺地就與你交通起來。於是漸漸的，你會明白武滿徹為甚麼要尺八這樣吹，薛他大師那菲聖加那搓弦的手法是如何妙了。

好的音樂，必有靈氣，必有情。驟然看來，我這樣說，好像玄之又玄，但聽多了，人人都可以體會得出。而一旦達到可以體會全世界各種類別不同音樂內涵的時候，你的聽覺生活，就會十分豐足，七情也會自然開朗，人會 happy 得多。

二、六十年代流行音樂

我們是喝着六十年代流行音樂的奶水長大的。

「樂與怒」音樂，不單是歌，也是音響。Song 之外，sound 也重要。樂曲的 rock 音響，是歌曲的主要部份。

在六十年代之前，節奏只是歌曲的基礎，在底層，在後方。但進到「樂與怒」年代，由低音提琴、結他、鼓與鋼琴組成的節奏部份，走了到前方，變成了整個樂隊。

低音提琴，變成低音結他，插上了電，經過擴音。節奏感不但增強，演奏也不一樣，再不是只在強拍「碰仄碰仄」中，只奏強拍的「碰」「碰」，而是像鼓一般，除了組成歌曲基石，也變成不停變化的主奏樂器。

結他更是大出風頭。

從前，只是每小節第二第四拍弱拍中，輕輕掃一下，和低音提琴對答，或在旋律樂句的長音中，填上半句空檔，現在變成了主奏樂器。插上了電和擴音器的 Fender，一下子代替了西班牙式木結他。音色的領域擴展到前所未聞的地步，連噪音也變成了音響的一部份，令六十年代青年人的耳朵，感受到從來未體驗過的刺激。

即興，變成創作過程極重要部份，錄音過程，往往就是創作過程。一邊錄，一邊試，一邊改，把心中自然流出的活音樂，變成歌曲裏的標準。

從前的製作規矩，一下子改觀。

很多沒有正統音樂訓練的人，都變成了樂手。流行音樂世界，開放了，不再是幾個「行家」的專利。

因為實驗的過程，變成創作的一部份。風格於是擴闊了。披頭四的作品，變化之大，令人想也想不到。一首《昨天》*Yesterday*，

和《我要握你手》*I Want To Hold Your Hand*，分別之大，有時簡直令人不肯相信出自同一源頭。

這個流行音樂的大革命，影響深遠，而且無遠弗屆。

今天，六十年代歌曲不少再獲重生，我這個深受 Sixties 影響的人，耳中重聽熟悉音樂，不由得思潮起伏。

三、我愛的音樂

聖誕歌

「自少在教會學校唸書，
也加入過歌詩班。所以，
西洋聖誕歌曲，熟的很。」

音樂入門

「聽莫扎特的音樂，常令我覺得，
這是短壽的人寫的東西。很像納蘭性德的
詞。而兩位一西一中天才，都是早夭。」

歡樂頌

「常常想：貝多芬寫《第九交響曲》
的時候，是怎麼樣的心境？細聽此曲，
自覺的強勁中一片祥和、慈愛。樂聲中無怒無怨，
洋溢着對人類對生命的頌歌，喜氣盎然。」

現代音樂

「不妨在聽古典音樂之餘，聽聽現代作品。
16 個聲部的弦樂，一片絲弦連成一塊，
音色的華麗雍容，是古典音樂作品所無，
極堪玩味。」

法國歌

「我是法國歌歌迷，年輕時一直聽到現在，
仍然鍾愛不輟。法文程度，等於零，
歌詞自是不懂。但《秋葉》、*La Vie En Rose* 與
《可憐約翰》這類老法國歌，反覆哼唱數十年。」

太鼓

「日本保存文化的功夫，做得真好。
我家中，既有《太鼓》與《梵鐘》，
也有和尚誦經的唱片。這種保存文化的功力，
連歐洲文明大國，和美國都不及。」

口琴音樂

「11 歲起便接受英文教育，愛莎士比亞，
愛羅素，愛口琴大師 Larry Adler，
愛 Vaughan Williams 的音樂。」

怨曲

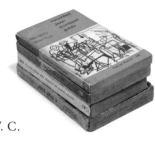

「美國音樂中最能觸及生活的，
是爵士音樂的怨曲。看看怨曲大師 W. C.
Handy 的作品，就知道。」

Blue note

「爵士音樂，其實是世上最憂鬱愁苦的音樂，
一個 blue note 滑下，千年萬載積壓在
黑奴心底的怨，都出來了。」

民
謠

「音樂與歌曲之中，我最喜是民間音樂。
中國的民謠，外國的民歌，莫不千方百計
搜集牢記。因為我喜歡這些音樂的
泥土氣息和生命力。」

第四章　大學

愛戲

「我的『電影青年』時代，愛電影愛得不得了。碰上經典名片，就看完一場又一場，還拿了小手電筒和筆記簿，在黑暗的座位上，偷偷記下重點。」

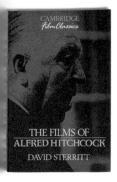

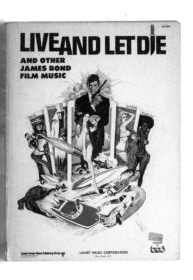

一、默片

很喜歡看默片時代的笑匠。那些曠世搞笑宗師，今人難及。

差利卓別靈、巴士達奇敦、神經六、基士通警察，都是身懷絕技的好演員。

而且，創意匪夷所思。

差利在空郵輪上與女主角找對方，找來找去找不到的場面，不知影響了多少後來的「錯模」之戲。

神經六吊在大鐘上到處搖晃的戲，早成經典。

巴士達奇敦坐在火車頭上向鏡頭直沖，然後跳上橫亙在火車軌上大木，把橫木彈開的鏡頭，也後無來者。

這些默片笑匠們的經典戲，至今仍然百看不厭。

所以最近有位青年人問學電影該看些甚麼戲，我想也不想就答：「默片！」

因為那些默片，等於是唐宋八大家文章，實在歷久常新，不能不從其中汲取養份。

二、黑澤明

都是看黑澤明電影長大的，我們這一代。

他的作品，像《穿心劍》，尾場一招，就全個戲院譁然，人人驚心動魄。看完，一生印象不能磨滅。

黑澤明的風格，不囿於一。幾乎每片不同，令人歎為觀止。

他第一部成名作《羅生門》，其實只是閒閒幾筆。而且連鬼上身都用上。根本不問情由。可是，人人看得過癮。

拍《天國與地獄》，半部戲像舞台紀錄片，全是小津安二郎「榻榻米角度」。然後，忽然在黑白影片上加了一抹紅！天馬行

空得匪夷所思，但卻又用得那麼恰當！

黑澤鏡頭下的人物，穿的雖多是和服，實在卻是人類典型。所以中國人美國人法國人，看了都有共鳴。

黑澤明描寫的是人性。而且，永遠抓住要害去描寫。所以對白我們一聽難忘。有幾句，記到今天，真的記到今天。

不但影響了東方，也影響了西方，影響力無遠弗屆，比歐陸諸大師，絕對過之。

三、費里尼

《八部半》是影響我最大的一部電影，在我還是「電影青年」時代，這部費里尼傑作，不知為我帶來了多少啟發。

費里尼之妙，其實，絕不難懂。

傳統的電影方法，拍不出劇中人的思想。通常，是一個大特寫，拍劇中的沉思，然後幕外聲把劇中人的心聲說出。這是把電影，變成廣播電台。不得已的權宜辦法，沒有充份利用電影特長。

然後，有了「水波紋融接」ripple dissolve 的方法。劇中人沉思特寫，融入了幻想畫面，在一個畫面融入第二個畫面的過程，用這水波紋融接方法，加點豎琴琵音「洞植洞凍冬」的音樂效果，把觀眾帶引到幻想場面。到幻想場面終結，又來一下豎琴琵音，再一個水波紋融接，回復到劇中人沉思畫面。

費里尼直接了當得多，沒有音樂效果提場，也不用水波紋，碰的一下，硬 cut 去幻想場。

像《八部半》裏，男主角和妻子在露天咖啡座喝茶，舉頭一望！最不想發生的事發生了：情婦一個人下車，漫無目的地蕩進咖啡座。鏡頭一轉，硬 cut 到下面的場面。妻子笑盈盈站起，趕過去與情婦相迎，二人言笑晏晏，情如姊妹！然後一 cut，回復

現實，太太臉變鐵青……。

這樣完全摒棄傳統陳言死語敘事手法的電影文法，令費里尼的電影，虛實、時空、幻象影像交替，開創了電影故事敘述方法前所未有的一條新路。整部《八部半》，是首塊麗奇異的電影抒情現代詩。影像之豐富，得未曾有。

在《八部半》之前，沒有人像他這樣拍電影的。他六三年拍成的《八部半》，在全世界電影界都造成震撼。

四、我愛的戲

經
典
作

「我一向愛看薛尼盧密的戲，《十二怒漢》
不但看了七八次，劇本也捧着狂啃多番，
但卻絕未知道，原來這套經典作，
竟然是用極快速度拍出來的。」

8 ½

「記得青年時代，為看意大利大師費里尼的
《八部半》，就進了 16 次戲院，
7 點半場看完，馬上再看 9 點半。
利舞臺那時有『藝術早場』，一有《八部半》
上映，我就是座上客。」

緊張大師

「極佩服希治閣的節奏把握。《擒兇記》最後一場，
音樂會中桃麗絲黛到處找殺手，殺手慢條斯理的
瞄準目標，目標懵然不知，和管弦樂團繼續
演奏的交替剪接做成的強烈效果，真是傑作。」

綠野仙蹤

「像我們這個年紀的一輩人，
看過《綠野仙蹤》的，對朱迪嘉蘭身穿西裙，
頭結絲帶，一臉憨態的引吭場面，幾十年來，
一定依然歷歷在目。主題曲 *Somewhere Over The
Rainbow* 是我兒時初學口琴的練習曲之一，
所以印象和感情都深。」

新浪潮

「六十年代，誰不看杜魯福，路易馬盧等導演？
法國電影，那一陣子是新浪潮時代，
我們這輩的電影發燒友，迷得入心入肺。」

默
片

「默片時代的笑匠，創意匪夷所思，
至今仍然百看不厭。」

梁
祝

「我們都是看李翰祥的電影長大的。歌唱片，
他是真正大師，東南亞的黃梅調熱潮，
由他一手掀起。《江山美人》、《梁祝》始終
少人能及，既前無古人，也後鮮來者。」

日
本
電
影

「電影青年時代，迷黑澤明迷得發狂，旁及一
切日本導演，市川崑、小林正樹、小津安二
郎、稻垣浩諸位的電影，幾乎逢片必看，而且
有時，一看幾次。」

穿
心
劍

「仲代達矢一劍直出，在向三船敏郎示威。
那把劍，精光閃閃，大有殺氣。令我看完又看，
人陷入沉思。黑澤明《穿心劍》是 1962 年拍的。」

蕩
女

「在她之前，從來沒有見過女人這樣扭法。
每一步，腰都在擺，屁股都在蕩。
天下間更有誰人，是得如此奇妙？
如此美麗？如此誇張？如此淫蕩？
如此吸引男人？」

參考資料

那些「港大」的日子

○　「那些『港大』的日子」，《壹週刊》專欄「浪蕩人生路」，146 期，1992 年 12 月 25 日。

大師

○　「國寶饒宗頤教授」，《東周刊》專欄「霑叔睇名人」，10 期，2003 年 11 月 5 日。
　　「博而有要是吾師」，《明報》專欄「自喜集」，1991 年 2 月 18 日。
　　「饒宗頤教授二三事」，《壹週刊》專欄「浪蕩人生路」，139 期，1992 年 11 月 6 日。
　　「令人咋舌」，《東方日報》專欄「黃霑在此」，1981 年 11 月 24 日。
　　「工尺奇想」，《蘋果日報》專欄「我道」，1995 年 8 月 9 日。
　　「叫人欽敬」，《東方日報》專欄「黃霑在此」，1987 年 11 月 23 日。
　　「牟師印象」，《東方日報》專欄「滄海一聲笑」，1995 年 4 月 28 日。
□　「引『江山』為榮　收視如此多 Fun」，《東周刊》專欄「開心地活」，100 期，1994 年 9 月 21 日。

大學生活

○　「逃學」，《東方日報》專欄「黃家店」，1984 年 5 月 2 日。
　　「懷」，《新晚報》專欄「我道」，1994 年 4 月 22 日。
　　「一張『沙紙』決定前途？」，《東方新地》專欄「黃霑 Talking」，126 期，1993 年 10 月 3 日。
□　「那些『港大』的日子」，《壹週刊》專欄「浪蕩人生路」，146 期，1992 年 12 月 25 日。
　　「大埔山頭築路記」，《學苑》，1961 年 10 月 31 日。

愛書

○　「愛書人語」，《文匯報》專欄「黃霑閒話」，1996 年 11 月 19 日。
□　「書」，《東方日報》專欄「我手寫我心」，1990 年 6 月 21 日。
　　「圖書館」，《東方日報》專欄「鏡——一題兩寫」，1987 年 6 月 16 日。
　　「舊書攤」，《東方日報》專欄「鏡——一題兩寫」，1987 年 4 月 3 日。
　　「可惜人人少讀詩」，《明報》專欄「自喜集」，1987 年 12 月 20 日。
　　「謎與謎書」，《東方日報》專欄「滄海一聲笑」，1994 年 10 月 5 日。
　　「影響」，《明報》專欄「自喜集」，1989 年 3 月 31 日。
　　「亂作一團的秩序」，《明報》專欄「自喜集」，1987 年 12 月 26 日。
　　「汪精衛這人」，《東方日報》專欄「滄海一聲笑」，1995 年 5 月 29 日。
　　「值得懷念的幾個刊物」，《壹週刊》專欄「浪蕩人生路」，188 期，1993 年 10 月 15 日。
　　「中國妓女生活史」，《新報》專欄「黃霑傳真」，1996 年 12 月 28 日。
　　「精采難求」，《東方日報》專欄「滄海一聲笑」，1992 年 9 月 8 日。

「豈可不讀羅素」，《明報》專欄「自喜集」，1988 年 3 月 28 日。

「再説 Christie」，《明報》專欄「自喜集」，1990 年 10 月 6 日。

「惠特曼」，《新晚報》專欄「我道」，1994 年 6 月 21 日。

「拾夢的人」，《明報》專欄「自喜集」，1990 年 11 月 11 日。

「米勒門生」，《蘋果日報》專欄「我道」，1995 年 11 月 19 日。

愛樂

○ 「兼收並蓄地聽」，《信報》專欄「玩樂」，1990 年 11 月 22 日。

「淺論六十年代流行音樂」，《壹週刊》專欄「浪蕩人生路」，115
期，1992 年 5 月 22 日。

□ 「聽音樂」，《東方日報》專欄「滄海一聲笑」，1993 年 5 月 19 日。

「聖誕歌」，《新晚報》專欄「我道」，1993 年 11 月 30 日。

「生命的縮影」，《信報》專欄「玩樂」，1991 年 1 月 31 日。

「貝多芬第九」，《明報》專欄「自喜集」，1989 年 9 月 4 日。

「聽樂」，《信報》專欄「玩樂」，1990 年 11 月 8 日。

「法蘭西歌」，《明報》專欄「自喜集」，1990 年 4 月 5 日。

「保存、包裝、輸出」，《明報》專欄「自喜集」，1988 年 12 月 3 日。

「居英權」，《東方日報》專欄「我手寫我心」，1990 年 4 月 26 日。

「現實歌曲」，《明報》專欄「隨緣錄」，1982 年 8 月 25 日。

「呷口酒，唱支歌」，《東方日報》專欄「我手寫手心」，1990 年 3
月 24 日。

「談粗鄙與猥褻」，《新報》專欄「即興集」，1977 年 5 月 29 日。

愛戲

○ 「默片笑匠」，《東方日報》專欄「滄海一聲笑」，1993 年 12 月 4 日。

「黑澤明」，《壹週刊》專欄「內心世界」，295 期，1995 年 11 月 3 日。

「8½」，《蘋果日報》專欄「我道」，1995 年 8 月 18 日。

「費里尼迷的自白」，《壹週刊》專欄「浪蕩人生路」，192 期，
1993 年 11 月 12 日。

□ 「逃學看《林家舖子》的老師」，《南方都市報》專欄「黃霑樂樂樂」，
2003 年 10 月 11 日。

「精粗快慢」，《明報》專欄「隨緣錄」，1983 年 3 月 13 日。

「一定會進步」，《東方日報》專欄「我手寫我心」，1989 年 10 月 29 日。

「把觀眾玩諸指掌」，《東方日報》專欄「黃霑在此」，1980 年 5
月 7 日。

「在彩虹邊某處……」，《南方都市報》專欄「黃霑樂樂樂」，
2004 年 6 月 30 日。

「法國片」，《東方日報》專欄「滄海一聲笑」，1994 年 11 月 27 日。

「默片笑匠」，《東方日報》專欄「滄海一聲笑」，1993 年 12 月 4 日。

「悼」，《新報》專欄「黃霑傳真」，1996 年 12 月 21 日。

「日本電影」，《東方日報》專欄「鏡——一題兩寫」，1986 年 11
年 14 日。

「鈍」，《蘋果日報》專欄「我道」，1995 年 10 月 27 日。

「瑪莉蓮夢露，性感女神化身！」，《東方新地》專欄「黃霑講女
人」，75 期，1992 年 10 月 11 日。

1964-1972

黃霑的眼鏡。

第五章

摩登

一九六五年，「藝人」黃霑復活，戴着黑框眼鏡，在麗的映聲主持文化節目「青年聯誼會」。之後兩年，他做廣告、演話劇、寫小說、寫曲詞，成為香港有史以來跨界最多的雜嘜文化人。

與此同時，香港在變：銀行擠提、全港騷動、無綫電視啟播、標血的《獨臂刀》和露毛的《春光乍洩》（Blow-up）先後上映。世界也不甘後人：越戰未停、文化大革命開始、瑪麗關發明迷你裙、披頭四戀上迷幻藥、情慾跟性別和婚姻脫鈎、「擁護建制」變成全世界乞人憎的四字詞語。

青年黃霑戴着黑框眼鏡，跟大眾一起，迎接港式「摩登時代」。

· 進入英美煙草（香港）有限公司，擔任廣告經理助理。

· 主持麗的映聲電視節目「青年聯誼會」

· 開闢了第一個定期報刊專欄，在《紅綠日報》寫偵探小說，名「血浸藍寶石」。

· 第一首曲並詞作品《謎》，國語歌詞，華娃唱。

1965

1964

1966

· 擔任仙鳳鳴粵劇電影《李後主》的合唱團成員

· 在英美煙草升為廣告副經理

· 和高亮合作主持電視綜藝節目
「金玉滿堂」

· 第一次主理電影配樂，為蕭芳芳
的《歡樂滿人間》、《大情人》和
陳寶珠的《青春玫瑰》寫了十多
首粵語歌詞插曲。

1967

1968

· 獲英美煙草保送到英倫接受半年商管訓練

· 第一個在《明報周刊》的專欄「四方怪
談」，每期跟另外三位作者三蘇、簡而清
和李英豪合寫。

· 第一個雜文專欄，在《明報》寫「隨筆」。

· 為香港節的露天嘉年華及香港
  節小姐選舉節目當司儀

· 獲最佳電視節目男司儀獎,被
  譽為「電視王子」。

1969

1970

· 轉職華美廣告公司(Ling-
  McCann-Erickson),任聯合創
  作總監。

· 1970 至 1974 年間,在「麗
  的」電視參與了多個節目,包
  括「妙在不言中」、「星期一九
  點」、「金玉滿堂」、「傻霑世
  界」。

· 國語歌《愛你三百六十年》作
  詞,川口真曲、姚蘇蓉唱。

· 為《東方日報》初寫專欄「冇
  譜時代曲」

· 創作「人頭馬一開，好事自然
  來」洋酒廣告

· 在《南華晚報》翻譯洋性書，
  欄名「男人寶鑑」，筆名「歡
  喜禪居士」，他第一個主寫性
  文化的專欄。

1971

1972

· 獲國泰廣告公司（Cathay Advertising）
  聘為總經理（創作）

· 在麗的映聲節目「金玉滿堂」訪問勝新太
  郎及扮演「盲俠」

· 音樂劇《白孃孃》七首歌曲作詞，包括《愛
  你變成害你》、《誰能阻擋我的愛》、《我
  在夢裏見過你》，顧嘉煇曲。

● 電視節目主持人黃霑，攝於 1970 年。

隨緣——社會轉型

1963 年，黃霑大學畢業，人生走上新的軌道。

他第一份工作是教書，教中文、英文和聖經。兩年後，轉職廣告，並參與話劇和電視演出、寫曲詞、寫報刊專欄，直至 1974 年退出廣告界之前，同一時間兼職不少於三份。在這期間，黃霑變成公眾人物。

1970 年，他的名氣如日方中。照片上的黃霑，斯文大方，亮麗的髮式加上粗黑的眼鏡，自信又從容的眼神，甚至讓人覺得他有少許英俊。

黃霑的夢想，何以成真？他說，是命運。他成長時，「生涯規劃」還未成為指定動作。跟梁日昭入行、改藝名參加業餘歌唱比賽、教聖經，毫無計劃。轉職英美煙草、演出電視話劇、開闢偵探小說專欄的過程，滿佈錯摸和奇遇。隨緣而活，是經驗，也是做人處世的方針。

但個人方針，不能離開時代的走勢。黃霑的遭遇，濃縮了戰後香港結構性的遷移。少年入行，適逢眾多文人高手南來。在流行媒介兼職賺錢，遇上殖民重建，經濟提升。大學畢業後，世界風起雲湧，越戰、披頭四、占士邦、迷你裙和迷幻藥先後登場。香港發生了兩次大型社會騷動，同期，海運大廈、華富邨和美孚新邨先後落成，製造業人口突破四成，人均消費急速上升。世界和香港，都在走一條未走過的路。

黃霑做人隨緣，同時適逢其會，在他如日方中的臉上，有一個新時代的集體烙印。

隨緣

回顧半生，始終擺脫不了一個「緣」字。無論交友行事，做工做人，都彷彿在冥冥之中，有些無法解釋的巧合安排。

像一幹廿多年的廣告行業，入行全是機緣所繫，一味誤打誤撞，就居然變成了資深廣告人。

唸完書，執了兩年教鞭，覺得誤人子弟，不是辦法。可是，在六十年代唸中文系的人，也不知該選擇幹哪一行才是。

一夜渡海喝喜酒，天星碼頭遇見同學，互問近況之後，同學忽然說：

「我們公司，有份廣告經理助理的空缺，你要不要來試試？」

「廣告？」我心有疑慮：「我完全不懂的！有機會嗎？」

「我看你性格，」同學說：「應該適合！」

寫了應徵信去，石沉大海。幾星期後，報上見那職位的廣告刊出，但卻沒有半點消息通知我面試。一心以為，這一生，必然是要當定教書匠的了。

就在把事情幾乎忘掉的時候，約我面試電話來了。

面試的過程也滑稽。

「你對廣告有甚麼認識？黃先生！」

「甚麼認識都沒有！」我據實回答。

「廣告書籍有沒有看過？」

「一本也沒有！」實情如此，只好坦白招供。

「那你記得些甚麼廣告？」

「記得很少。」我心想，這次面試，死症。

「可否批評一下？」人事部經理再問。

然後獨白了差不多一句鐘，就此成為英美煙草（香港）有限公司的廣告經理助理。

年半之後，居然升作廣告副經理。

此後，便與廣告業結緣多年，到把一手創辦的公司賣了給洋人，才作別這無端撞了進去的行業。

一切，全是緣結使然。

當上電視節目主持人，也是機緣巧合。

有次，和麗的映聲一位副編導同乘電梯，由六樓到樓下。

「你有沒有人介紹來試鏡？」副編導說：「我們在找個青年節目的主持人。」

「要怎樣的女孩子？」我問。

「我們要男的！」他答。

「要男的，為甚麼不找我試試！」

就這樣一句話，從 1965 年，一直當電視節目主持人，當到今天。

寫電影配樂，也是奇遇。

芭蕾舞老師陳寶珠小姐，和我在「麗的」是同事。她那陣子，常替蕭芳芳陳寶珠演的歌舞片編排舞蹈。

「黃老霑，」這位摯友是奇人，有天忽發奇想：「我有部大歌舞片要開，你夠不夠膽為我寫音樂？」

在下是除膽之外，其他甚麼都沒有之人，於是一拍即合。奇在導演蔣偉光先生居然也不反對。膽搏膽之下，黃霑就此在 1967 年，就寫起電影配樂來。

當導演更奇。

我從來沒有演過電影，更不要說當電影導演了。想也想不到，居然有人認為我可以勝任。

那時我在當洋資廣告公司的總經理，澳洲總公司派來新人當主席。此公無能之極。我最怕上司無能，所以正在考慮辭職不幹。

就是此時，香港的廣告片大亨卡通王胡樹儒兄找上門來。

同來的，還有大家樂快餐集團的前執行董事羅開睦兄。

他們兩位，說要開電影公司，認為我可以加入作股東，執導創業作。投資他們全部負責，我只要拿兩萬元出來，我佔公司三分一股權，而且可以拿導演費。

就是這樣，我自編自導了處男作《天堂》。

記得，在拍攝時期，有位入行數十年的劇務大哥，在我背後喃喃自語：「我入行幾十年，從來沒有看過人這樣拍片的！」

但《天堂》居然成為當年十大賣座電影的第九部。而且還讓台灣影評人協會，選為十大國片之一。

所以，我做人，沒有甚麼計劃，一切順其自然，隨緣信步，接受命運緣法的巧妙安排，甘心承擔所有後果。

這樣，倒也活了半生，而且苦少樂多，完全無悔。

社會轉型

六十年代開始，由大陸南移的中國人，經過了多年生聚，漸漸對香港這地方，有了新的觀感。在此之前，來港的人，仍然隱隱約約地對家鄉懷念，希望有朝一日，重回故土，視這殖民地都市，為提供兩餐溫飽，和遮雨避風之地，沒有甚麼歸屬感。

但轉眼十年時光過去，隨着生活方式的改變，和香港經濟好轉，這群新移民開始覺得，香港不失為可以居停的地方。把這小島形容為「天堂」的說法，逐漸出現。

五十年代，香港雖然因為韓戰引發的禁運，轉口貿易急轉直下，但紡織和成衣業的迅速發展，彌補了這方面的經濟損失。而塑膠、電子及金屬製品也開始生產，遠銷美國等海外市場。到 1959 年，註冊工廠，已有 4,689 家，工人達 20 多萬。香港在短短十年，由轉口港轉型到工業城市，工人階級開始形成，社會和五十年代，已有不同。

另一巨大轉變，是五十年代小學教育的普及，和中學教育的興起。到了六十年代，這群中小學生開始踏入社會，漸漸形成了日後的中產階級骨幹。他們比上一代更通文墨，不過因為不少是英文書院肄業的關係，難免對西方文化，多一些嚮慕，令六十年代的香港文化，有了些崇洋的特色。

六十年代的香港，是年輕人的社會。青年不單人口比例高，還很能適應經濟的急劇發展，用傳自上一代的務實苦幹，在英式殖民地制度之下，努力締造一己的事業。同時，也將習慣和生活

麗的映聲節目「青年聯誼會」，由左至右：黃霑、王無邪、徐榕生、李英豪、盧景文，攝於1965 年。

哲學，帶到社會各層面。

聽流行音樂，他們寧願選擇美國歌曲或國語時代曲，對製作粗糙的「粵語時代曲」，他們較少眷顧，而且頗有歧視。

1959 年商業電台啟播。市民只要買部收音機，就可收聽由晨早 7 時直播到晚上 12 時的免費娛樂。對於還是艱苦奮鬥，沒有甚麼餘錢的中下階層，這不啻是天賜好禮物。

「商台」這新傳媒，一方面延長了粵劇粵曲的壽命，另一方面也加速了外國流行曲的傳播。「商台」不但有播送歐美音樂為主的英文台，中文台亦積極通過傍晚點唱節目推廣歐西流行曲。可是，不知不覺間，「商台」卻在推廣現代粵語音樂文化。他們節目中間，插播粵語廣告歌。這些悅耳吸引的短歌，採用通俗口語，卻避免了粵語時代曲歌詞的庸俗品味，近似兒歌，又緊貼生

活，非常清新可喜。配合了適逢其會，在這個時候加入廣告歌創作列的音樂人如梁樂音、顧嘉煇、歌詩寶、黃霑、鄺天培、劉宏遠等，粵語廣告歌的水準急速提升。「商台」這電子新媒介在電視普遍化之前，把廣告歌變成香港市民生活一部份，對香港音樂後來發展，有極大幫助。

六十年代初開始，香港經濟開始高速增長，由 1960 至 1969 年，國民生產總值平均每年增 13.6%。到 1969 年，人均總產值已達 4,757 港元，香港已漸漸升至發展中地區（developing countries）中的前列，土地已漸漸不敷應用，龐大的填海計劃在進行。而興建石壁水庫之餘，更和中國協商，由深圳供水香港，解決了多年來困擾香港的食水不足問題。雖然，儘管如此，在 1963 年，仍然無法不制水，四天供一次，每次供水四小時。與此同時，政府亦開始興建廉租的公共屋邨，照顧較低收入居民。這已別於旨在快速安置因天災人禍而無家可歸的徙置區。當然，香港仍然有名無實，不是「天堂」，但實在已變成了可安居樂業的地方。

● 英美煙草集團商業訓練班同學，1968 年攝於英國塞息斯郡，黃霑（前排左一）。

本地化 — 廣告

1965 年，黃霑加入英美煙草公司，專責廣告事務，大大擴闊了他的世界。

黃霑 14 歲出道，對商業化的工作環境，頗為熟悉。但全職做廣告，跟兼職幕後合唱比較，是另一個層次：時間緊迫、競爭激烈，容不下業餘話劇式的蝦碌失手。此外，黃霑入行時，廣告業的運作有傾斜。英美煙草公司由西人主政，殖民地味道很濃，華人員工的創作，要由洋人上司通過，連餐廳服務也按種族和職位嚴格分級。

但廣告行業，跟殖民地一樣，不是鐵板一塊。

這張相片，是 1968 年他被公司派往英國受訓時攝下。全男班同學族裔不同，全部西式打扮，唯黃霑穿絨裡長衫，寬容地笑。他高興跟課程的女同事結成好友。他享受培訓基地風景和師資一流。他欣賞商業運作有普世的標準，殖民地公司原來也可以自我調節，減少歧視，用人唯才。

黃霑完成受訓回港，1970 年轉職華美公司，直擊本地廣告行業的變化。廣告界人才輩出，華人逐漸取代洋人成為執事。最好的公司融和了西洋管理、上海文人及本土新血的特長。其中後者創作大膽，摒棄文言八股，善用地道語言，靠「認真好嘢」，「好事自然來」等鮮活意象，打動新一代消費者。香港摩登的一個重要任務，是將西洋現代感性，翻譯成本土風俗，然後自創獨家。在此，黃霑一代的廣告人是大眾的開路先鋒。

入行

在下入廣告行，就完全係巧合㗎。

我讀完書，走去教書，其中負責教嘅一科係「聖經」！

各位看官，黃霑教聖經，你話係唔係荒謬到極吖？所以，我教咗兩年都唔多開心。

有晚，飲咗酒，响香港天星碼頭撞見個高我兩班同宿舍嘅學長梁熹璧。

佢問：「你好嗎？」

食齋不如講正話，教聖經之人，焉可隱瞞事實呢？所以唯有照直講：「唔好！」

跟住大吐苦水，梁兄聽完咗，忽然問：「咁你有冇癮試吓做廣告吖？你嘅性格，可能合呢行嘫！我做緊間公司啱啱請廣告助理。」

於是寫信去應徵。

面試嗰日，兩個大經理、一個市務董事一齊考。

「黃先生，請你介紹吓你自己！」其中一個經理叫我，跟住就完全唔出聲。

我嘰咗幾乎成個鐘頭口水，最後個廣告經理問：「你有冇睇過廣告書？」

我照直答：「冇！」

「你知道乜嘢係廣告嗎？」佢再問。

「唔知！」

「全部看我做娛樂表演的人，根本不知我自從
1965 年 9 月以來，就一直全職廣告行業。
而廣告行家，分分鐘認為我會在廣告行做不長。」

剪報，'Personality aids James in TV, advertising', *The Star*, 1966 年 5 月 28 日。

「好！唔該晒你，黃先生！結果點，我哋會通知你！」

結果我就咁矇查查入咗英美煙草（香港）有限公司做廣告經
理希爾富先生嘅助理，以後一直做廣告。做到今年，已經踏入
21 年。

由英美到華美

一、英美

想起六十年代的一段日子，很多滋味，湧上心頭。我在那時，在「英美」（British American Tobacco）打工，當個小副經理。

「英美」在那時候，殖民地公司的味道很濃。餐廳都分三級：經理級，員工級，工友級。

中文廣告稿，要寄去倫敦批准。經三層翻譯，音譯、直譯、意譯，附原件，供完全不懂中文的英國人檢閱。

報告是中國助手寫，署名的，是英國經理。

「英美」那時，有很多不成文規矩。

洋經理有房屋津貼，不是住山頂，也必住半山。出入有司機。可以酗酒，可以泡妞。也可以嫖妓。

不過，絕不可以和中國女人結婚。有位洋人，愛上了中國小姐，要結婚。總經理把他拉入辦公室勸諭。他不聽指示。終於，要離職。

此事，今天說來不可置信。但真的發生了。我是見證。洋人是我頂頭上司。

當年，在經理餐廳 A Mess 裏，洋人與華人，絕少坐在一起午膳。的確有種族歧視存在，今天想起，也心頭有不快。

不過也有不種族歧視的時候。

對培訓員工，他們倒是一視同仁的。制度很好，而且，非常

「英美煙草（香港）有限公司，是我廣告人生涯的
　　啟蒙導師，也是我進入商業社會的第一個僱主。
　　　　不但教了我廣告行業的知識，在我離職之後，
也一直眷顧着我，多年以來，幾乎從不間斷地用我的服務。」

1960 年代末，英美煙草「長勝」廣告工作團隊合照，黃霑（右三）、魏平澳（右四）。

肯花錢。

　　在英國南部 Sussex，他們有個大農莊。園地好像有百多餘
畝。到處是綠林綠草。近路的一角，有座宿舍與課室相連的鄉間
別墅式建築。

　　講師從歐洲和英國名大學聘來，師資和課程，都一流一。我
六八年春去的時候，有位聯合國當過顧問的印尼華僑專家葉基漢
博士，原來是台灣「耕者有其田」計劃的幕後設計人。

膳食極佳。今天是釀兔子，明天是 rainbow trout，比倫敦美食名店，烹飪水準還勝。

中心外是所 500 年老屋改成的 pub！學員課餘，聚在那裏交往聯誼，闊論高談，喝酒彈琴，打彈子擲飛鏢。或者交換不同語言的罵人話。我懂一句非洲語三字經，就是那時從兩位肯亞和坦桑尼亞友人處學來。多年後去到黑大陸，想起來試用，居然嚇得導遊瞠目結舌。

我去的經理訓練課程，有來自 17 國的成員，大家相處融洽得很，半點種族分歧都沒有，黑白黃，結成好友，到課程完結，人人依依不捨。認識的英國女同事，至今還有和我通信。

殖民地主義的味道，「英美」後來減少了很多。種族歧視，應算是沒有了。但在六十年代末期，還是有的。司機還稱總經理為「大班」，市務董事做「二班」。

「英美」來華，來得早。辛亥革命還未開始前的清末，他們已經來華賣煙了。那時他們的名牌，席捲大陸洋煙市場。今天，「英美」在中國大陸，也有最暢銷產品。「三個五」「健牌」「希爾頓」到處可見。BAT 在華，仍有天地。

其實，想起「英美」的日子，不但有香港變革在其中，連中國經濟歷史，也往往可以從「英美」在華歷史中反映了些變革出來。

四冊《英美煙草公司在華企業》裏，記載了一些英商來華的事實，事實有好有壞。正係我對 BAT 的回憶，有些非常開心，也有些，一提起就不快。

二、華美

應酬客戶

香港廣告行業，在六十年代我初入行的時候，盛行酬酢。

你是客戶，廣告公司會定時請你吃喝玩樂，你是廣告公司，就要定時請客戶吃喝玩樂。

我一入行，先當客戶。任職的（英美煙草）公司，是全港廣告預算最多的，一年經我手簽的單據，多達 5,000 萬。25 年前，這絕非少數。

為我們服務的廣告公司，時常請我們吃喝玩樂。玩樂節目之一，包括嫖妓。嫖妓不一定在晚上，在日間，照樣進行。

有次，我們總公司來了新人，「半島」的 Chesa 一頓豐盛之極的午膳之後，一行人就到尖沙咀區的招待所嫖妓去了。

那天，我沒有嫖妓，（不是為自己文過飾非，事實如此。）只和廣告公司的一位專管印刷的先生，坐在床沿上閒談，等其他興致甚高的同事完了勾當，再聯袂下樓。

我心裏一直覺得此事荒謬，可是，沒有抗議半句。一來人微言輕。二來，潮流根本流行這事，我反對，只會令人覺得我故意標榜自己。

那家請我們嫖妓的公司，後來創作水準低降，終於兵敗如山倒，不但失了我們這最大客戶，其他的也紛紛離去，到最後，只好關門大吉，從香港消失。

我們的生意，轉了去華美廣告。「華美」當年，不過是香港廣告界新秀。但老闆林氏兄弟，有一絕招，令人刮目相看。

他們絕少應酬客戶，非常公事公辦。間中與客戶聯絡感情，也不過是簡簡單單的來餐午飯。但「華美」人才濟濟，創意奇

佳，服務也好，終於在幾年間，便成為香港最大廣告公司。

人材輩出

「華美」本叫 Ling McCann-Erickson，華資美資合作，因此叫「華美」。Ling 就是林秉寬林秉榮昆仲。

廣告行業高職，薪金甚高。而且，不大重視學歷。創立「華美」的林氏兄弟，兩位都沒有進過大學。而在他們管理之下，「華美」多年，雄霸香港廣告界，不但業務鼎盛，而且人材輩出，成了本港廣告的「少林寺」。那是林氏兄弟的功勞。

「華美」在六十及七十年代，真是人強馬壯，幾乎橫掃千軍，所向披靡。今天廣告行中，「華美」舊人，仍然活躍。而且都在高位。令我們這些「校友」，人人引以為榮，引以為傲。

我在「華美」，其實只服務了兩年半。但說起當年的事，仍然心有餘溫。

我的舊老闆，「華美」創辦人林秉榮 Sonny Ling 先生。我對他的敬意，直到今天，不少半分。

那是多年前的事。他在作每月一次的例行巡視，看見我眼圈黑黑，疲倦欲死，問：「做得很累，是嗎？」

我點頭。

他說：「不要做了！我請你電面去！明天我替你打電話去請客戶准你遲一兩天交稿。」

到了中區的「女子美容院」，把最欣賞的女美容師介紹給我，令我享受了一小時。

他花了九塊錢。那夜我再挑燈夜戰，**繼續開通宵**，把未做完的工作做妥。翌晨，一早回公司，請他不要打電話給客戶，因為可以如期起貨了。九塊錢的享受，令我變成了他的 willing slave。

「我任職的第一家廣告公司『華美』的箴言：
『動聽的事實』。廣告可以誇張，但不能失實。
謊言一定會暴露出來。顧客你只能騙一次，
而騙了他一次之後，死的是你，不是他！」

華美廣告全人，黃霑（右三），攝於 1970 年代。

以後，我一直記住老闆。他教會了我體貼努力工作的同事。
單是這一點，直到今天，就值得我敬他為師。

廣告業

一、洋與本土

五十年代，港人生活，頗為節儉。

不得不如此，剛從大陸逃來香港的人，口袋裏都沒有太多餘錢。那時的香煙，分舶來與港產兩種。舶來的，來自美國與英國。「好彩」遙領風騷。

「長年好彩」這句廣告語，說出了避秦人士心中希望。我們的父執輩，能夠逃離虎爪，人人都暗自慶幸彩數與運道不錯。起碼，生活自由，苦是苦一點，可是殖民地政府，到底比共產政府或國民政府強一些。

「好彩」是沒有濾嘴的。那時，濾嘴香煙還未面世，人們肆無忌憚的吸菸抽煙，香港政府，樂於年年大批煙稅進賬，還未開始「忠告市民」。

英美煙草是煙業當年翹楚。代理「好彩」的萬興行東主勞冕儂先生，是香港戰後納稅最多的大富翁（他屬下物業萬宜大廈，就是全港第一家有電動樓梯的大廈）。煙業營利之多，與收入之龐大，幾乎是百業之冠。

連一包價值一元的「好彩」，也成為身份象徵，大可炫耀一番。

那時，男士時裝，流行透明夏威夷恤衫，男人口袋，如果有白包紅圈的「好彩」，就是不得了的高人一等人物。一元一包的舶來貨，不是普通人食得起的，已故的證券界鉅賈馮景禧先生，

當時在船塢當工人的薪金，是每天兩元，他在那時候，自然也抽不起「好彩」，一般人，抽的是港產香煙而已。

五十年代的廣告公司，水準也是差勁得很。連「好彩」的廣告歌，也倒字連篇。末句「新鮮美國來」，配上洋旋律，唱出來以後，變成「神仙美國來」。

外資煙商，那一陣子，殖民地主義的味道，濃厚得很。流行所謂「華籍經理」與 Chinese Advisor 制度，對華人員工，頗有歧視，薪酬華洋不同，已是定例，連廁所也分三級，階級觀念之重，現在看起來，真是匪夷所思。紅鬚綠眼的 expatriates，威風得很。在洋行打工的華籍職員，卑躬屈膝，必恭必敬。

辦事的方法，也非常可笑。中文廣告稿，要寄到總公司，由不懂中文的老外審閱，方可刊登。至於為甚麼會如此，天曉得。

這種情形，直到六十年代，才開始慢慢改變過來。

六十年代，難民的下一代開始成長。

這群新一代，唸的學校是英文書院，洋文流利，中文程度也不差，辦事能力更是比一般從外國招聘來的 expat 高出很多。他們進入了香港商業社會，不旋踵，就形成了一股不可抗拒的力量，令整個香港社會，為之改觀。

改觀的一大特色，是令外資公司的執事權，開始由洋而中。經理級的商管階層，黃面孔越來越多，洋人越來越少。這些在香港成長的中國青年，對港人心態，自然比老外熟悉。

於是，香煙市場，有了改革，廣告開始接近口語，與生活脗合。

在此之前，全是四字成語世界。沒有「由頭到尾都咁好味」的口語化廣告句。

在下是 1965 年進入廣告行業的。

如果要數黃霑在廣告界的貢獻，最大的該是把廣告語和生活

215

「根據香港大學中文系趙令揚教授說，『麗的呼聲』的譯名是母校喇沙書院的老師 James Huang 先生傑作。

當年麗的呼聲初開辦有線電台服務，公開徵求 Rediffusion 譯名，黃老師以『麗的呼聲』四字應徵，榮獲冠軍。它真是本世紀絕譯之一，堪與『可口可樂』並排而立，永垂不朽。」

麗的呼聲廣告，《星島日報》，1950 年 1 月 15 日。

緊緊拉近，以口語俗語俚語入文。

「開吓嘓檔」之類的說話，洋買辦從前是認為十分低俗的。「一枝從頭到尾都令人欣賞的香煙」才勉強可以入稿。「不准吸煙──總督都唔准」更大逆不道得很。記得當時在下力主廣告句切合生活，曾經遇到不少阻力。尚幸青年同事們都站在同一陣線上據理力爭，方竟全功。

不過，我們這一群新一代的香港青年，都不怕洋人。他們懂的，我們也懂；我們懂的，他們卻未必了了，加上薪給不公平，同工而不同酬，因此有理就不饒人。中洋大戰的事，那陣子幾乎無日無之。終於，華勝洋輸，殖民地主義漸漸被迫改變。

今天，外資公司的執事人，洋少中多，就是我們這一群人力爭的結果。

二、貪新忘舊

新事物出現的時候，必會引起震驚。

這是我的經驗。

記得七十年代之初，我們一群廣告人，十分不滿廣告文言化，我們都覺得，那是和生活十分脫節的事，而廣告絕對是非和生活緊密結合不可的，一旦與時代脫節，離開了現實生活，就會全不生效。

於是我們這些新一代的廣告人就毅然開始廣告語言上的革命，不但不再寫成語，而且大膽用香港人的口語入文。

「認真好嘢」、「由頭到尾都咁好味」、「一生起碼一次」之類的話，終於出來了。

那一陣子，反對聲音多着，一面以為幾句甚麼「心曠神怡」、「齒頰留香」、「登峰造極」才有文采的老派人士，很不習

慣我們新的一套，弄出很不少的阻力來。

但現在回頭看看，這一些老派堅持的舊東西，不是全弄進垃圾桶，就是進駐了和合石去了。

所以不要怕新。不但不怕，而且要貪新。

不貪新忘舊，哪會有進步？

三、革命先鋒

「由頭到尾都咁好味」一句廣告語，不知推銷了多少總督香煙。

這句話，起初是「一支從頭到尾都令人欣賞的香煙」，全長十四字，十分文縐縐。

由十四字變成膾炙人口的八字真言，經過了幾年的進化。

這句話，本來是翻英文 Got it at both ends 一語。

在下那時初進英美煙草公司，當廣告助理，對這十四字我有點意見。但據理力爭了幾年，到後來升任廣告副經理，才逐漸說服了市務同事，將「由頭到尾都咁好味」，正式成為總督香煙的招牌句子。

這句話的成功，對香港廣告界來說，有點影響。

在此之前，是文縐縐的長文字天下。前輩們都怕廣告句太通俗，寧願寫出來的句語，遠離生活，也絕不欲與潮流共游。香港廣告後來全盤口語化，這句「總督」八字真言，是革命先鋒。

四、白貓黑貓

廣告行不論 quali，文憑不太發生作用。很多頂尖人物，只有中學畢業文憑。大學傳播系高材生，不一定可以成為好廣告人。

六十年代末，此地有位文憑奇多的廣告老外，整個辦公室都

「五、六十年代的廣告，全部是四字成語。
被甚麼『質佳價廉』、『齒頰留香』之類，完全盤據；
半句口語化的廣告詞也沒有，可口可樂用『認真好嘢』
還要先來一番市場調查，證實了買家們沒有反感，
才敢在廣告詞裏採用。」

黃霑任職英美煙草公司廣告副經理，1960 年代末於第五屆亞洲廣告大會。

是燙金壓紅火漆的紙 quali。他的下場，是有天九時上班，發現
桌上有封信，請他在正午十二時之前，把一切自己的東西收拾
好，人間蒸發。

　　我是唸中國文學和哲學的。但在廣告行多年，工作上能和中
國文學或哲學發生關係的機會，最多只有過一兩次。不是學非所
用，而是在廣告行，學歷無用。文憑，幾乎可以視為廢紙。

　　有腦就行。創意，越新越好。

「無厘頭」？一點都不介意。只要有效果，表面邏輯，可以大腳踢開。理則不合用？直擲字紙簍便是。

真正不管黑貓白貓的行業，是廣告行。沒有性別歧視，男女平等得很。很少種族歧視，管你是阿差，或者歐羅巴，還是斯里蘭卡。紅番女婿，老妻兒子，照用。

廣告人

一、李作猷

廣告行，創作的首席，令黃霑佩服得五體投地，人前人後，讚不絕口的有一位。

他是清華大學的高材生，廣州市從前的大富翁，廣東省第一輛勞斯萊斯，開車門噴香水的，就是他所有。他是唐太宗的後代：李作猷先生。

我們不敢叫他的名字，因為心中很多敬意，我們尊稱他作李翁，又叫他神筆李。

神筆李是華美廣告的中文創作砥柱，佳作數不盡，為香港中文廣告口語化，出過很大力量。長勝香煙的「濃得嚟順喉，醇得嚟夠味」、星辰表的「任你撞，任你浸」、「潔白過潔白」等等，都是他的傑作。

我初進廣告公司，是李翁後輩，自然第一時間向這麼經驗豐富，創業超群的大行家討教。大概因為黃霑擦鞋功夫還過得去，李翁覺得我孺子可教，就馬上教我心傳。

「校對小心！」他指着他辦公桌前水松板上釘着的四個大紅字，對我說。

有好幾年，我都未明白這四個字的重要。然後，自己開始經營廣告公司，接來的第一宗生意，是推出「怡和」代理的干邑名釀「特醇軒尼詩」。

一切準備就緒，產品運到，佈市開始，廣告尚有幾天，便要在媒介推出攻勢。然後，我們發覺，介紹「特醇軒尼詩」的小冊子，產品名稱，少了一個 n。

產品名稱都出錯，這還了得？

此後，「校對小心」四字，在我心中，永誌不忘。

二、凱瑟克

江湖上有傳聞，前港督衛奕信，是被英資財團的「大班」轟下台的，而這大班，是「怡和」的亨利凱瑟克 Henry Keswick。

凱瑟克的招數，我在七十年代，親身領教過一次。

「置地」吞「牛奶」的一役。他是總決策人。我是廣告總策劃。

那時，我在國泰廣告公司當總經理，專責創作，每天下午，都到「怡和」會議廳開會，研究最新步驟。

凱瑟克幾乎大部份會議都參加。那時，他只有卅餘歲，絕對沒有今日那麼胖，還未結婚，也沒有 steady 女友，是城中最 desirable 的英國王老五。

他要一口吞下「牛奶」，是因為看中 Dairy Farm 的地。「牛奶」主席周爵士，年紀不小，已經不太理事，凱瑟克突然發難，殺得這位大紳耆老，完全措手不及，在三星期內，就被「置地」吸入了超過百分五十一的股票。

凱瑟克招招凌厲，幾乎無所不用其極。

他的財務顧問是薛博理 Sibley。英國重金禮聘過來的主將狙擊手，能征慣戰。他手下有八員有英有美的財經顧問。這群人，對廣告一竅不通，但卻意見多多，專喜歡提出些非常外行的建議，令我非常困擾。

有天，會開得特別長，早上開到午飯時分。凱瑟克有飯約，離

「廣告行真才子不少。簡而清兄尊大人琴齋先生便是
其中之一。當年任職南洋兄弟煙草公司，奇招迭出，
為中資煙草業，立過不少汗馬功勞。
『可口可樂』中譯是蔣彝傑作。蔣乃真才子，
又是藝術家，工筆熊貓有大師級功力。」

華美廣告全人送 Frank Song 榮休
2000 年五月十九日

黃露（前排右二），華美廣告全人聚舊，攝於 2000 年 5 月 19 日。

開了。我們繼續在會議室開會，邊開會邊吃三文治。一小時後，
凱瑟克回來了，神色興奮。大家都以為他有甚麼了不起的創見。

　　「黃先生，」他邊說邊從口袋裏拿出幾張小紙頭，遞過來給
我：「這是我午飯時候寫的廣告稿，你看看適不適合？」

　　我啼笑皆非。這樣下去，你寫一句，我寫一句的百鳥歸巢式
大拼盤廣告，最後一定會出現。這樣效果一定可以預知。

　　非表明立場不可。

「各位，」我快快地看了他那些用鉛筆寫的廣告標題，把紙片袋了入口袋，「我有句話要說：我認為，去看醫生，不太適宜自己開藥！寫廣告的事，最好由我來。我寫好，大家看過，再提出意見，好不好？」

凱瑟克愕然，半晌沒有說話，然後，他點了點頭：「好！我們不要寫廣告標題，大家都去幹其他的事，由黃先生和薛博理先生全權負責好了！」後來，薛博理私下對我說：「詹美，他很喜歡你開門見山！」

會議中，我發覺他不大說話，但很懂得聽。

有次我們在談及一家很有影響力的報館，說他們不太合作。

「他們的老闆是誰？」凱瑟克低聲問。我說出名字。

「我們的 A 先生，認不認識他？」他又問。A 先生是他另一位顧問，從不來開會。但極有影響力。

「當然認識，他們是好友呢！」

他馬上叫秘書駁通 A 先生電話，說了兩句之後，就說了兩個字。這兩個字，比起第二次世界大戰邱吉爾的 Sink the Bismarck，還要意簡言賅。

他說：「Buy him!」幾天後，不太合作的報刊，馬上變成合作得很。

這是凱瑟克的厲害一面。

三、孫秉樞

客戶改我嘅廣告稿，我好多時唔服嘅。有啲客戶，書都唔慌讀多兩本，因為做咗公司廣告助理，就叻唔切，唔改過你啲嘢好似隻手會生疱疹咁款；係佢唔識改，唔係佢就亂改一通。所以我有次頂唔蒲，拼咗唔撈，响 1973 年嘅年初四，將一個客戶指住

「幾位友人在鼓勵我寫廣告生涯回憶錄。

我的創業經驗,微不足道,

借鏡云云,不敢抬舉自己。

可是廿餘年廣告生涯,

的確接觸到香港商場的歷史,

而商場是港人生活的重要部份,不無一記價值。」

1970 年代攝於廣告公司辦公室。

鬧，鬧足 45 分鐘，鬧到佢狗血淋頭，面青口唇白。

但係孫秉樞改我嘅嘢，就次次心服口服。

我响華美廣告做佢嘅雷達表同星辰表廣告。後來去咗國泰廣告，又係服侍佢，同佢寫芝柏表。佢識貨到極，有好嘢佢必讚。唔好嘅行貨，佢不但即刻指出，重即刻同你改掂，你想唔服佢都唔得。有時畀佢改完，你會打自己頭殼，鬧自己點解諗唔到咁丟架！

四、伍洲寧

「由頭到尾都咁好味」，是格蘭廣告 Grant Advertising 伍洲寧兄所作。

伍洲寧兄，是「港大」高材生，當年在校橫跨中英文兩系，拿一級榮譽，中英文之佳，廣告行中，至今鮮人能及。

未有海底隧道之前，有車階級過海，人人用汽車渡輪。汽車船是不准吸煙的。當年小輪上有燈箱廣告，「不准吸煙！總督都唔准！」這句說話，就是他的傑作。

伍兄做廣告，快而準，實在是撰稿高手，我一向心服口服。而且永無失誤。說好幾時交稿，時限一至，必有稿到。

伍兄不求聞達，默默耕耘，後輩知之者不多。不過，在黃霑心中，伍兄是頂尖高手。

五、鄧閣嫻

鄧閣嫻小姐，是個奇人。

1963 年，我仍在操粉筆生涯，誤人子弟的時候，曾替一群瑪利諾修院學校同學，補習過國文。鄧小姐，就是那時 12 位標

青少女中的一位。

　　她的聰慧，我一早便知，她在學校，永遠是前茅學生，風頭甚勁。學校聖母軍巡遊，她總是拿着旗幟走在前頭。

　　而這麼多年來，一直和她有緣。

　　她畢業後不久，就和我成為同事。大家一同在英美煙草（香港）有限公司的廣告部任職。

　　我永遠忘不了她在香港廣告商協會與香港廣告公司聯會合辦的廣告班上的故事。

　　班上，她是永遠香風噴噴的同學，而且，通常不大準時上課，常常在講師開講了幾分鐘之後，才婀娜多姿的匆匆趕進課堂。所以，非常受注目。

　　不少同班男士，紛紛約會。

　　然後，一切約會停止。

　　因為，畢業試結果，鄧小姐的論文，全班第一，95 分。主任講師特別提出來讚揚，因為其他同學得分，全在六七十之間而已！

　　她後來，到英國的廣告公司任職了一段時間，再回港。進了屈臣氏洋酒部，任廣告與公關經理。當年是這本來非常保守的英資公司唯一的女經理，屈臣氏居然破格錄用，只因鄧小姐實在能幹。

　　幾年下來，法國干邑的拔蘭地廠商，無人不識 Ruby Tang！

　　她是個千杯不醉的女士。做洋酒，她是行內罕有的專家，非常搶手。

　　她在學校的時候，常常寫英文詩，作品極有靈氣，我本來以為她會走創作的路，誰知，她卻變成絕佳行政人材。

　　所以，真的看她不透。但看得通的人，我也不會稱她作女奇人。

創作個案

一、認真好嘢

可口可樂在香港汽水行業裏，稱為「黑水」。這是因為飲料顏色得來的暱稱。

黑水是甚麼時候來到中國的，已經無法可考。不過可口可樂的譯名，倒是名家手筆。

那是善畫熊貓的大才子蔣彝所譯。當年潤筆酬勞，據說是 25 英鎊。

Coca Cola 這英文名稱，沒有甚麼特別意思，有種含咖啡因的西非洲樹，就叫 kola，翻成英文，改 K 為 C 而已。可是翻成了中文，名字卻十分可喜。又可口好味，又可以令你快樂！唔，真不簡單。於是就成了舶來軟飲 soft drink 中的天之驕子了。

我任職的第一家廣告公司，叫「華美」（Ling McCann-Erickson），是此地第一家港美合資的香港廣告公司。創辦人林秉寬、秉榮兄弟，對香港廣告行業貢獻良多。香港 4A 廣告公司聯會，至今設有林秉榮獎。

可口可樂是「華美」代理廣告的。

入「華美」第一件事，就是寫可口可樂廣東話歌詞。

「認真好嘢，只有可口可樂！可口可樂最好，人人都鍾意。」

關正傑主唱，時維 1970 年。

英文原詞，沒有「認真好嘢」的意思。

那時，在美國，百事可樂正在節節進迫。可口可樂一向揚言只用一種容量的瓶裝。「百事」卻搶先推出家庭裝、經濟裝，在美國「超市」中，銷量因此急升。可口可樂總公司，當年誓不低頭，仍然堅持不出大瓶。於是迎戰工具，就落在廣告身上。

七十年代之初，美國青年正處嬉皮時代，心靈空虛，認為現實虛偽太多，都想找出生命真諦。

可口可樂對症下藥，廣告提綱挈領的用了句雙關語 It's the real thing。

一方面順應青年人尋找 real thing 潮流，另一方面暗示，此外全是假冒摹仿的東西，只有我可口可樂才是真的！

這句廣告標題，來到香港，死火啊死火！

香港青年，絕少嬉皮士。對他們來說，real thing 是名與利。真材實料真功夫揚威異域的李小龍，才是真偶像！才不那麼無聊，戴花在頭，學 Flower People。

何況，百事可樂也無威脅。老番進口廣告語，全不適用。意思全部不生效！唯一可用的，只是廣告歌的旋律。

於是洋瓶中酒，It's the real good thing，變了 It's a darn good thing「認真好嘢」！

此地太古汽水廠的洋頭領，生性謹慎，而且因為略識中文，覺得「認真好嘢」四字，過份口語化與粵語化，不敢採用。

和洋人舌戰論中文，真是有理說不清。於是建議市場調查，由「可樂」飲家定奪。

結果，當然是「認真好嘢」勝出。

不過，做市場調查的時候，我們華美廣告的創作同寅，略略動了下手腳，做馬。拿出去調查的廣告句，有三版本。除「認真好嘢」那一句之外，其他兩版本，差得很。等於第一班馬與第九班同賽，「認真好嘢」哪有不勝之理？

於是「認真好嘢」歌聲遍港九。關正傑變成廣告歌幕後唱家最紅人馬。

二、人頭馬一開

好事自然來的故事

「人頭馬一開，好事自然來」，是 1971 年的拙作。

當了賣香煙的廣告客戶四年餘，很有點悶。我的擅長是創作，不是管數。但是做英美煙草這全港當時最大廣告用戶的廣告副經理，我的主要責任是把廣告預算控制得準確。所以幾年下來，就渾身不自在，想轉工作。

一個機緣之下，轉到華美廣告當 Associate Creative Director。「華美」是廣告行業的「少林寺」，今日廣告群雄，出身該公司的不少。

那時我在「華美」創作部，公司沒有洋酒客戶，於是同事們到處去搶生意，把創作先做好，請準客戶來看。

第一家來看的是「紅牌威」入口商。

香港洋酒市場，威士忌銷路，遠遠落在拔蘭地後面。香港人也不太喜歡喝威士忌，於是我們想，索性把威士忌當作餐前酒試試。

客戶一看，不喜歡。

三天之後，「人頭馬」的客戶又來了。我們已經來不及做新的創意。有人提議把「紅牌威」的瓶子畫稿，貼上「人頭馬」。

洋客戶竟然覺得好，生意就此給了我們。接着，是把整個概念，寫出好的中文廣告句，因為拔蘭地的市場，百分九十九點九是中國飲家。

我和「華美」的好拍檔，有「神筆李」之稱的清華大學高材生李作猷先生，拿了瓶「人頭馬」，寫了一個晚上，一共寫了百多句。

　　可是沒有一句滿意。

　　翌日開會，胡亂挑了一句讓客戶看。客戶沒有通過，而且，頗有不滿。

　　老闆把我召進他辦公室大罵。

　　「我們不是不工作，」我心不太甘，拿了那厚厚的一疊草稿，放在老闆桌上：「寫了百多句都不行，有啥辦法？」

　　「這句很好！」他拿起草稿一看，就說。

　　那是我寫的第一句。

　　「好嗎？」我仍然有懷疑。

　　「好！」老闆的面色，開始烏雲退去：「這才是有水準貨色！」

　　結果，配合了「人頭馬」沙樽新裝，「人頭馬一開，好事自然來」變成了港人口頭禪。Remy Martin 升上了香港干邑拔蘭地最暢銷寶座。

中國功夫大戰跆拳道

　　「人頭馬一開，好事自然來」這句廣告語，「人頭馬」廠商，在港一用八年。這八年中，「人頭馬」VSOP 干邑拔蘭地的銷路，一直不停地直線上升，高踞全港同級拔蘭地首席，領先其他競爭牌子。

　　香港是全世界第一干邑拔蘭地市場（以人口比率計算），在法國一般地方買不到的高價干邑拔蘭地，此地的人當茶喝。在「舞照跳」的地方，四個人可以半個晚上幹掉幾瓶。

　　所以我常對法國酒商笑說：「你們法國人釀的美酒，全給香

港中國人喝掉。」

拔蘭地是乾隆年間就到中國的了。那是英國特使馬爾戛尼帶來的貢品。他的日記，記載了他送拔蘭地給清廷官員和乾隆皇的事。

六○年代以前的香港人，大多數剛從大陸逃來，比現在的港人窮得多。那時，人人只懂喝三星級拔蘭地，根本不知 VSOP 干邑為何物。不過後來環境轉好，七○年代初期，VSOP 已經開始有了點市場，酒客開始由儉入奢，再也不滿足於三星級數的法國拔蘭地了。

屈臣洋酒行那時，正是「人頭馬」代理商。洋酒行的行尊周博仁先生那時是總經理 Dickson 麾下的兩員猛將之一，另一位是後來歷任幾家大商行市務大員的陳蘇。他們看準了法國拔蘭地在香港，潛質厲害，於是訂下了一連串的推廣計劃，要把「人頭馬」變成市場的首席名釀。

有推廣計劃，就要找好的廣告代理。

七○年代初期，廣告行開始有了個大轉變，洋人勢力，本來盤據着這舶來行業。外資廣告公司如「格蘭」如「美靈」如「國泰」如「賓信」本來遙領風騷，全部廣告預算最大的客戶，都只用外資公司。

但到了七十年代，躍起了林氏兄弟與美資合作的 Ling McCann-Erickson 華美廣告。Sonny 林秉榮 Ronnie 林秉寬昆仲，是廣告世家。禮聘蔣彝譯 Coca Cola 為「可口可樂」據說就是林氏兄弟尊翁的傑作。那時的「華美」門下，真是人才濟濟，極一時之盛。

所以當時屈臣洋酒找廣告公司，就決定了委任「華美」。

「人頭馬一開，好事自然來」的廣告片，只是黑白，全部製作費，還不到一萬港元。但配合了沙樽新裝，和那 fine

「廣告創作規定與制肘之多，外行人無法想像，
因此極難。肯接受挑戰的廣告人，往往寫得出超
越種種規限，而絕不越軌的傑作。處處迎合市場法度，
針對需求，思想卻像行空天馬，躍上九霄。」

華美廣告接待「人頭馬」酒廠代表，1970 年代初。

champagne 干邑的好酒質，從廣告面世之後，銷量便扶搖直
上，連續多年，雄據法國拔蘭地首席。

記得那時，法國「人頭馬」酒廠特別隆重其事，派遠東市務
大員 Yves Blanchard 來港，向香港洋酒批發商與零售商專誠推介
人頭馬 VSOP。我們預備好了個長達半小時的幻燈 show，租了
大會堂酒樓，歡宴嘉賓。

結果當夜，發生黃霑與韓國領事對峙的妙事。

原來，那天是南韓國慶，也在香港大會堂酒樓設宴。酒樓內

各據一邊，各慶各的，本來大可相安無事。可是因為擴音系統只有一個，一開，就全家酒樓都聽到了。

我們準備的 slide show 幻燈片加旁白，足足辛苦了幾個星期。而且全港洋酒行有頭有臉人物，全是席上貴賓，機會難逢，不大力推廣「人頭馬」品質，又烏乎可哉？

但隔着屏風的南韓國慶歡宴，也要用擴音系統，宣揚南韓國民成就。於是就發生了爭持事件。幾乎要中國功夫，大戰跆拳道。

「就不管你國慶不國慶，我們的 show 一定要做！」我說：「你們想霸住擴音系統，請把全廳包下來。現在一人一邊，你用得，我也用得。最多是時間上分配些給你！」

結果，南韓領事演說完畢，就法國人頭馬董事演說。他們跳完「阿里郎」，我們就介紹人頭馬 VSOP 的好處。

自此一役，黃霑學乖了。有大 show 必定包廳。後來為「怡和」洋酒推出「特醇軒尼詩」的時候，全個碧麗殿包了下來，不再讓別人在旁干擾，打亂秩序。

三、果子鹽清熱氣

廣東人有「熱氣」此事。

喉乾嘴涸，眼有屎，唇起皮，胃納不佳，都是熱氣症狀。此病也，洋人根本不知其存在。

我們一群廣告人，創作了個英文字 heatiness 來向老番們解釋。

老番半信半疑，於是求助市場調查。1960 年代之末，花了三年時間，在以香港為首的東南亞華人社會六大城市，研究 heatiness 熱氣究竟是甚麼一回事！

「熱氣」原來真有其事，而治熱氣的方法，是飲涼茶。

六十年代與七十年代交替時期，香港的通衢大道與旺市中心，幾乎必有涼茶舖。雖然不是五步一樓，十步一閣，但數量不少。記得少年時代，這是可代汽水的廉宜飲品，一毛錢一碗五花茶、白花茶、廿四味，有益身心，簡直是日必一碗。

洋商來港，只為推銷祖家出口。聰明的就會挑家以中國人主政的廣告公司，一方面用作廣告代理，一方面也靠之作市務的盲公竹與夜航燈，了解解中國人生活習慣購物心態。

以羅果子鹽是英國大廠出品，挑了「華美」作廣告公司。「華美」當年創作部負責中文稿件的，有人稱神筆的李作猷兄。

這位黃霑師友，是清華大學高材生，本來經商中國，富甲一方。可是毛伯伯一來，三反五反反得李兄被迫在六三年步行偷渡來香港避秦。機緣巧合，李兄進了「華美」當中文稿主筆。

李兄腦中，古怪念頭多得源源不絕，以羅果子鹽用來「解熱氣」，就是他想出來的創新概念。

廣告片是黃霑監製的，導演是梁普智。示範飲以羅果子鹽的，是朱維德。

一開始，朱翁抹眼擦鼻，扯鬆領帶，渾身不舒服的樣子。然後特技把他的剪影雕空，套上熊熊烈火。只見火舌狂燃，熱氣之至。

旁白自然加上迴音，誇張效果。「好熱氣呀！氣呀！氣呀！……」

然後一杯水，一包以羅，灌進朱翁肚臟。火焰消失，換上清涼四溢的大瀑布。

那時，香港的沖印廠做特技疊印，差得很。我們只好把底片送到英國弄。山長水遠的時差，又沒有 IDD，廣告片延誤了六個星期，才收貨出街。那六個星期，我天天晚上和倫敦通電話催

235

促，苦不堪言。而日間，客戶的面色，有如 Ben Johnson，黑沉沉黑漆漆。

幸而片子一在「歡樂今宵」播映了三次，全港斷市。以羅果子鹽變成了鬼佬涼茶，被熱氣人士搶購一空。連空運補貨也來不及，客戶的面色，才驅散密佈的陰雨黑雲，現出陽光微笑。

以羅果子鹽清熱氣，是不是真有效？

當然有效。

廣告只能吸引顧客試用一次，稍有不滿意，以後就絕不回頭。「以羅」清熱氣如無實效，焉可支持到今天？

不過其中也有秘密。

以羅果子鹽有輕瀉作用，腸胃飽滯，飲一包，可有疏導滯留胃納食物之效。而且腸胃不佳，胃中難免有氣，趁「以羅」的揮發性氣泡未消，連泡喝下，打個嗝，人會馬上舒服很多。

何況，熱氣成因，最大問題是身體缺水。一杯大水喝下去，水份有了補給，熱氣症狀，自然消失了大半。

幾種效果加起來，於是「以羅」變成了鬼佬涼茶，醫治東南亞華人的熱氣肚腸了。

以羅果子鹽是我監製的第一部廣告片。片子拍得馬馬虎虎。朱翁清完熱氣之後，俯身抱起小女孩，居然整個人出了鏡，賸下空畫面。這是最基本的錯失，梁普智與黃霑，都該打屁股。

可是，該片的確有效。令「以羅」銷路，衝上高峰，比坐直升機上去還要快。

而且，李作猷兄這匪夷所思的絕對創新概念，自此改變了商品用途。

本來是輕瀉劑胃藥的「以羅」，搖身一變，以舶來涼茶姿態出現，連地道古方正藥，都被迫企歪！

四、置地吞牛奶

認識凱瑟克先生，是在「置地」飲「牛奶」一役。

那年，在下剛剛進入國泰廣告任創作總經理不久，「國泰」就來了這宗大生意。

牛奶公司股票，大部份都在市民手中。「置地」要在三個星期內，獲得多於百分之五十一股東支持，方可順利收購牛奶公司。而要獲得這多於半數的股票，便要利用廣告說服手中持有「牛奶」股份的市民，認同「置地」提出的收購價。

收購戰而出動廣告攻勢，在香港商場上，似乎這是破題兒第一遭，史無前例。因此全部有關人等都戰戰兢兢。

保密程度是驚人的，為了怕電話有人竊聽，全部重要成員每人派個 BB 機。機響，不必回電話，要在半小時內趕到怡和大廈總部開會。

記得八九位英美財經顧問，意見紛紜得很，而且人人都不知如何忽然變了廣告專家，批評多多。

牛奶公司當年，作風保守。全港不少地王，都沒有好好利用。我們的廣告，針對這弱點，來刺激股民投向「置地」陣營。

平日，報刊的廣告稿，晚上 10 時就一定截稿的了。那次，我們出盡八寶，叫報館等到凌晨 1 時。

每天，5 時開會，7 時稿起，做畫稿、排字、製版，17 家報全版大頁，就是 17 套版。這些版，往往 1 時前才剛好趕送到報館。

但第二天，一打開報紙，就開心。

因為全港各報，都有廣告，而且，有七家報刊，把我們的廣告稿，原封不動一字不漏地引述了在港聞版與經濟版頭條裏面。

中午 12 時，剛剛通過了電視稿細節。12 時半，拍廣告片的

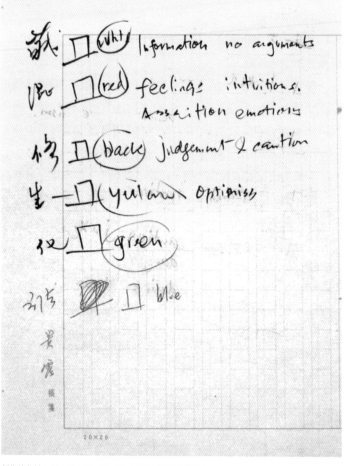

藏　□ (white) Information no arguments

混　□ (red) feelings intuitions. Association emotions

修　□ (black) judgement & caution

生　□ (yellow) Optimism

化　□ green

能　□ blue

創作的秘訣：藏、混、修、生、化，手稿，1990 年代末。

直升機，便已經在港海升空，拍香港海灣之畔的「置地」旗下物業怡東酒店。

其間，還包括了電檢專員禁播，要據理力爭的枝節。

一輪廣告攻勢，加上「置地」與「怡富」諸人的努力，十天不到，「置地」已經取得了超過百分之五十一的控股權。

「置地」吞「牛奶」大獲全勝。

祝捷酒會之上，凱瑟克這位洋大班中的大班，特別點名向國泰廣告致謝。

「幸而你沒有用我寫的稿！」凱瑟克先生拿着香檳走過來說的那句話，令我飄飄然了十分鐘以上。

五、廣告歌

從前，廣告歌一定要假手廣告公司以外的音樂人。廣告人兼任作曲，香港大概由在下開始。

在下的第一首廣告歌作品，是寶獅香煙。這首歌，「奧美」首腦利宜德兄至今依然記得。

然後，就是「喴士頓」。這首歌，英美煙草的前市務董事梁祖強兄最喜歡了。而這歌一直沿用至今，也算異數。

另外還有幾首：如泛美航空公司的主題曲：「舊汽車，賣了它！老家！鎖起它！坐飛機，笑哈哈，到遠方，玩耍！一生起碼一次，到世界度假。」與後來的「碧海青天景色美，海闊天空新天地」，那時都算騙過不少掌聲。

不過，會寫廣告歌，不是那麼大不了的事。

而不會寫廣告歌，更沒有甚麼大不了。有顧嘉煇、戴樂民（Romy Diaz）這群高手在呢！

六、電台與廣告歌

「商台」這新傳媒，一方面，延長了粵劇粵曲的壽命，另一方面也加速了外國流行曲的傳播。「商台」不但有播送歐美音樂為主的英文台，中文台亦積極通過傍晚點唱節目推廣所謂「歐西流行曲」。不過，這些都是順應潮流，跟着大勢走的被動做法，並不主動。

可是，不知不覺間，「商台」卻在推廣現代粵語音樂文化。他們節目中間，插播粵語廣告歌。這些悅耳吸引的短歌，採用通俗口語，卻避免了粵語時代曲歌詞的庸俗品味，近似兒歌，又緊貼生活，非常清新可喜。粵劇和傳統粵曲是一個極端，過於典雅。而粵語時代曲又是一極端，病於低俗，兩者之間的空間，就讓廣東話廣告歌來填補。

五十年代，廣告歌常常出現一些聽起來令粵人啼笑皆非的語句，例如好彩香煙（Lucky Strike）的廣告歌末句「新鮮美國來」。

這是英文原詞「Fresh from the USA」的翻譯，從字面看，絕無問題。但一填進旋律，配合了樂音起伏，唱出來，聽入耳，就變成「神仙美國來」。高平音的「新」字，填配了低音，變成低平。一字之差，意思馬上變得荒謬。

可是，到「商台」啟播之後，這類笑話忽然全部銷聲匿跡。這現象極可能是巧合。但也有可能，因為「商台」高層主管，全都精通粵語，明白廣告歌「倒字」會成公眾笑柄，把關把得緊。總之，配合了適逢其會，在這個時候加入廣告歌創作行列的音樂人如梁樂音、顧嘉輝、歌詩寶、黃霑、鄺天培、劉宏遠等，粵語廣告歌的水準急速提升。

因為廣告歌的製作費充裕，所以音樂和錄音都有水平。演唱的歌手，也是此地時彥如關正傑、葉麗儀、仙杜拉、華娃、鍾玲

玲、黃志恆等，所以這些廣告歌，雖然不過短短數十秒，卻十分耐聽，令港人深印腦海，像《新奇洗衣粉》、《京都念慈庵川貝枇杷膏》、《菊花牌乳膠漆》、《恒生銀行》、《快潔洗粉》、《噫士頓》（Capstan）、《聰明豆》（Smarties）、《汎美航空公司》（Pan Am）等，到今天仍在香港的集體記憶中縈迴。

廣告歌的演唱方法，也大大影響了後來七十年代粵語流行曲歌手如何「咬字」。廣告歌最注重吐字清楚，必這樣，商品宣傳字句，才會清脆玲瓏地送入聽眾耳股。粵劇粵曲，也很講究「露字」，不過，和廣告歌唱法，略有不同。

粵劇粵曲的唱法，是要把曲詞每個字的「首韻」、「腹韻」和「尾韻」全部清楚唱出。

試舉一例：譬如唱「風」字，要先將「首韻」的「f」音唱出，再帶到「腹韻」的「o」音，然後拖入「ng」鼻音「尾韻」。要刻意地完成這三個步驟，才算咬字準確。而歌詞的字，經過這樣一「咬」方會達到「露字」的效果，令坐在隔音設備欠佳，音響效果不好的戲棚後座觀眾，也可以聽得清楚，一字不漏。

可是這樣刻意咬字，戲曲味就出來。廣告歌經米高峰（microphone）收錄，首腹尾韻都一清二楚的唱法，大可不必。所以咬字要自然，「fong」是一下子同時首尾腹韻緊接着吐出來的，這樣的唱法，接近生活，於是聽起來就摩登時髦，現代得多。

在唱裝飾音（ornament）的時候，也是一拖而過，不會過份刻意。好像《新奇洗衣粉》末句的「粉」字，作曲人梁樂音用裝飾音的方法，避免上聲字「粉」唱成去聲「糞」，先將首韻提升一度，再拖下結束音。但「升」「拖」之間，要不着痕跡，若不經意，似有若無之際，一下就滑落到結束音去。這類唱法，影響了七十年代興起的現代粵語流行曲演繹。

「好的廣告歌，很多時候，極似童謠與民歌。

旋律簡單而節奏爽朗，一聽過就記住了。

現在的廣告歌，通常只是 30 秒以下。一段旋律，唱兩次，就全曲唱完。因為曲式簡單，旋律也簡單，所以易唱易記。

不過，正因為其簡單，特別難寫好。」

廣告講座，1970 年代。

而廣告歌「通俗而不庸俗」的寫法，亦潛而默化地點醒了後來的粵語流行曲填詞人，令他們在高雅與低俗兩極夾縫中，摸索出一條雅俗共賞的中間路，終於探驪得珠，在七十年代初之後，把粵語流行曲推到上至學者教授、達官貴人，下至販夫走卒、升斗小民都一同欣賞的極闊層面。

以作者愚見，認為「商台」這電子新媒介在電視普遍化之

「時代曲大師梁樂音老師寫廣東話廣告歌，技術一流。
後來我常常寫廣告歌，就是從梁老師那裏，
偷師得來。他最擅長用裝飾音來解決廣東話九聲的配譜問題。
光是學會這一招，我已妙用無窮。」

新奇洗衣粉廣告，《星島晚報》，1960 年 7 月 6 日。

前，把廣告歌變成香港市民生活一部份，對香港音樂後來發展，
有極大幫助，即使不是有心促成，但無心插柳，而令柳樹成蔭，
實在也功不可沒。

● 1961 年香港大學演出《桃花扇》，黃湛森演阮大鋮（左二），黃菊如演鄭妥娘（左三），照片由黃菊如提供。

上前台 — 戲劇

黃霑熱愛戲劇，由小學開始，到大學不息。1961年黃霑及同學在香港大學陸佑堂演出《桃花扇》，眾人造型突出，風華正茂。黃霑演戲，一貫誇張，這次演出，走路唸白照例搖頭擺腦，結果戲冠飛脫，引來全場哄笑。

哄笑背後，有一段曲折的故事。戲劇活動從戰後一直在港活躍，不少帶有啟迪民智的前衛文人色彩，少年黃霑是受益人。戲劇吸引黃霑，原因很多：戲劇好玩，又感覺刺激。現場演出，演員與觀眾咫尺之遙，每場皆有變數，空氣中有無形的張力。戲劇另有教育意義，它鼓勵集體參與，透過角色扮演，學習七情六慾，了解社會實況，體察人類處境。

他演出《桃花扇》那年，香港業餘話劇社成立，雖然基本上保持互相扶持的仝人制，但台前幕後人才濟濟。大師成員到陸佑堂觀戲，黃霑的蝦碌受大師欣賞，意外地為他取到一張進入話劇世界的入場券。他獲邀加入業餘話劇社，四處演出，途中接觸了不少當代重要的文學劇作。然後，他隨劇社到麗的映聲演出話劇（第一場演出再次戲冠飛脫）。很快他在麗的兼任偵探故事的編劇，另翻譯劇本、當小演員、為卡通片配旁白，最後當上節目主持，做現場演出，廣泛曝光。自此他正式走上大眾媒介的前台，盡情享受天空中有形無形的張力。

黃霑是舞台演員

黃霑其實是舞台演員出身。

第一套舞台劇,係我 Form 4 班主任梁國治老師導嘅《費魯喬》。

嗰陣,係 1957 年。

然後我做過「莎劇」《威尼斯商人》其中大審一場,扮女人,做 Portia。

跟住,就做《岳飛》嘅秦檜。

然後,入咗港大,同中文學會做《桃花扇》嘅阮大鋮,《太平天國》嘅楊秀清。

獨幕劇《費老喬》主要演員合攝,黃湛森(右一),1957 年攝於喇沙書院。

甩帽入戲行

在下入戲行，始自一次最不光榮的出醜事件。

那時學校演話劇《桃花扇》，我演高級阿齊阮大鋮。

在下有名誇張王，平日講嘢，已經手舞足蹈，頭擰咀翹兼眨眼者也，一旦踏到上台，心中自覺正在演戲，自然就更加整多兩錢肉緊落去，於是隻手，有如指揮交通之香港皇家警察，對腳有似跳霹靂舞之時髦青年，而個頭，就周圍咁搖。

學校做戲，乃係業餘性質，樣樣都唔多夠水準，而且樣樣慳皮，所以一個服裝師，租幾套戲服，咁就係成個後台。

所以我當日戴嗰件書生帽，後面飛吓飛吓嗰兩支嘢，就因為我個頭周圍岳，而忽然有一支飛咗出嚟，「得」一聲跌在台上。

台下一見此滑稽情形，馬上噓噓聲。

在下心想：「弊！點算？」

好在隔離有個演員，演楊龍友。

我人急計仔生，慌忙轉身向佢曰：「龍友兄，有勞你同我執番！」楊龍友於是醒水，代為搞掂。

搞掂之後，兩個人重禮義周周，互相打躬作揖一番。一個曰：「唔該龍友兄！」一個答：「大鋮兄不必客氣！」

台下看戲之劇壇名宿雷浩然先生一見而笑，對佢旁邊之大師姚克先生曰：「呢條友，可以做戲。」就此，黃霑加入了表演行業。

平頭裝鄭成功

在下因為甩帽入戲行,然後,入戲行,又再甩帽。

因為雷浩然先生賞識,在下加入了業餘話劇社。

此劇社,雖曰業餘,但實在演出卻頗夠水準。因為社員,多為劇壇知名之士。

鍾景輝固是會員,張清兄亦係劇社中流砥柱。其他如袁報華兄、陳有后叔、黃蕙芬姨等等數晒手指同腳指都未數得完嘅好戲之人,全部都係社員。

在下加入之後,自然唔係演主角。乃是當茄喱啡。

大凡太監、守門兵、行人、路人、嫖客之屬,必定黃霑有份。

不過勝在落力,做太監,supporter 着夠半打。做兵,揸碌棍都精神奕奕,行步路,有晒功架,好似痔瘡病一樣。而且排戲落力,有排必到,有到必準時,一個星期排五日,演三場,收30 文,不但毫無怨言。要貼街招,親身去貼。要賣飛,日日坐響票房。因此,終於在一年之後,捱到做主角。

那時「業餘劇社」一月兩次,包下麗的電視之半小時粵語話劇來做。做到冇劇本,就搬《明末遺恨》第二場,當獨幕劇,改名做《鄭成功》,由在下擔正戲匭。

第一次出鏡,自然落力非凡。

一落力,個頭擰到要甩咁滯。

只見鄭芝龍一喝:「你忤逆!」

在下馬上跌帽,太子冠飛去,露出平頭裝。

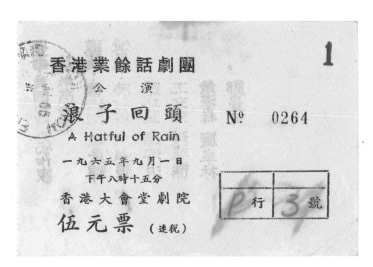

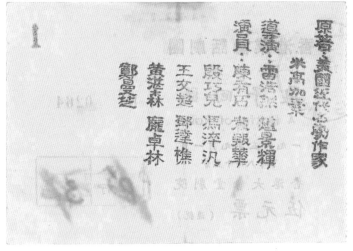

1965年香港業餘話劇團於大會堂公演《浪子回頭》的戲票，背面可見成員名單。

話劇日子

那時的演出，都是業餘的。票價廉宜，除掉佈景費服裝租，每人拿幾十塊錢車費。一齣戲，排三個月，每周五次，演出三、五場而已。但人人興致勃勃。

劇團只有幾個，但很有相濡以沫的精神，互相支持，你演出，我去看；我演出，你來看。競爭不是沒有，但一面競爭，一面互通聲氣，非常友善。

寫劇本的，名氣不小。今次是大師姚兄，那次是大教授柳存仁博士。當然少不免翻譯歐美名作。莫里哀、易卜生、契珂夫到田納斯威廉斯，都略作涉獵。

我自己，已經忘了當初為甚麼會和舞台結緣，只記得小學便踏台板，然後中學、大學，到畢業後幾年，都一直和話劇不離不棄。

話劇教曉了我很多與演出有關的事，也令我對表演行業，上了癮。

劇院是個和觀眾比較容易直接溝通的地方。即使最後一排的看客，也不算太遠。最好的當然是四、五百位的小劇院，幾乎不必擴音，便字字入耳的距離，特別容易投入。到台上台下人都投入了戲中情節的時候，那種感覺，好像空氣充了高壓電似的，真是妙極妙極。

演悲劇，台上的人還未哭，台下的已先默默垂淚！演喜劇，台上的人倒不笑，台下的竟全哈哈絕倒！一旦進入此境，演員腦

子會嗡嗡作響！其過癮之情，和性高潮比，都不遑多讓。

　　電視，提供不了這些感受。所以電視，對我來說，再愛，也奪不了我對話劇的深情。

　　　　　　「六十年代，香港沒有職業劇團。演話劇，
　　　　　即使不必掏腰包貼錢，拿到的車馬費也少之又少。
　　　　　　　大家都靠一股熱忱支持。所以，話劇演員，
　　　　　　　有種相濡以沫的交往與情誼，甲劇團演出，
　　　乙劇團團員會去看戲，例必在開場前，或中場休息時，
　　　或完場後，到後台打個招呼，表達一下敬意和支持。」

話劇《強風訊號》演出，1960年代，黃霑（右一）、鄭子敦（右二）、馮淬帆（左一）、袁報華（左二）。

「『麗的』電視初期，粵語話劇，是香港業餘話劇社給
包下來的，因為是業餘人士擔綱，
所以薪酬雖然菲薄，卻還興致勃勃。」

1960 年代在麗的映聲演出話劇。

大師姚克

　　姚克教授，香港人很熟悉。可能對他太熟悉了，所以反而忽視了他的價值。其實，論寫劇本的才華，我看中國劇作家之中，至今還沒有誰可以超越。姚克天賦極高，戲劇理論與技巧，也根基深厚，可是在創作方面，他實在是有點疏懶。他的創作，大部份是迫出來的。

　　《清宮秘史》如是，《西施》如是，《陋巷》如是，《秦始皇》也如是。《西施》第一次用國語公演的時候，第三四幕是在首演前夕綵排，才一頁一頁紙的遞到台上給演員的。幾年後用粵語再演，他要把急就章的第四幕重寫，但重寫稿，還是最後一天才匆匆趕出來。假如你知道這些背景，你就知道，姚克的才華之高。

　　姚克在港的時候，寫劇本有很名士派頭的習慣。他例不執筆。整個劇本，全部口述，由旁人一句一句的錄下來，自己一個字也不動手。

　　那時，他日間要在聯合書院中文系，講元曲，所以寫劇本只能在晚上。姚老夫子先請太座吳雲，預備了各式小菜，就在書房裏邊吃小菜，邊踱方步，邊口述劇本。負責記錄的是香港業餘話劇社的功臣陳杰兒。他一邊講，陳杰兒一邊記。然後，他寫過一段，就問陳兄，那個角色怎樣了？為甚麼獃在台上，沒有反應？也不說話？不行！重來！於是再踱步，再講。《陋巷》、《秦始皇》這兩個劇本，都是在這樣的情況之下寫出來的。

　　姚克的《秦始皇》是很好的劇本，全劇角色鮮明，高潮迭

起。但在六〇年間，只由香港業餘話劇社演出過幾場。劇本至今沒有出版，所以知道這戲的人不多，實在很可惜。

《秦始皇》是姚克先生心中要完成的《荊軻》三部曲的第一部。當年我聽過他講第二部曲，他說一開場，就是荊軻刺秦王。但如果一開場就刺，戲怎樣演下去？姚先生沒有說，但我知道，他老夫子早就胸有成竹。

「那時的演出，都是業餘的，但人人興致勃勃。
劇團只有幾個，但很有相濡以沫的精神，
互相支持。寫劇本的，名氣不少。
今次是大師姚克，那次是大教授柳存仁博士。
當然少不免翻譯歐美名作，莫里哀、易卜生、
契訶夫到田納西威廉斯，都略作涉獵。」

1960 年代大眾戲劇讀物。

「六十年代，我們都迷醉在荒誕劇潮流中，
『存在主義』在歐洲流行了，沙特、卡繆、
品特、貝克特和伊安尼斯高等人的劇作，
紛紛描述人類的不能溝通，人際關係的疏離和平日交談中
語言的荒謬，這是以前文學中從來沒有剖釋過的
人性角度，令此地的文藝青年，大感興趣。」

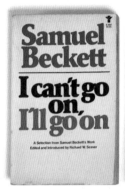

荒誕劇大師 Samuel Beckett。

● 電視王子黃霑，照片出自《香港電視週刊》，1970 年 2 月 20 至 26 日，256 期。

新潮面譜 — 電視

1970 年的《電視週刊》封面，預告「電視王子黃霑復出，聲譽鵲起豐度翩翩」。

鵲起的地點，叫麗的映聲。1957 年麗的映聲啟播，六年後開設中文台。同年黃霑參與演出電視話劇，為戲劇節目編劇，並主持「青年聯誼會」和「金玉滿堂」等招牌節目，連年得獎。

那些年，在麗的工作，無比有趣。中文台開台時，本地電視由傳播技術到表演方式，皆無經驗，籌謀節目，全靠一個「試」字。於是大學剛畢業的新手，可以負責寫本地電視前所未聞的偵探劇，青年 band 友可以和現代主義畫家在熒幕上一起聯誼，大玩新潮，在黑白的畫面，做出彩色的內容。

1967 年，無綫電視開台。黃霑用筆名寫專欄，批評友台啟播一塌糊塗。1970 年代初，兩台競爭白熱化，一度出現麗的搶走正牌盲俠出鏡受訪，並由黃霑扮假盲俠助興的事件。1973 年，麗的轉型為免費廣播，黃霑以自由之身，參與對台無綫電視多個節目的創作和演出，親歷了一段峰迴路轉的香港電視路。

黃霑跳槽前後，香港流行文化的板塊在變：粵劇和粵語電影淡出，台灣風越吹越勁，電台電影電視走向大融合。電視台好像一道旋轉門，本來在戲班、舞台、電台和電影活躍的前輩高手和三線技工，在這個新興媒體碰面，擦出火花，合成了一套新的演出技藝，在 1970 年代中之後發揚光大。

電視王子

1969年，我不錯拿了最佳電視男節目主持人獎，但這樣便算是「電視王子」？真不敢當。

說是電視浪子倒差不多！

因為來去自由，永遠是業餘身份。電視於我，只是玩票媒介，收的雖是專業酬勞，可是卻真的未嘗當為正業。只在餘暇，在熒光屏上電視框中浪來浪去，過過癮而已。

1962年我已經在「麗的」有線電視演粵語話劇。我在唸大學時，加入了香港業餘話劇社，常和鍾景輝、袁報華、張清、陳有后諸位演舞台劇。劇社接了電視檔期，於是我也因此上了熒光幕。

第一次，我演《鄭成功》。電視上大蝦碌，醜死人兼醜死鬼。

我的太子冠，跌了在地上，露出花旗裝。鄭成功長了花旗裝！是不是笑死人？

錄影帶還未面世，所有本地製作節目，全部現場直播，不能剪輯。我演戲，動作大，賤頭時常左搖右晃。如搖晃得多，綁着太子冠的帶子就鬆了。

鄭子敦先生演的鄭芝龍進場，我下跪，低頭拜見：「爹！」

「爹」字語音未了，面前地板噗的一聲，多了件金紅物體：我的頭飾，被我一下低頭動作，拋了出來！

鄭子敦先生不知該笑還是該繼續唸台詞，整個人愣住，不敢反應。

全部尷尬鏡頭，直播出街。這次經驗，畢生難忘。雖然想起

了依然臉紅，卻也除了我之外，沒有其他人介意。我也因此進入了電視圈，一生與之結下了不解緣。

演過一次半小時的電視話劇，自然當不了「電視王子」。那時，一有空就往電視台鑽，翻譯劇本、編劇、當小演員、為卡通片配旁白，甚麼都做。過癮嘛！

何況。有外快可拿，正好幫補拍拖開支。

到 1965 年，「麗的」電視中英文台分家，鍾啟文先生入主，請了一群新的編導。

現在香港嚴肅音樂界大師林樂培兄，剛從加州學成回港，也加入了。開青年節目，要找主持。黃霑試鏡後順利入選，開始主持「青年聯誼會」，酬勞係 100 大元！很好使好用了。

現在想起來，這節目沒有甚麼大不了。半小時東西，有時 agogo 一番，有時表演時裝，有時找些出色人物訪問。但翻開相簿，王無邪、盧景文、李英豪、徐榕生、簡而清、鄧拱璧、亦舒、關正傑、馮美基、鍾麗幗，今天都已是獨當一面的人物了。

然後，「無綫」開台在即，「麗的」革新內容備戰，備戰重兵，是個一小時的綜藝節目「金玉滿堂」，主持人是高亮同我。

那時是香港觀眾未見過的重頭戲，聲勢奇佳。黃霑主持了年多，拿了獎，成為「電視王子」！電視王子的薪金，每次 200 元正。已是當年全台最高主持費。

如今想起，一切彷彿如在昨日。

節目主持

我有機會當司儀，要謝兩位好友。

一位是陸志堅，一位是林樂培。陸兄那時是林樂培的副編導。有次，在「麗的」電梯碰見我，叫我介紹可以當主持的人讓他試鏡。

「你要點嘅女仔呢？」我問他。

「我要男仔！」陸兄答。

「咁，你點解唔界我試吓？」我連忙抓住機會，毛遂自薦。

「係嘛！」陸兄打量了我一下，點頭說。

就這樣，我參加了試鏡。同我一起試鏡的，還有兩位。

一位是芭蕾陳寶珠，另一位是美容華麗娜。三個都試鏡順利，變成了節目主持人。

其實，那時我已經常常在「麗的」演話劇，所以可說是有了一點點經驗，於是拍拍胸口上陣。廿四歲的我，一邊教中學，一邊在電視台賺外快，主持「青年聯誼會」，創主持節目不打領帶的先河。

編導是香港的作曲大師林樂培兄，他剛從美國留學回來，被鍾啟文先生請進麗的中文台。我應邀主持「青年聯誼會」，每星期六晚上 7 時，半小時現場直播。

那時，錄影帶還沒有面世，除了外國舶來品和大電影，全部節目都是直播，現炒現賣。主持人連邀約嘉賓，連講稿，全部一手包辦。

麗的映聲節目「青年聯誼會」，黃霑（前排正中）、林樂培（右二）、黃汝燊（辛尼哥哥）（後排左一），攝於 1960 年代。

「青年聯誼會」說起來，倒蠻有「文藝」味道，林大編導是留學生，我是文藝青年，氣味相投，節目不是談現代藝術，就是介紹當時歐洲很盛行的荒謬劇，說起來，今天倒沒有一個節目，有我們當時那麼「文化」！我們也介紹阿哥哥舞，也不時請來香港名模，表演時裝。

有沒有人看，不知道。收視率調查，還沒有出現。TVB 尚未開台。老闆對我的表現，算是頗滿意。因為主持「青年聯誼會」不久之後又開了個一小時的綜藝節目，讓我和高亮兄聯手主持「金玉滿堂」。

那時很過癮。錢自然不多。「青年聯誼會」每周半小時，100 大元。「金玉滿堂」每周一小時，200 大元。一個月是 1,200 元，講稿自己度，不經人手，編導信任，你講甚麼，他都 OK！

青年聯誼會

一、老朋友

嗰陣係响「麗的」，逢禮拜六 7 點，主持個叫做「青年聯誼會」嘅節目。好多今日嘅好朋友，就係嗰陣時識落嘅。

張義、文樓、胡菊人、王無邪、徐榕生、施養德、林樂培、簡而清、李英豪、亦舒、Anders Nelsson、Mike Souza、苗可秀、張敏儀、陳琴、陳幗儀、源思敏、鍾麗幗、馮美基一班才人，就係咁識咗嘅。

一轉眼，就 18 年。呢 18 年，個個朋友都威曬，係我咁水。

不過都算我班朋友念舊，18 年來，雖然冇乜時時見面，但係一見面，仍然有如老友一樣，真係難得。

張義、文樓兩兄，而家嘅雕塑，足以代表香港。

胡菊人已成出版人與政論大師，一支名筆，揮出正義，論盡海峽兩岸。

王無邪和徐榕生的畫，都是大師級了。年前去「麗的」，看見他那幅《霧中破船》，真是愛得幾乎馬上就想開口討。

簡而清如今寫勻港報。幾乎份份報紙都見佢啲稿，幾乎重多產過舊時三蘇叔叔。而且幾乎段段散文，真係點到我唔服！

張敏儀、陳琴、鍾麗幗，都已成港府高官。馮美基，Anders，Mike 都是傳播界鉅子。林樂培是香港前衛音樂祭酒。陳幗儀和源思敏，都是女人精品店大老闆。苗可秀是大明星。

「我起初的時候，連資料搜集的功夫，也一身包辦。
　　結果，主持節目的酬勞，有大部份在約會嘉賓的
　　　『飲茶灌水』中花掉了。但卻因為這節目，
　　　　認識了不少朋友。有幾位，更交成莫逆。」

麗的映聲節目「青年聯誼會」，受訪者香港第一位國際女星關家蒨（即關南施，右一），主持
人黃霑（左一）、鍾麗幗（中），1967 年。

所以難怪我對「青年聯誼會」，有份感情。

二、林樂培

　　林樂培這香港現代音樂教父，剛從美國南加大學學成回港不
久，我就認識了他。

　　他是我第一次主持電視節目的編導。「青年聯誼會」，是他
構想出來的。這是當年唯一的中文青年電視節目。

他是唯一一位拿着筆，教過我寫旋律的正統音樂大師。

那是 1967 年，我第一次寫電影配樂。有首歌，中段寫來寫去寫不好。請教他，他一手拿紙，一手拿筆，一分鐘內，給我寫了五款，供我選。

「Jimmy！」林兄邊寫邊說：「你可以這樣，又可以那樣……。」我口定目呆。

原來大師出手，是那麼厲害的。真教我瞠目結舌，欽佩得緊。

於是常常叫他寫流行曲。

「Doming！」不只一次說他：「你的工夫那麼老練，為甚麼不寫些流行曲？」但這些話一說 20 多年，林樂培兄至今一首流行曲也沒有寫過。

他絕對沒有輕視流行音樂。可是，他真的不肯寫；雖然，我深知如果他肯寫流行旋律，香港大概少有人在技巧上能和他相比。

但對他來說，他的真興趣在正統現代音樂，寧願捨易取難，不離不棄，也不肯為賺錢而寫他不想寫的東西。

三、簡而清

簡而清八哥，在無綫電視還沒有開播，便已經是熒幕出鏡頻頻，可能比韋基舜兄，還要早些在冷媒介中漏臉呢。

簡兄第一次上熒幕，是上我主持的節目「青年聯誼會」。我們那時，常常搞些專題節目。那周末我們介紹爵士音樂，香港這方面的專家大概八哥首屈一指，所以就請他以專家身份談爵士樂。和他廿多年相交莫逆，就是那次他上鏡做節目結識的。

簡兄第一次主持自己的節目，是林樂培任編導的電影介紹節目。試鏡的時候，本來預備八哥與倪震姑姐亦舒一同拍檔的。但後來不知怎的，倪姑姐一發脾氣，一句：「I want to go home」就

溜出錄音室，到正式節目見面，主持人由二變一，只剩簡八哥一人獨挑大樑。

簡八哥電視講馬，歷史悠久，比驃叔還要早。

而也許大家都忘掉了，他在「無綫」早期的「歡樂今宵」也當過一陣子主持，還演過一點點趣劇。

四、李小龍

而家啲觀眾，人人記得李小龍响 TVB 上「歡樂今宵」訪問。

不過講响電視訪問佢，我諗响香港，最早嘅人係我。

唔係黃霑認屎認屁，嗰陣係 1965、66 咁上下，TVB 都未開台，我就响 RTV 嘅「青年聯誼會」同「體育世界」同佢傾過偈。

佢兩次都有表演。

嗰陣，佢未拍《青蜂俠》，响三藩市返香港探老竇。

「我就要開《陳查禮之子》嘞占士！」佢同我講，重畀咗個角色嘅資料畀我睇。

佢係武癡，我嗰陣第一次深切體會。「體育世界」有好多拳擊資料，佢好想借番屋企研究。佢打拳，係兼收並蓄，冇咩門戶之見嘅，話之你係詠春抑或 boxing，總之唔駛就吸收。

由演戲到編劇

六二年終，雷浩然領香港業餘話劇社同人，進駐麗的呼聲電視，演 30 分鐘之短劇，每周一次，時麗的中文電視台，猶未成立也。主其話劇節目者為杜大衛兄焉。

「業餘話劇社」之電視第四次演出，選演《鄭成功》。飾鄭芝龍者為鄭子敦，黃蕙芬為田川氏、梁舜燕演葛嫩娘，而黃湛森扮鄭成功焉。

《鄭成功》本為名劇《葛嫩娘》中之第二幕，因為自成一體，劇情緊湊，可取之而獨立，「業餘劇社」乃選之為第一次電視古裝戲寶。

當日本來進行順利，不料演至鄭芝龍怒罵親兒之際，鄭成功頭一擺，正欲說對白，不料話未出口，聲未過唇，頭上之國姓爺太子冠，又已「卜」然有聲跌下地來，並露出花旗洋裝短髮。陸佑堂上跌帽之事，不到一年，竟又重演。此次黃湛森再無急智拾冠之舉，呆然木立，導演急把鏡頭，搖往其他演員面上。正是：

手足無措，突如其來！

話說黃湛森頭搖腦擺，丟掉了太子冠，手足無措，電視編導杜大衛幾乎成個跳起。但《鄭成功》一劇，現場播映者也，欲 pan 無從，欲 cut 無計，唯有一聲下令，鏡頭一轉，特寫鄭芝龍之面。好個鄭子敦，不愧為劇壇老將，食鹽多過黃湛森食飯，講對白多過傻小子吹牛，黏鬚演鄭芝龍，一亮相，已是威儀凜凜，未紮架，便是神風虎虎，見黃湛森手足無措，不但絲毫未恐，更

「我自幼迷偵探小說，姬麗絲蒂、Ellery Queen 固然滾瓜爛熟，
　　　　日本的松本清張也啃過不少。六十年代中期，
　　我寫過很多偵探劇。那時『麗的』電視有個非常受歡迎的
　　　　『我是偵探』，劇本起碼有一半，出自我手。」

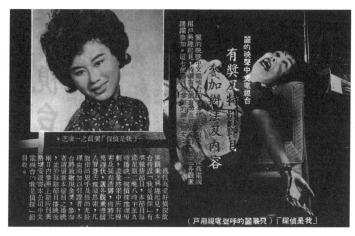

「我是偵探」有獎及特別節目參加辦法，《香港電視》雙週刊，3 期，1963 年 9 月 30 日。

是分秒無差，一句對白，半擺身型，尷尬場面，早已輕輕帶過。

事後，黃湛森羞慚滿面，雖厚糅面懵之膏，深搽遮羞之粉，
仍見其耳根紅透焉。

播映完畢，乃向導演雷浩然致歉：「雷叔，我唔敢矣！」

雷浩然正色曰：「細佬，記住，千祈做戲，咪頭擰擰，否則
實死！」

本來演鄭成功而竟致甩帽，罪無可恕，理應炒其魷魚，終身
不再錄用。但是時也，麗的中文台開鑼矣。靚仔張清挾電影圈紅

小生與話劇界中流巨柱之聲威，進駐麗的任為編導，開一好戲節目曰：「我是偵探」！

此節目搞得有聲有色，一切電視特技，全部出齊。例如介紹劇情之主持人高亮吾兄，手撥字幕、與字幕演戲，又如飛沙走石，閃電轟雷，落雨打風，不一而足。總之百橋百計，而橋計皆精，不數星期，成為最受歡迎之電視劇。

張清者，黃霑死黨老友記，正是睇住黃霑大，唔知黃霑壞之人，素知黃霑平日，沙塵白霍，於是一日，打牙骹之餘，向之挑戰曰：「喂，你又話自己乜都得，點解唔同我寫個偵探劇本？」

黃霑聽罷，暗呼弊傢伙，因為此事難辦。若話明自己不識寫劇本，豈非畀人識穿底牌，舊日之吹牛，前功盡棄乎？卻又是遲早出醜，冇料之人，欲遁無從？故遲疑未答。

張清是何等人馬，激將曰：「你係唔係唔識寫？」

此可忍孰不可忍，黃霑生平，最怕人激，於是一拍胸膛死雞撐飯蓋曰：「識！識！識！電視之嘛！好易啫！」

張清乘勝追擊曰：「咁你星期一交個劇本來！」

這次是自投羅網，無法脫身。於是花兩日時間，在港九書局，搜購教寫電視劇本之書焉。正是胸無點墨店有群書。

無綫電視開台

當年開播的時候，「無綫」笑話鬧過不少。

那是 1967 年 11 月的星期天，澳門正舉行大賽車，「無綫」實地轉播。

那是電視技術的新巔峰。在沒有人造衛星的時候，要克服的困難不少。TVB 工程部傾巢而出。可是仍然免不了出錯。

那時，我正為《新生晚報》寫電視評論，當天一早就守在電視機前，由頭看 TVB 啟播，看到收台。

看了一天，不由得不搖頭失笑。

因為全部在電視上可以出錯的事，熒幕上都全出現了。節目之差，簡直慘不忍睹。

播賽車，要內行。澳門那 3.8 英哩的東望洋跑道，說長不長。但一開賽之後，群車衝出，亂作一團。待跑了兩三個圈之後，如果旁白的不仔細記錄各車成績，就會連誰勝誰負，誰先誰後也分不清楚。

TVB 人員，全沒有轉播賽車的經驗，所以旁白一塌糊塗，看的觀眾，根本不知道哪一輛領先，哪一輛墮後。而大部份時間，熒幕所見，是一條空跑道，連車影也失蹤。

然後，三部攝影機有一部壞了！

幕後人員，雖然亂作一團。忙亂之中，有人按錯掣，工作人員不應出街的聲音出了街。

「死嘞！死嘞！」

「去 cam two 啦!點解會咁㗎?」

這一類對白,層出不窮。

「去廣告啦!」有人高叫。

廣告出街!沒有聲。然後忽然斷了。又忽然恢復。

偏偏天公有意弄人,就在那時候,菲律賓車手羅路出事。羅路在離葡京酒店 300 碼前的直路上,全車失控,撞向海邊石欄,全車爆炸焚燒。

本來,這是現場直播的最好機會。熒幕前觀眾整天等待着的突發珍貴鏡頭,會如實展現。

但當天看 TVB 的人,只能在電視機上,看到個遠景。

遠景是一條沒有車的空跑道,左角隱隱約約見有一條濃濃煙柱,在水翼船碼頭橋後,直升上天。

究竟發生了甚麼事?觀眾完全不知道。

「好像出了事!」蠢得不可能再蠢的旁白還在說。

當然是出了事!賽車跑道有濃煙,不是出事,難道是有人野火會?

可惜,負責旁白的不知道,負責轉播的不知道,我們做觀眾的,當然更不知道!

翌日,剛好回「麗的」做節目,升降機前巧遇開完會的高層,只見人人笑得嘴也合不攏。因為對台開播日的慘情,對他們來說,是太好的事。

「當天的正式播映，予人的印象是手忙腳亂，
有如廣東人所謂『倒瀉籮蟹』，如果硬要找出好的地方，
那只有邵氏舊片《楊貴妃》，但那套片的成就，
怕不能歸功無綫電視台吧？」

電視秘聞

未能滿意的正式播映

·洪雯·

無綫電視十九日的正式播映，是使人失望的。

實地轉播的澳門大賽車，本來應該很有看頭。但在電視幕上看到的鏡頭，卻毫不精彩。三哩多的賽車跑道，只用兩座攝映機以長距鏡拍攝，實在太敗壞了，拍攝賽車，跑馬，一定要用低角度或平鏡頭，才可以顯出比賽進行的高速度。用長距鏡從高角度俯攝，雖然未嘗不可，但卻需要極高技巧。而這種技巧，無綫電視當天派赴澳門的兩位攝影師，顯然並沒有掌握。所以當天的賽車，在銀幕上看到的速度，慢得可憐，而緊張刺激的氣氛，因此全部失去，加上旁述員全不精彩的旁白，使整個大賽的播映，變成了令人難受的悶場。

而花了如許人力物力，特別在英倫拍攝的「倫敦呼喚香港」，卻因為音響控制員的疏忽，以致話不對口，更因為缺少了中文旁述，使大部份觀眾，看不出其所以然。

丑生王梁醒波訪問廣華醫院新生嬰兒母子，言語無味，訪問技巧顯然並未到家。所以名氣大是一回事，實際水平是一回事。丑生王竟然如此，筆者寧願看龐的中文台的招顯志。

配音片集「[illegible]」，又是對白不對口型。而且担任配音的一羣配音員，對白沒有感情，使大好的一套片集，平白的糟塌了。

趙綺霞的演奏，鏡頭運用平淡無奇，佈景粗陋。選奏的作品不外海頓，蕭邦的小品，份量不夠。而且專程由美回來，參加開幕典禮，竟然不選中國音樂作品，實在說不通。音響控制亦劣，幾萬元的史丹域鋼琴，發生的聲音像千餘元的平價貨。

而由無綫電視節目經理鍾景輝親自主持的「太平山下」趣劇「大房東之煩惱」也差勁。梅欣，黃汝燊矯扭做作，加上江殿書匪股的大特寫，眞的「吾不欲觀之矣」！這所謂「趣劇」走的是麗的「小夫妻」的路線，但除了比「小夫妻」更胡鬧之外，一切不如！

新聞節目沉悶，有畫面無旁述，和與編導的不默契，都使人覺得，半小時的新聞，實在太長。伍維德是好的主持人，但讀新聞仍要下功夫。劉家傑錯字太多，用中國人讀英語新聞，除非眞的找到一位英語流利的，實在不易討好。

當天的正式播映，予人的印象是手忙腳亂，有如廣東人所謂「倒瀉籮蟹」，如果硬要找出好的地方，那只有邵氏舊片「楊貴妃」，但這套片的成就，怕不能歸功無綫電視台吧？（八）

黃霑專欄剪輯，出自《新生晚報》，1967 年 11 月 25 日。

石宝藍浸血（血浸藍寶石）

黃鷺著

（十六）就在張竹書和周貴南兩個人在恩索的時候，那牆上的叫人鈴又響了起來。兩人猛然抬起頭望著那電鈴的數字片，一看之下，不禁愕然，原來那數字片竟然又是周貴房間的號碼！

他盯了周貴一眼，周貴便立刻行動了。他如飛地奔上樓梯，朝自己的房間跑去。張竹書目睹周貴的情形，也馬上跟著，走到周貴房門前，卻看見周貴呆立在那裡，面色青青的，他馬上踏前一步，往房間裡一瞧，也不禁呆了！

原來房內床上，赫然躺著一個男人，面朝下背朝上，身邊搞滿一柄利刃，刀身已經全部沒入槍內，早已乾涸了！

那男人竟是「權軒」的新客，那中年男子！余冠羣躺在那裡渾身冷冰冰的，早已死去了！

張竹書連忙低聲地說，又親手拿把屍首捲起來。

張竹書連忙定神，按著周貴的手，正色地說：「你不宗緊重的命案，我們現在得立刻通知警方，所有在現場的證物都不能亂動，我們現在得立刻通知警方，現在已經可能毀滅了很多寶貴的證物了，你快快離開這裡！」

「什麼？」周貴一聽，連忙伸手，拍起周貴的指紋，不禁惱怒，翻眼狐疑地望著張竹書：「你惡意通知警方？」

「當然。」張竹書看得很清楚得很。「一切的手續我們都得照辦。現在你快開這房間，你在已經走進這房間了，你現在立刻走離這房間，你到現在仍然不賺開這房間，警方來的時候，我就不對你的行蹤負責任了！」

周貴被他一說，得悍恐怖起來，可是看見張竹書一臉正經的模樣，知道張竹書說出這樣的話似的，也能訓導的，只好走出房間了。

他能教訓，他能教訓，可是他想出毯嘴似的鬍子，他打量了一下，便作出決定。於是他稱讚張竹書是必定會遵守諾言的，便他們一倒退出房間，將要走出房間的衣櫃裡，他們要走出房間的時候，便作出決定。

他打開衣櫃邊的衣櫃，取出了他的鞋子，就要走出房間……

「喂，你什麼東西都不能拿走。」張竹書連忙站在門口攔阻他。

「我們得快把屍證弄走，也得趕快恢復原來的一切，你得在我的房裡，在我們面前，把屍證弄走吧！」說完，便想捲起床單，把屍證弄起。

「喂，你什麼東西都不能拿走。」張竹書連忙站在門口攔阻他：「周先生，你這屍體東西都不能拿走，你要把這具東西留在我房間裡發生了命……

● 黃鷺在《紅綠日報》的專欄「血浸藍寶石」，1966 年 2 月 4 日。

文　與　載　道　──　寫作

黃霑自少經常投稿。1953 年他第一篇見報作品在《中國學生周報》刊登，題為「海之戀」。1965 年他在暢銷小報《紅綠日報》開闢了第一個專欄，以 8 元千字的稿費，寫他拿手的偵探小說，其中一個故事題為「血浸藍寶石」。很快，因為他兼職太多，經常脫稿，專欄被腰斬了。三年後，他開始定期為《明報》寫雜文「隨筆」。從此，寫稿，跟讀劇本一樣，成了一生的習慣。

由「海之戀」經「血浸藍寶石」到「隨筆」，黃霑的寫作風格，逐步轉變。早年出品，下筆沉重，論說迂迴，文青味頗濃。慢慢，他知道寫文章最高的境界不是文以載道，而是我手寫我心。步入 1970 年代，他的文章越發淺白易懂，不論擬景說人，每多真感覺。此外，他師承喇沙和港大，思想反叛，在西洋摩登衝擊下，經常闖入禁區，帶頭批評粵劇，大膽翻轉港人的性觀念。

同期，香港的專欄文化也在開枝散葉。報刊專欄是戰後香港的奇葩，南來文人與本地書生同台演出，令這個號稱文化沙漠的城市遍地開花。然後，香港步入摩登，報刊媒體加倍發達，名家輩出，版面長期眾聲喧嘩。「隨筆」面世時，黃霑在剛創刊的《明報周刊》跟三蘇、簡而清和李英豪合寫「四方怪談」專欄。四位作者，四個背景，四種風格，各自成家，活現港式文化的生命力。

寫作的路

第一次投稿，寄了給當時的《中國學生周報》，居然登了，稿費五大元正。

開心啊開心！

不在錢，在文章受到肯定！

12 歲的少年文章，白紙黑字在每周必讀的報上刊出！那種興奮絕對難以言喻。

想不到從此，就注定了以後該走的路。而且這路一走多年，至今還沒有走完。

唸中學的時候，斷斷續續的投稿，到進了大學，就投稿到《明報》的「自由談」，命中率與日俱增，信心更加強了。

可是從來沒有想像過成為專業作家。

雖然，混身發表慾，可是，絕對想像不到，會在報上有專欄。

有了固定框框，是六十年代的事。那時「麗的」有個叫「我是偵探」的節目，由當日最紅的高亮兒主持。是個半戲劇半猜獎的節目，先演 20 分鐘偵探戲，把一切情節和線索演完，沒有結局，讓觀眾寫信來猜誰是戲中犯案的人。

我是偵探小說迷，全部克麗絲蒂的著作都讀過，也常看 Ellery Queen，一肚子是偵探橋段。

張清兄就叫我寫劇本。

想不到因此得《紅綠日報》社長任護花先生青睞，請我寫偵探小說。

海－之－戀

·莊蘭祈·

小時候我就深深的愛上了海，每當傍晚，姐姐總愛和我到海濱玩耍，看着夕陽西落，映照一片黃金色的斜暉，起了千萬道金光，變幻無窮，它和天空爭它呢？

一幅美麗的圖畫，遠遠地也片歸帆，點綴着這平靜的海，微風吹過，泛起了綠絲的漣漪，多奇妙的海景啊！誰能不深深地讚它呢？

悠悠的綠水慢慢的盪着，輕輕的像慈母的呼喚，使人們感到無限的溫暖和安慰。海美海的恬靜的氣氛裏，多少人被它陶醉了，多少人被它迷惑了。柔和的海風更點綴着海濱的美，使人有一種清新舒暢的感覺。雖然，我愛休憩在這平靜的海，

懷，慷慨激昂的壯士進行曲，它在鼓舞人們發生命的力量，它在摵動着人們恢復勇敢的精神。啊！只有海才能有這偉大的力量的時候，當海在狂吼怒嘶的誰能戰勝它？誰能壓倒它？

海，我讚美你，你有着溫柔的品性。但你也有着勇敢的力量。我永遠的暗暗愛着你，我敬仰你？我再次讚美你，你真偉大！

前德着，澎湃着，一排洶湧的波濤，不斷的海的怒吼中。看！那

黃霑自幼定期投稿報刊，第一篇獲刊登的作品，叫「海之戀」，用筆名祈蘭莊，1953 年刊在當年極受年輕人愛戴的《中國學生周報》，時 12 歲。

這次的嘗試，最後以被炒魷魚告終。

因為常常脫稿，令字房工友天怒人怨。

然後，隔了幾年，獲簡而清而和兩兄介紹開始為《明報》寫隨筆。自此，變成職業作家至今。

紅綠日報

　　第一次有報刊框框，在《紅綠日報》。創辦人任護花先生早已辭世多年，今天，報紙也不再在了。

　　任先生是大才子，既是報人也是電影導演。他辦報，很有創意，怪招之多，層出不窮。

　　《紅綠日報》的港聞，版面不多，世界新聞更少。但標題永遠是對很工整的對聯，讀者嗒落有味，是個很妙的特色。

　　副刊有個性諮詢專欄，叫「金巴里羅頓博士信箱」，來信有真有假，內容其實是一貫中國人傳統，沒有怎麼利用外國資料，但那時，我們天天追着看，視之為性教育入門。

　　第一次報上有專欄，倒是寫小說開始的。《紅綠日報》的任護花社長看了我在電視寫的偵探劇，囑他的美麗世侄女彭婉薇小姐問我可有興趣寫偵探小說。彭小姐是我第一個電視節目「青年聯誼會」的拍檔。那天她來做說客，對我來說，自是大喜訊。

　　先寫了大綱，任社長交來之信，信中說：「故事不俗，細節寫得好會好看。」

　　可是我的細節寫得不好，脫稿太多，任社長再來一函，炒魷魚，停掉我的偵探小說。

　　現在想起當年事，才知任老前輩，第一封信上面便已經提點寫小說的要竅。可惜我此人冥頑不靈，至今學不會。

「發夢都估唔到《紅綠日報》任社長會請我同佢寫小說，
一寫寫咗五個。偵探小說㗎，咩「箱底藏屍案」，
咩「血浸藍寶石」。橋，全部抄歐美嘢。
不過改頭換面，抄得精，無人認得出。
嗰陣無 fax，我住深水埗，報社響歌賦街，
嘩，送稿好辛苦。周時脫稿。最後炒魷收場。」

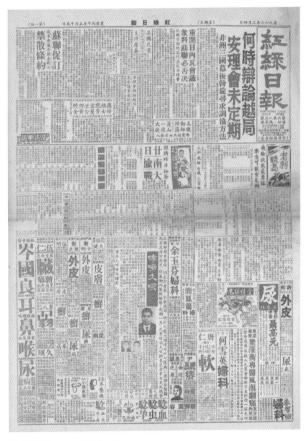

《紅綠日報》，1966 年 2 月 4 日。

明報

第一次買《明報》，是在街上一毫兩份「拍拖紙」買回來。那時的《明報》只是「拍拖紙」的臨記，並非主角。但依稀記得臨記似乎比主角更好，所以當夜看完之後，翌日便開始成為《明報》顧客，把《明報》列入每天必讀的幾份報紙之一。

但《明報》於我，還只是配角而已，每天雖然必讀，卻說不上特別喜愛。到「自由談」一出，《明報》才由配角地位，爬上了主角的寶座，在我心中佔了別一張報紙原有的位置。而自此之後，深深愛上了這份報紙，直到現在。

記得當時「自由談」熱烘烘的，看得十分「過癮」。忍不住也寫過一兩篇稿子寄去，賺過《明報》數十元稿費，幫補過自己學生時代的拍拖費用。

後來開始剪存《明報》社論、項莊、簡而清的雜文和金庸在「明報星期畫刊」裏面的文章。《明報》間接成為了自己的師傅。

到周榆瑞先生的《徬徨與抉擇》一書出版之後，金庸天天寫「論徬徨與抉擇」。那時我一天要買兩份《明報》。一份供自己剪存，一份剪下該文，存寄予在劍橋唸神學的好友。

到了1968年赴英之初，每天若有所失。因為讀不到《明報》。後來在騷姣區「豬姆街」的華僑服務社有《明報》出售。便也不管每份賣兩先令，懇該社主管人廖先生天天代存下，逢星期六下午由塞錫斯郡趕出倫敦到取。而一次去信柳聞鶯問好，阿柳竟然把拙文登了出來。我在英一見狂喜，馬上覆信，種下了後來在這裏霸着一角天天寫「隨筆」的機緣。

「那時的我，人多點熱情，
多點嚴肅，多點抱負，多點理想。
寫出來的東西，
自然比現在多點純情，多點憧憬。」

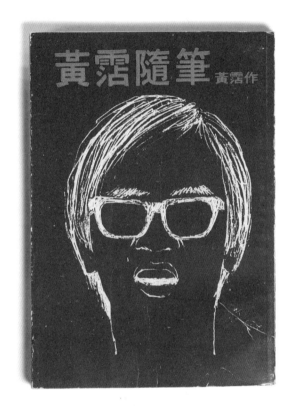

《黃霑隨筆》，文化生活出版社，1976 年。

「七十年代的時期，差不多有一年多時間，
我常上《明周》，在那裏據案『到會』寫稿，
寫完了就和總編輯雷坡兄與王司馬去晚膳。
雖然身份只是個特約作者，
在意識上，卻自覺與《明周》諸位是一家人。
半生出過的兩本頗暢銷的書《不文集》與《數風雲人物》，
都是先在《明周》連載的稿。
實在淵源又深又長。」

《數風雲人物》，博益出版社，1981年。

「《黃霑雜談》，是 1981 到 1983 年左右
黃霑心事與思想代表，比從前出過的
兩本雜文《黃霑隨筆》與《黃霑》都較為進步。
以前的兩本書，是我青年時的感受。
這本《黃霑雜談》，卻是在下哀樂中年的心思，
思想與文字，都比前略成熟。這本書，與《不文集》比，
減了三元售價，這是黃霑以行動對
港府忠告：加價有害繁榮。」

《黃霑雜談》，博益出版社，1983 年。

黃霑兄大札中詳及小龍習武揚威異域經過,料必為讀者所樂聞,謹抄錄如後:……

「小龍幼習「詠春」,家中設練功木樁一座,每日練習不輟。在校時,代表學校參加學界拳賽,戴上西洋拳套打「詠春」,二獲冠軍,擊敗西洋拳王。蓋西洋拳只慣連消帶打,而「詠春」正詠消帶打,每戰必與小龍同往。觀我

「六八年春,我到英國學商業管理,華娃的第一張
個人長壽唱片快要面世,寫信回來給當時兼編《明報》
娛樂版的雷坡兄,請他在宣傳方面予以援手。
他見我信上寫英倫近事的部份不乏趣味,
竟然在娛樂版上登了出來,
而就是這段因緣,促成了我日後進身香港寫稿人之列。」

專欄剪輯,柳聞鶯「伶星專欄」,《明報》,1967年6月10日。除初段外,其餘篇幅均為引用
黃霑來信。

李小龍拳震異域

柳聞鶯

柳日昨閱稿時已懷疑布魯士與小龍為一人，但因未確知小龍之洋名，當時未敢斷定。

黃霑兄來信稱：「文中華裔青年新星者，不是別人，乃李海泉先生之公子李小龍是也。小龍與弟為中、小學同窗，故確知 BRUCE LEE 只此一人。小龍年前囘港，弟曾晤面，據稱將囘美拍攝「陳查禮之子」電視片集，角色分析資料弟並曾過目，後

承黃霑兄來信提點，恍知日前敝「一文所述華裔青年走紅美電視界版何怡兄「的布魯士阿李海泉之公子便是李小龍。

小龍雖精「詠春」家中却不墨守成規，搜羅外國拳王大賽十六米厘紀錄片不下數百卷，以慢鏡及冰凝鏡頭，仔細觀察及彼邦武術，之長，補我武術之短。故其有成，良有以也。

查李小龍之尊翁李海泉先生，乃粵劇著名老生，耳濡目染，少小也曾

為其看中，實因其在美設武館聲譽日隆，且常參加空手道比賽之故。

「張仲文赴美時，李亦曾客串演出。其表演有一鏡頭，即在米高峯前四五寸握拳一拳擊而骨節勒然有巨响，在咪前戛然而止，風入咪虎虎有聲，觀衆至是無不掌聲雷動。

粉墨登場，拍粵語片，吳楚帆盛讚好戲，「蝙蝠俠」早已改編為電影，月前且在本港上映。青蜂俠既然後來居上，則改編電影殊不出奇。

說不定不久將來，小龍在港之親友，將可在銀幕上與小龍見面。

（附啓：黃霑兄：有便乞賜電一談，以便面謝。）

寫作老師

一、三蘇

香港作家大師之中，我力央友人作曹邱紹介的，只有過兩位，一位是金庸，一位是三蘇。

本來已是三蘇迷，見了他之後，更加五體投地，他的機靈點慧，的確是高人一籌，反應快得好像是想也不必想似的。和他談了一夜，真像沐浴在春風裏，而且眼界大開，發現了原來高人可以高到如斯程度的。

其後，就從不放過和他見面的機會。一有疑難，就打電話去問他。他是我的有腳書櫥，絕對不以我這卑輩騷擾高攀而有任何煩厭，有問必答，知無不言。

大概他認為此子雖然頑劣，也不無可教潛質，所以就常常提點，多年來一直如此，令我獲益良多。我寫作的活潑作風，可說是得他啟發的。

三蘇人人說他寫稿有如車衣，右手持原子筆芯，左手推紙而上。這是否屬實，黃霑未曾見過。但三蘇可以一邊打麻雀，一邊寫稿，則絕對是事實，因為前輩作家中見者極多。

三蘇書法，外傳識者甚少，則只屬一半事實。因為三蘇寫稿，用正草法，無奈今世識草書之人少，所以才認為他的字不易辨認而已。

三蘇其實不是廣東人，但運用廣東話之妙到毫巔，我輩廣府

佬見而面目無光！蓋竟被原籍紹興之人威過矣！

三蘇叔叔寫怪論，用「三及第」文字，文言、白話和廣東口語一起用。「真是為之吹脹」之類語法，是三及第特色。怪論是另類文字。寫這類似「諫有五，吾從其諷」的諷刺文字，要謔而不虐，才算好。幽默感不夠，讀起來，就變悶極之尤。

三蘇叔叔寫怪論，奇招迭出。有次，全篇千字篇幅，題目之外，只有四個字。

題目是：「論香港政府之黑暗」。內文的四個字，則是：「全文被檢」。

此文一見報，全人類絕倒！

其實這篇文章背後，另有故事。那天三蘇有雀局，友人三缺一等他；而字房工友也等他的怪論落版。他「怪腦」一動，寫下標題，再補四個字內文，就打麻雀去！但就這四個字，已經絕對是篇好得不能再好的怪論了。

如果因為三蘇這小故事，各位認為他懶，那就大錯特錯。他大清早即起，看遍全港報紙然後寫怪論，往往為一段資料，反覆查證。寫稿快，只是才捷而已！

三蘇寫稿，速度驚人，而且文思之捷，當世鮮有及者。在其未為「東方」獨有之前，所寫作品花款之多，真是匪夷所思。愛情小說、怪論、偵探小說、散文、社論等任何文體，無不兼善，文筆之多方面與多元化令人無法不五體投地。他每日寫 120 字短文，句句中的。以少許勝人多許，射小石子，打贏巨無霸，這番功力，黃霑佩服得很。

三蘇的不文笑話，寫得頂好。那時，他曾為《明報》寫過一段短的有味小說，用的是他那獨特的「三及第」文字，可真段段精彩。

他講不文笑話，也是高手。你們每次與他見面，必有收穫。

285

「三蘇叔叔生前，著作真是恆河沙數，
但《給女兒的信》，是其中最有溫情的作品。
他熱愛生命，但卻從不奢言愛，
寧願把這暖洋洋的感覺，叫做溫情。
《給女兒的信》實在包含了三蘇叔叔的人生哲學，
明說是寫給女兒，其實，
是寫給青年人的一本充滿了睿智和愛心的好書。」

高雄，《給女兒的信》，高黃舜然出版，1981 年。

七三年寫「不文集」的時候，我受益良多。因為書中文字，其實有好幾段，是他提供的。

三蘇先生的筆名，多得很。

知道三蘇先生原名高雄的讀友，大概不多。「三蘇」兩字，據他說是他寫怪論的時候，隨手在字房拾起的兩個鉛字。

在「東方娛樂」上寫電視評論的「一二〇翁」是他。從前在左派報紙上寫偵探小說的「史得」就是他。「經紀拉」當然是他。

二、梁小中

寫嘢我有兩個師傅。兩個都係香港嘅報壇怪傑嚟。

一個係三蘇叔叔，香港舊時嘅怪論名家。

一位，就係筆名叫做石人嘅梁小中先生。

梁師傅，筆名我諗多到佢自己都唔記得咁多。最多人知嘅，舊時係「唯性史觀齋主」。

我自細就睇佢啲嘢，都未識佢，就係佢嘅私淑弟子嘞。咁到識咗佢之後，就更加成日學師嘛。

佢唔知點解咁鬼死好記性，佢真係天生異稟嘅我呢位梁師傅。佢有排，試過好窮。搞到將自己嘅藏書，整批千七銀就賣鬼咗畀收買佬。

咁佢寫嘢，有好多係要引經據典嘅。好似佢寫中國古人嘅性習慣，性文字，分分鐘要引述古書原文嘅。咁佢所有藏書，全部賣清，要引原文，點引？

佢靠背。一字不漏咁成段背晒出嚟。

大佬！唔係普通嘅唐詩宋詞或者係唐宋大家嘅係人都識背兩三篇嘅嘢㗎！而係嗰啲僻到連書名我哋都未必知嘅筆記，佢照背。「博學強記」呢四個字，梁師傅認真係當之無愧。

佢除咗讀書多，記性有得頂之外，佢重有幾樣嘢叻。

起標題，佢真係一流功夫。有佢嘅標題，成段新聞，當堂醒晒，你想唔睇都唔得。

舊時，寫作不過係佢副業，搵外快嘅啫，佢嘅正業，係總編輯，而且好多時，同時做幾份大報嘅老總嗻。

佢做老總嘅威水史，講唔盡咁多。有一段時期，佢係全香港，薪水最高嘅老總，破晒香港中文報嘅紀錄。

有另外一樣嘢，佢亦破晒紀錄。

佢可以一言不合，馬上炒老細魷魚嘅。香港報界中人，我識嘅之中，講藝術家脾氣，冇人破得佢紀錄咯。

佢自己，本來好鬼鍾意辦報嘅。講出品，佢好揸。但係經營，佢就唔係咁擅長，文人氣息，過於濃厚，個人又豪，唔係好識理財，所以報紙銷路好而蝕大本，搞到佢頭都大晒。所以後來，搞到佢怕咗，寧願做職業作家算數。

佢周時教我寫稿同治學方法。

嗰年，佢响《中文星報》做老總，約我稿。「阿霑，」師傅話：「我欄名都同你度埋，就叫『沾沾自喜集』啦！」

但係我嗰陣民智未開，IQ好低，我問：「師傅，咁咪唔可以鬧人？」

「傻仔！」師傅一句就點醒我：「你可以笑住嚟鬧㗎嗎。」

我以後寫文章，就係咁開咗半竅。

有次，我問佢，點樣可以學到佢一半咁博學。

佢話：「好易！我教你一個最簡單最有效嘅方法。」呢個梁門絕學秘招，真係簡單，真係容易，而且，真係有效。

剪報！

係！你一見有興趣嘅嘢，就剪低，文字又好，圖片又好，總之正嘢就剪起收入資料部度，分門別類。「一兩年，你就揸！三

「梁師傅日產多少文字，我這個徒弟不知。
因為正如他自己所說：筆名之多，無法一一敘述。
但有樣卻可以肯定，他的一人工廠，出品精良。
他文字功力深厚，涉獵又廣，而且腦袋快兼靈，
所以，文字一出筆端，便風起雲湧，氣象萬千，
令人反覆誦讀，韻味無窮。」

石人梁氏，《借情樓詩集》，個人出版，1998 年。

四年，你就會有小成，如果做一世，包你好有學問。」

講多樣梁師傅同我嘅秘聞嘞啦。我嗰陣，响佢主編嘅報紙度，寫過段電視評論專欄。

「喂！阿霑！」師傅話：「你响嗰行搵食，唔可以暴露身份㗎！」

「咁我用筆名啦！」我話。

「咁都未夠！嗱！你搵本舊嘅電影畫報，响後便徵友欄，剪個相出嚟，話係外國返嚟嘅，咁就冇人知嘞。」

結果，嗰段嘢登咗出嚟之後，有日，畀個電視台頭頭捉住我問：「阿霑，《新生晚報》寫電視嗰位响美國返嚟嘅女作家，你識唔識呀！我想識下佢！」

筆名

寫東西在下用過不少筆名,「壞鬼書生多別名」,此之謂也。不過不少已忘。

寫國語時代曲的時候,多用「詹嘯」「久流」「陸郎」「鐵樹」和「劉杰」。「霑少」是潮籍朋友對小弟的稱呼,諧音一轉,變成「詹嘯」。「久流」是九流的轉音,是對作品的自我評價。

「六郎」是因為賤行第六。「劉杰」是我去世岳丈大號,好一些的作品,就用此名,以對他老人家的教誨不忘。

「鐵樹」是因為有相士說我的命是「眾木地堂鐵掃把」一番。

我另有一筆名叫「勤參歡喜禪居士」,那是在一晚報翻譯洋性書時用的。後來發覺與事實不符,「勤」字有「灣仔大佛」味道,自此再未用過。

又曾在「無綫」開播前後,在《新生晚報》寫過大半年的電視評論,筆名叫「洪雯」,那是華娃本名與另一藝名中的兩個字拼在一起。

《金電視》面世之初,老闆與老編俱為好友,要我寫電視評論,百推不能辭,開了個欄叫「橫睇掂睇」,筆名就叫洪恭,因為那時身份,仍是本名有洪字的華娃老公。不過此欄只寫了數月,就連欄連筆名,全部送人。蓋我寫該欄文字得罪人多稱呼人少,雖說是力求公平,也未免太犯不着了。

● 華娃,《謎》,娛樂唱片,約 1970 至 1971 年,照片由吳俊雄提供。

九流與一流 — 音樂

黃霑第一首曲並詞作品，詞用國語，歌名單一個《謎》字。歌在 1960 年代中寫好，幾年之後才在華娃主唱的同名大碟面世，得來不易。

黃霑早熟，中學時已埋首苦讀，自學作曲，可惜早年的習作，大都胎死腹中。1967 年，香港捱過騷動，歌舞片捲土重來，讓黃霑經歷了第一次曲藝大爆發。他為三套青春電影寫了 17 首插曲，自己以為傾盡心血，效果卻不似預期。

他知道想成為一流高手，必須先承認自己其實是九流的學徒。他加緊觀察周圍，偷師學藝，功力慢慢升級。1968 至 1972 年，不計廣告歌，他為 22 首歌曲寫詞，全部用國語，不少受到好評，其中包括走紅台港兩地的《我要你忘了我》。至此，音樂人黃霑正式登場。

黃霑登場，背後有幾道時代的力量。一、大量有份塑造中國摩登的前輩高手，如姚敏、李雋青、李厚襄和王福齡，慷慨讓他偷師。二、本地流行工業開始生根，為本土新人助攻。《謎》由娛樂唱片製作，後者先後推動粵曲、時代曲、台灣風，然後大量製作電視劇插曲，開本地樂壇的先河。三、同輩藝人如顧嘉煇，由夜總會到錄音室，接連發力，以新的聲音，寫出地道感性。

1976 年煇黃合寫《狂潮》，西式配器，粵語歌詞。同年黃霑完成《問我》，個人經歷第二次曲藝大爆發。至此，由香港製造的本土流行文化正式登場。

唱歌 — 歷史

我唱歌，其實唱了多年。

1960 年，第一屆星島業餘歌唱比賽我參加過。入了 15 名，但入不到決賽。「黃霑」這兩字，就是那次初用的。

1962 年開始，做電影幕後合唱。「邵氏」和「電懋」當年的國語歌唱電影，大多數有我的合唱歌聲。黃梅調名作如《梁山伯與祝英台》、《花木蘭》、《萬世流芳》等戲，我都是合唱成員。一首歌 30 大元，在那時來說，價錢算是不錯。而且一天唱五首，就是靠這些外快，拍拖吃喝。

而除了錢好，成績也不差，因為後來黃梅調式微，大合唱由 40 人縮為八個，四男四女之中，仍有黃霑，顯見還是可以唱的。

我唱歌，嗓聲雄偉，音準，咬字清楚，而且看譜快，所以作曲家要找男聲合唱，往往喜歡用我。當年任白拍《李後主》，連于粦先生這位和我本來不識的作曲家，也把我叫去錄合唱。還特別把工尺譜翻成簡譜專供黃霑使用。結果我居然和粵曲大唱家何家光等人一同合唱。

廣告歌我也常唱。可口可樂、發達汽水、「汎美」、「多文」、「國際希爾頓」等流行過一陣子的廣告，都有我的聲音。

唱歌 ─ 黃梅調

香港廣東人最熟的中國地方戲曲，除了粵曲之外，大概會是黃梅調了。那是拜李翰祥之賜。

他的一部《江山美人》掀起了黃梅調電影熱潮，而另一部《梁山伯與祝英台》更把熱潮推上頂峰。

六十年代初，李厚襄、姚敏、王福齡、顧嘉煇、周藍萍諸作曲名家，人人都在寫黃梅調。那時，我正在撈外快，當合唱成員。

大學二不必考試，因此常常偷懶。課不上，錄音去。今天「邵氏」，明天「電懋」，每曲 30 港元，另有免費午膳，最高一天可賺 100 多元。而教夜校英文，一個月才是 300 塊，正是唔唱有鬼矣。

當年，皇牌歌星如靜婷、劉韻、顧媚、崔萍、江宏等，全部合唱獨唱都兼。而合唱團有時大至 40 人，樂隊最大，達 80 多人，所以十分熱鬧。

諸名家寫黃梅調旋律，與其說是作曲，不如說各自選抽黃梅戲傳統曲牌改編。而因為這小地方戲曲牌不多，萬變不離宗，因此合唱錢也容易賺。尤其男聲，有時不過「啊！啊！」的「啊」兩句，就賺 30 大元。

諸家之中，我最喜周藍萍的編曲。他是用中樂作高音部，加西樂和聲低音，非常悅耳，而且摩登。《梁山伯與祝英台》《十八相送》中有段三拍子旋律，選得好極，蕩氣迴腸，纏綿之至，今天重聽，依然無法不讚他挑得好，也編得好。

寫歌填詞

一、第一首歌詞

1960 年，寫下了第一首歌詞，一寫就寫了 30 年。比我半生從事過的其他工作都長。

那時剛進大學。我的音樂啟蒙老師口琴大王梁日昭先生替呂紅小姐的唱片公司監製國語唱片，不知為甚麼，梁老師會認為我可以寫歌詞，就這樣的一口氣填了八首，開始了我的寫詞生涯。

當時，我最心儀的詞人是已故的李雋青先生，常常拿他的詞當作課本來學，我喜歡他的口語化，喜歡他的文字的現代感。他的詞作，直接、深感情、淺文字，而且佳作如林，又少倒字，真是堪為典範。

當然，也學外國人的寫法，Hal David、保羅安卡、Hammerstein、Jim Webb，全是偷師對象。

還有那本 *Teach Yourself Song Writing*，就這樣寫呀寫呀，寫到今天。

第一首歌，究竟寫了甚麼，半個字也想不起來。記得那是譜 *Auld Lang Syne* 那首人人皆知的蘇格蘭民歌。

二、自學寫歌

起初學寫歌詞與寫旋律的時候，苦不堪言，遭受到的白眼，

真是想起來現在還心有餘痛。

寫第一首歌詞，朋友不但無一看好。而且嘲笑有加。以後繼續寫了數十首，遭遇依然。

如果我捱不住，就此收筆，今天的小成績，就不會擁有了。

「這不是歌詞！」這話，我至今仍然記得。

那是我拿歌詞上當時全港最大的唱片公司，給那位經理女士看的時候，她說的話。走出唱片公司門口，我心灰得很，也氣憤得很。那夜失眠。整夜不能入睡，輾轉反側。

到天亮，我發誓要把歌詞寫好。發誓要全港家家唱片公司，都用我寫的歌詞。

求師，沒有門路。

那時，寫歌詞的人，沒幾個，我是個無名小卒，也不認識寫詞的大師，想尋師學藝也不行。

但我明白自學的道理。買來了兩本 Teach Yourself 的書，苦學。

三、教自己寫歌

Teach Yourself Song Writing，是本袋裝書尺寸的精裝硬皮英文書，封面淺藍色。書已經不在書架上，大概搬家太多，丟掉了。

Teach Yourself 系列，在五十年代末很流行，甚麼科目都有。我自幼就想學寫旋律，苦無導師，那天逛書局，見有此書，恰巧袋有餘錢，就馬上買下。從此，開始了我學寫旋律的生涯，一直學到今天，也快學了半個世紀！

書很不錯。其中最實用的一點，教你分析流行榜上你最喜愛的歌，把旋律拆開，逐句研究，逐個和弦分析，逐段玩味，吸收寫作方法。教寫的是 AABA 曲式。

然後，書教你不停寫。寫完又寫，實習是為學的唯一老實途

徑。我花了一年左右的功夫，邊讀邊學寫，漸漸好像掌握了竅門。

　　碰巧，那時候又多買了一本繆天瑞譯的《曲調作法》。兩本書交替看，好像又懂多了一點。

　　可是，我的和聲學基礎不佳，樂理欠通，有時就很困擾。又苦於無人可以請教，就索性兩本書都擱在一旁，自己大膽試寫。旋律寫出來，有覺得不順暢的地方，就改。改的準則，只憑一己感覺。

　　這樣又過了一段日子，開始填詞。買了本《自學寫歌詞》來讀。

　　然後，填別人的旋律，開始覺得這些旋律不好聽，比我自己寫好未拿出來的還差。就不時拿自己寫的歌出來，讓唱片公司的人聽。

　　到 1965 年，終於娛樂唱片的老闆劉東先生看中我其中一首歌，用了。於是開始了我寫旋律的生涯。

「回首自己半世紀走過的路，全是一連串巧合形成的。

像我寫歌，也開始得莫名其妙。

唸中四的時候，便不知怎麼樣的，

覺得自己將來會是個作曲人。」

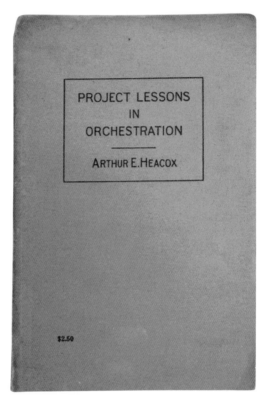

Arthur E. Heacox, *Project Lessons in Orchestration*, Ditson, 1928.

電影配樂

第一次做電影配樂，已是多年前的事，電影叫《歡樂滿人間》，由蕭芳芳、胡楓主演的粵語歌舞片。那時，鄭少秋還是新人。這部電影，至今還不時在深夜的電視中看得到。

學做電影配樂，我算是無師自通。沒有跟過師傅，也不像顧嘉煇，進學校唸過。

但全世界的電影配樂大師，都是我師傅，因為我都向他們偷過師。由五十年代開始，當我還是十來歲的青年，我就開始注意電影配樂。而且，常常覺得，本地電影音樂，配得極差。

那時，沒有版權法，配樂用唱片。不少偷工減料的七日鮮，三、四張唱片，就配完一部戲，氣氛不對，效果不佳。所以，常常對自己說：「如果我配，一定會比他們好！」

結果，到 1967 年，機會來了。

摯友芭蕾舞專家陳寶珠小姐，是當年堅城影業老闆關志堅的御用舞術指導，旗下七彩闊銀幕歌舞片，都是由她排舞。她喜歡創新，覺得粵語流行曲當年的前輩音樂家的音樂，追不上時代，知道我業餘喜歡寫歌，有次就問我：「你有冇膽同我拍檔？」

拍拍胸膛，上！一寫，寫了三部電影的插曲和歌舞音樂。這樣就成了配樂人。

今天，凌晨時分，仍然在熒幕上不時看到。

《歡樂滿人間》電影廣告,《工商日報》,1968 年 2 月 22 日。

入門創作

一、愛我的人在那方

我第一首寫的粵語歌叫《愛我的人在那方》。

嗰陣我恨同電影寫音樂，恨到發燒，但係功夫又唔多夠，所以等到頸都長都冇老細搵。好在我有個好朋友，芭蕾陳寶珠（在下有三個朋友，都係叫陳寶珠，一個係芭蕾陳寶珠，一個係電影陳寶珠，另一個係電視陳寶珠，而以芭蕾陳寶珠，相交最深），响「堅城」做舞蹈編排主任，認為或者可以試吓呢個音樂發燒傻仔，於是介紹我畀關志堅，為財神導演蔣偉光拍嘅《歡樂滿人間》寫音樂。

呢套戲，乃係 1967 年粵語片「仆直」前夕嘅大製作，胡楓拍芳芳。秋官响戲裏便，做大茄喱啡。

芳芳嗰陣，一日幾組戲，唔得閒錄音，於是搵女高音大師韋秀嫻代唱。其中主題曲《愛我的人在那方》，秋官一聽就鍾意。

到一九八幾年，佢已經係歌影視三棲天皇巨星，同娛樂唱片錄碟，死都要再唱呢首歌。我本來唔願意，因為處男作太唔成熟，但呢首歌對少秋兄對我自己，都有紀念性，佢咁堅持，我唯有再將這首歌攞出嚟。

「第一首填的歌詞，記得是譜 *Auld Lang Syne* 那首人人皆知的
蘇格蘭民歌。它是我寫曲詞的試驗品，
其中大部份曲意，得自柳永的《雨霖鈴》，
有幾句更是原封不動的照搬，搬得極劣。」

陳君能等，《友誼萬歲》，南聲唱片公司，1969 年，照片由吳俊雄提供。

二、忘記他

歌其實是我第一次的旋律「處男作」。1960 年代初寫成的。

當時「邵氏」開拍《不了情》，導演陶秦寫了三首歌詞，公
開徵求旋律，獲選的獎金，是 500 港元。

記憶中，那時的旋律，行中公價是 100。500，就是公價的
五倍。而且，參加比賽，對廿歲青年，有挑戰，於是拿起筆，預
備按詞譜曲。

「曾嘗試過為粵語片作曲寫詞，幾乎把自己一份酬勞
不要的去幹他一番。可惜肚子裏沒有足夠的東西拿出來，
　　　　　　碰着粵語片不景和其他的幾個因素，
　　　　　　三套片子兩套不賣錢，把當初肯支持我這個
傻瓜的製片家嚇怕了，不敢再拍。自己也要封筆，不敢再寫。」

陳寶珠、胡楓，《青春玫瑰》，百代唱片，1968 年，照片由吳俊雄提供。

　　但寫了半首，就寫不下去。

　　初學階段的技巧，沒有今天的熟練，寫完頭段，中段就寫不
下去了，未完成作品，怎麼參賽？只好作罷。

　　但旋律一直在心中盤桓不去多年，這段旋律，有如初戀，雖
不成功，但記憶不失不忘，不時想起。

　　一晃眼已十多年，有一天，忍不住就加寫了個中段，把歌完

「《謎》是我第一首『曲並詞』的作品，
三拍子圓舞曲，敝帚自珍，自認水準不差，
但唱片面世之後，無聲無息，
令我很有點失望。」

華娃，《謎》，娛樂唱片，約 1970 至 1971 年，照片由吳俊雄提供。

成，再填上詞，交了給寶麗金。然後，歌倒流行了起來。

三、愛你三百六十年

七八個月前，娛樂唱片公司交來曲譜與一卷小錄音帶，囑我填詞，說預備把歌收入華娃的新長壽唱片裏。

「我早年寫詞、寫歌，眼高手低，旋律固然很少
有獨特個性，歌詞也往往避不了陳言死語。
1974 年為仙杜拉誼姊寫了三首粵語曲詞，還是一樣的
甚麼『許願』啦！甚麼『無限愁』啦，
卻是既不生動，又沒有意思的東西！」

仙杜拉，《好彩又到 Sunday》，娛樂唱片，1974 年，照片由吳俊雄提供。

看過曲譜，覺得很特別，是首日本作曲家寫，但沒有太濃厚
日本味的旋律。以五音音階為主，頗近中國風格。節奏輕快，編
樂爽朗，是日本一流高手的佳作。

於是決心好好的填首輕鬆愉快的曲詞來配合旋律。

但想了個多星期，都沒有靈感。有幾夜，呆對曲譜發獸，一
個字也寫不出來。

「這首詞我自己絕不滿意，因為曲中用字，
如甚麼『我就淚漣漣』，甚麼『和你在肩並肩』，
『我就珠淚流滿面』，『我心永遠不變』等等，
都是陳得不能再陳，舊得無可再舊的死言語。
全曲毫無意境，根本就不能拿出去見人面世。」

姚蘇蓉，《愛你三百六十年》，娛樂唱片，1971年，照片由吳俊雄提供。

　　自己不知是甚麼緣故，每次專心要為華娃寫曲詞的時候，總
想是寫得特別好一點。下筆慎重而仔細，頗有戰戰兢兢之感，也
許就是這原因，所以沒有辦法灑得開，平日十分鐘連構思連寫帶
改的寫詞快速度，一拖而變得大腦閉塞，噤若寒蟬，一字不吐。
　　娛樂唱片公司的劉太太電我家中，說要快趕那首給了我數月
的日本歌。限一日交卷。當夜，恰巧治事間的工作也要趕，於是

在做好了一切工作的時候，花了 15 分鐘的時間，寫好了曲詞，題作《愛你三百六十年》。

翌日交卷，劉太太說曲詞好。

其實我自己心知肚明，知道這曲詞一點也不好。字面太平凡，意義也不深刻。

如果硬要說這曲詞好，就只有那題目算得上別緻。愛三百六十年，為甚麼要愛三百六十年？不是四百年？不是五百年？三百六十年有甚麼意思？

一年有三百六十五天，天天要和愛人見面。不見面就不舒服不開心。而一天的愛，抵得上別人一年，所以一愛，甘心愛到三百六十年。如果以人壽平均六十一個花甲來計，那便是六個花甲。亦即是說我肯投生愛你六次，六個人生。

到曲詞交了卷，才知道原來是要給姚蘇蓉小姐唱的。姚蘇蓉小姐的歌藝，我十分欣賞。她那充滿感情的歌聲，和那字圓腔正的咬字，是當今第一人。她肯唱我填寫的曲詞，實在感激，實在高興。

唱片面世，一聽喜不自勝。

因為一首平凡的曲詞，她用先天豐富的情感，使之有了靈活動人的生命。「苦苦纏綿，我心甘情願，愛你三百六十年」的終句，唱出了一個狂戀熱戀癡戀女人的心聲。過門時即興的幾聲不辨音字的半歌半呼，把整首歌，提升到了一個時代曲的新境界與高天地。

作為一個業餘的時代曲寫詞人，聽到自己的詞能獲如此高水準的演繹，那種喜悅的心情，無法言傳。

大師

一、姚敏

姚先生寫旋律，快得驚人，天賦之高，令人咋舌。他的旋律，好的極多。《三年》、《恨不相逢未嫁時》、《春風吻上我的臉》、《第二春》、《情人的眼淚》，和無數的黃梅調歌，都是出自他手筆。

那是我初在音樂圈子混的時候，有事無事，都喜歡在錄音間探頭探腦，常常見他一啤在手，半哼半吹口哨的在寫歌。

也為他當過音樂員，拿着口琴在百代公司的地窖錄音室裏演奏他的旋律；又為他配樂的電影唱過合唱，看着他那動作很小的指揮手勢，心中暗自羨慕。

可惜和他交往的機緣，就止於此。想起來很有遺憾。

黃霑第一次當殯儀館堂倌，就是為姚先生。出殯那天，由全港菲律賓樂手精英當樂隊，喇叭王 Barry Yaneza 領導，在靈堂奏樂。全港歌星，跟他合作過的，一齊合唱《情人的眼淚》，個個聲淚俱下。

他死後百代有遺作未填詞，有人叫我試，但顯然自己水準不夠，填成後並沒有出版。

Tears Of Love

Oh why do lonely tears have to fall

When sadly I recall my love for you

The moments that we've shared

Were so real so true

But now you're gone

And I'm alone, alone and blue

（下略）

曲：姚敏　｜　英文詞：黃霑

The Chopsticks，黃霑寫封底英文介紹，娛樂唱片，1970 年，照片由吳俊雄提供。

二、李儁青

唱片公司交來了樂譜，囑趕寫曲詞。題目是擬好了的，要一星期交貨。七天眨眼已過，譜上仍然一片空白。

本來，寫曲詞是小道中的小道，可是寫起上來並不容易。

當然，一般流行曲的曲意，總離不開愛情。不是你愛，他愛，便是我愛與我不愛。但愛情這東西，你也試過，我也嘗過，要在這其中找出一點新意，頗要費點心思。

以前寫流行曲詞，特別是國語時代曲似乎比較容易。填一兩句甚麼「夜色朦朧」「淚濕絲羅衣」之類的陳腔濫調，便可以蒙混過去。只是在這個二十世紀六十年代的今日，夜色淒迷的詩意畫情，已被閃耀繽紛的霓虹光管代替了；絳羅衣也早已存進了博物館。而「淚濕迷你裙」或「愛透無上裝」的句子，似乎也不便寫。

寫曲詞還有一個規定，要通俗而不庸俗。通俗要連工廠小姐也可以發生共鳴，唱得上口，卻不可以庸俗得令人討厭，使人搖頭。「點解我鍾意你，因為你係靚」之類的名句，自己不敢用。

至於「反字」、「脫音」的限制，更使寫詞如擔枷鎖。一不小心，「你夠美麗」便變成了廣東俗話的三字經。

有此種種，所以晚晚琴前對譜唏噓，搜盡枯腸，抽盡煙卷，喝乾濃茶也不敢省一字。

每當此時，便想起已故的前輩大師李儁青，儘管有不少音樂人士對李先生不大重視，我卻以為他是時代曲寫詞人中的第一大手筆。他寫的曲詞，深入淺出，人說愛，他也說愛，他說的愛是纏綿往復，比別人的意思常常更深一層。而且唱起上來。樂韻鏗鏘，抒情悅耳。可惜餘生也晚，認識這位大師不久，他便因積勞去世。不然，我當備十脡脯束脩，立雪李門，向先生執弟子之禮。

「《三年》一曲，兩句『左三年，右三年』與
『橫三年，豎三年』，那痴心等待的感情，全都出來了，
而且生動可愛。未能在李雋青先生生前向他
執弟子禮，是黃霑畢生遺憾。」

李香蘭，《梅花》（李雋青作詞，梁樂音作曲），百代唱片，1957
年，照片由吳俊雄提供。

三、王福齡

在下寫歌詞，其實是寫國語歌詞開始，可是寫了多年，沒有
一首流行。第一首流行的拙作，全靠王福齡先生的旋律。

那是八聲道卡式發明之初，麗的電視那時的音樂主任吳迺龍
在一家叫「美卡」的新盒帶公司兼職，請王先生寫旋律。

王福齡先生，是六十年代最紅的國語時代曲作家。《不了情》、《癡癡地等》、《南屏晚鐘》、《愛情的代價》等等不朽名歌，俱出其筆下。寫旋律的功力，當年遙領風騷。紅歌星如靜婷、崔萍、顧媚、夏丹諸位，與今日成為影視界強人的方逸華小姐，都唱他寫的歌。

他也是電影配樂高手，邵氏電影，雄霸天下的時代，他正是擔正大旗的音樂主任。

我們都是他的後輩，可說是聽他的傑作長大的。他當大指揮的時候，我只是個合唱小伙子，在他面前，作聲也不太敢。

王先生給「美卡」的那首歌，實在動聽，是他繼以上那一批好歌之後的力作，我看了一次，就喜歡。

可是那時我寫歌，功夫嫩，第一二次稿王先生都覺得不滿意。最後，拿了歌詞，在格蘭酒店的咖啡座去請教王先生。第三稿，他看了看，一字不改就用了。

終於，寫好了《我要你忘了我》。原唱者是杜娟，那位原名彭小萍的女明星。歌不流行，但卻贏得了夏丹的注意，夏丹把這歌帶到台灣唱，把歌唱紅了。那時人人競唱，夜夜可聞。「你不要怨我，不要恨我；也不要問我為甚麼。無奈何啊，我要你忘了我！」當時，幾乎個個台灣歌星都唱過。

四、冼華

和百代唱片公司紅人作曲家冼華兄午飯，知道了幾年前合作的一首歌《談情時候》，在星加坡十分流行。

這首歌是先詞後曲，那時汪淑衛小姐還在百代主政，正是百代的「汪政權」時代。我懷着戰戰兢兢的心情，寫了兩首歌詞，用「賊佬試沙煲」方式，寄給汪小姐，作第一次投稿百代的嘗

試。誰料竟然兩首詞都沒有投籃；其中一首，本名《你不要走》的，因為與另一曲同名，所以汪小姐選了詞中另一句，改題曰：《談情時候》，交給冼華兄譜曲。

此曲後來由潘秀瓊小姐灌成唱片，選作標題封面歌，同一張長壽唱片裏，本來還有一首曲詞皆妙的《三百六十五朵玫瑰》，是詞壇巨匠陳蝶衣先生與冼華的合作作品。

潘小姐的唱片，面世起碼兩三年了，這首《談情時候》，連香港電台的時代曲節目裏，也很少選播，本來以為，這首歌，從此便會堆進時代曲壇的廢物簍裏。

誰知在幾年之後，竟又流行起來。據冼華兄說，最近的歌唱比賽，決賽入圍的竟有五位是選這首歌的。

五、顧嘉煇

顧嘉煇和我是甚麼時候開始合作的？早已記不起來。我只記得他第一次指揮大樂隊，為「邵氏」黃梅調電影《血手印》配樂，我是 40 人合唱團的成員之一。

那時，我只有 21 歲。

認識煇哥，更早。

他在舊六國飯店裏的仙掌夜總會當琴手的時候，我們就開始認識。說起來，真有 30 多年的交往。

煇哥的藝術細胞，大概得自遺傳。他父親顧澹明先生，是廣東知名書畫家，筆底功夫極厚。我曾在煇哥家中看過他幾幅仿齊白石的戲作，只覺真偽難辨，如非高手，不克臻此。所以顧家三姐弟，個個能畫。

煇哥進音樂界，是姐姐顧媚帶進行的。他人聰明，又好學不倦，出道不久，就已經成為樂隊領班。

當時，香港樂壇，是菲律賓樂師的天下。一流夜總會，絕少用華人領班的樂隊。唯一可以和菲籍名家分庭抗禮的，只有煇哥。

我們都視他為華人之光，對他的才華，敬佩得很。

美國極負時譽的 Berklee School Of Music 和美國的音樂雜誌 *Downbeat*，那年合辦獎學金，校長來東南亞，選拔亞洲的有水準樂師，赴美深造，一見煇哥，就選中，令煇哥成為香港人赴美鑽研流行音樂的第一人。

六、張徹

張徹名作《阿里山的姑娘》又名《高山青》，一般都誤以為是台灣民歌。其實卻是張兄少年時代的傑作。那時他在拍他第一部電影《阿里山風雲》，就是台灣流傳極廣的吳鳳故事。片中需要首插曲，而張徹是會家，曾經正式學過作曲。於是阿里山上一揮而就，寫出了此曲的旋律。詞倒不是張兄寫的，寫詞的是鄧禹平，鄧先生當年也在外景隊。

這首歌，後來風行一時，連阿里山上的高山族人也紛紛傳唱。所以後人不知道究竟的，就以為是高山族民歌，連台灣教育部出版的歌集，也有此誤。

這歌歌詞不算極品，但勝在淺白易記。但張徹的旋律，有如天籟，真是千古不朽的好歌。於是連音樂大師黃友棣教授也拿了來改編成合唱曲，供合唱團演唱。所以也有人誤傳是黃教授的作品。

六九年底，我在旺角新開的香港歌劇院當司儀賺外快，介紹台灣歌星劉朗出場唱《高山青》的時候，我說此曲是張徹作品。

但劉朗不懂廣東話，出台之後，就用國語說：「我現在為各

位獻上首台灣民歌《高山青》！」

　　當夜，剛巧有位文友在座，幾天後，他在專欄提出《高山青》旋律作者究竟是誰的問題。我為文回應。然後就收到張徹的信，為我仔細詳述當年寫這首歌的經過。

　　這段由文字結上的緣，是我和張徹論交之始。大概因為大家都有點文人習慣，而對電影的看法，也多相近之處，於是，就逐漸成為好友了。

　　張兄舊函，我仍珍藏，信中資料，我曾考而證之，確實無訛。

流行音樂大環境

一、粵語流行曲

响五十年代嘅香港，有排排位都未排到粵語流行曲。

一流夜總會，全部只奏歐美歌，二三流嘅，先至有隻國語時代曲聽吓！咁粵語歌呢？哈！對唔住，上唔到枱嘛！

據「粵語流行歌之父」播音人「商台大老」周聰先生講，佢嗰陣的確同呂文成先生位大千金呂紅小姐合作過唔少用小曲填上廣東詞嘅通俗唱片。但係呢類唱片，主要買家係東南亞人。佢哋文化水平唔算好高。一般文縐縐，開口就話「蕭郎引鳳吟」，埋口又話「巫山神女夢」多多典故嘅歌詞，班大哥唔明，亦唔多鍾意聽。所以寧願幫襯我哋周大哥。

不過因為市場真係細，所以製作成本惟有將就。

周大哥亦好坦白，當年接受中文大學音樂系陳守仁博士訪問，就話到明：「即使唱錯，只要不大明顯，也要出街。」

品質欠佳，難免受到歧視。而且，填詞班前輩，為咗遷就南洋聽眾老細，力求通俗，有時一不小心，未免手重。通俗變咗庸俗，粵語流行歌嘅地位，就上極都上唔高。因為一味「歌仔吖靚就靚得妙」或者「飛哥跌落坑渠」，老老實實，除咗當諧曲唱下，得啖笑，亦好難登大雅之堂。

記得我自己初入填詞行，係填國語歌詞嘅。嗰陣，我嘅普通話仲水過哋家班新紮姐仔，只好搵個國語人傍住，每字問啱唔啱音。

而講出嚟好笑，請我填詞嘅老闆，並非別人，正是專同周聰大哥合唱「粵語時代曲」嘅呂紅小姐。連佢做老闆都唔出粵語歌，我哋方言地位，可想而知。

佢亦唔係第一個音樂界同行咁睇我哋廣東方言歌。

記得當年商業電台要推出一套長篇廣播劇，要隻主題曲。於是請佢哋嘅廣告總監鄺天培兄出山親自執筆寫旋律。歌係青春玉女歌星林潔唱嘅，套劇好紅，隻歌亦好流行，但係奇在首主題曲係唱國語嘅。

套劇粵語對白，主題曲就國語歌詞，世上無奇不有之事，呢件都怕係其中十大之一嘞。

歧視粵語歌嘅傳媒，唔止商台一間。TVB、RTV 全部一樣。顧嘉煇做無綫電視音樂主任，為該台在六十年代末寫嘅主題曲《星河》，仍然係用國語唱嘅。

二、國語時代曲

香港流行曲作曲人，資歷稍深的一輩，全是喝中國時代曲老歌的奶水長大的。從上海來港的老前輩，如李厚襄、姚敏、梁樂音、王福齡、綦湘棠等，根本就是在那個孕育中國時代曲的環境長大的。而稍後一輩的寫歌人，如顧嘉煇、冼華、劉宏遠、鄺天培等，寫歌曲的養料，都來自上海的時代曲。

顧嘉煇和冼華初出道當過香港舞廳和夜總會樂師，每夜演奏的，十居其九是時代曲。

記得煇哥後來進了無綫電視當樂隊領班和總監，有一次出鏡演奏，挑了《魚兒哪裏來》來表演。我問他為甚麼選這首歌。

他說：「這首歌有爵士味道。」

有爵士音樂味道？為甚麼不選外國歌？煇哥熟手的外國歌並

不少，放在面前有那麼多的西洋流行樂不選，卻選我國的時代曲，有很多深層的意思。我國的時代曲，是我們的血脈裏不能分割出來的一部份。

上世紀七十年代，參加港產時代曲錄音的樂師，幾乎都是菲律賓樂手，其中也不乏當年在上海的大夜總會演奏過的舊人。像有「簫王」美譽的雙簧管好手菲律賓人洛平（Lobing Samson），就是上海「仙樂斯」舞廳大樂隊的領班。後來他移居香港，在樂壇十分活躍。

因此，香港歌曲和上海都可有着千絲萬縷的血緣關係。要為香港歌曲寫「族譜」，可以很直接地列出傳承系統來。血統一脈相傳，祖宗是誰，清楚得很。

參考資料

隨緣
- ○ 「隨緣而活五十年」,《壹週刊》專欄「彷彿是昨天」,67 期,1991 年 6 月 21 日。

社會轉型
- ○ 黃湛森,「第三章《不了情》與《綠島小夜曲》時代（1960–1973）」,《粵語流行曲的發展與興衰：香港流行音樂研究（1949-1997）》(62-3、69、72-3 頁),香港：香港大學,(2003)。

入行
- ○ 「矇查查入咗廣告行」,《東方日報》專欄「霑記講古」,1984 年 11 月 26 日。
- □ 「誰是我媽的霑」,《東方日報》專欄「我媽的霑」,1985 年 4 月 8 日。

由英美到華美
- ○ 「記 BAT」,《壹週刊》專欄「浪蕩人生路」,165 期,1993 年 5 月 7 日。
  「實在不必當娼」,《壹週刊》專欄「浪蕩人生路」,97 期,1992 年 1 月 17 日。
  「華美廣告」,《新晚報》專欄「我道」,1994 年 8 月 26 日。
  「廣告業是寶山」,《明報》專欄「廣告人告白」,1986 年 7 月 1 日。
  「九塊錢的享受」,《明報》專欄「廣告人告白」,1986 年 11 月 3 日。
- □ 「英美煙草」,《明報》專欄「廣告人告白」,1987 年 8 月 21 日。
  「簡單之至」,《東方日報》專欄「黃家店」,1984 年 9 月 21 日。

廣告業
- ○ 「卅年前廁所分三級　香港青年學識洋語罵洋人」,《明報周刊》專欄「香港商場野史」,1046 期,1988 年 11 月 27 日。
  「説貪新忘舊」,《明報》專欄「自喜集」,1990 年 6 月 4 日。
  「革命先鋒」,《明報》專欄「廣告人告白」,1986 年 8 月 22 日。
  「管你是阿差　還是斯里蘭卡」,《壹週刊》專欄「浪蕩人生路」,140 期,1992 年 11 月 13 日。
- □ 「『麗的呼聲』譯者」,《明報》專欄「廣告人告白」,1986 年 9 月 25 日。
  「廣告的蜕變」,《東方日報》專欄「黃霑在此」,1980 年 4 月 28 日。

廣告人
- ○ 「神筆李翁」,《明報》專欄「隨緣錄」,1981 年 12 月 11 日。
  「校對小心」,《新報》專欄「黃霑傳真」,1996 年 11 月 8 日。
  「校對小心」,《明報》專欄「廣告人告白」,1986 年 7 月 12 日。

「亨利凱瑟克印象」,《壹週刊》專欄「浪蕩人生路」,149 期,
1993 年 1 月 15 日。

「孫秉樞講國語的趣事」,《東方日報》專欄「霑記講古」,1985
年 2 月 19 日。

「華美資料」,《新晚報》專欄「我道」,1994 年 8 月 27 日。

「廣告奇才伍洲寧二三事」,《東方日報》專欄「霑記講古」,1985
年 1 月 24 日。

「創作同業」,《明報》專欄「隨緣錄」,1983 年 12 月 10 日。

「鄧閣嫻,像霧又像花!」,《東方新地》專欄「黃霑講女人」,
63 期,1992 年 7 月 19 日。

□ 「廣告才子」,《東方日報》專欄「杯酒不曾消」,1986 年 6 月 4 日。

「『廣告生涯回憶錄』?」,《明報》專欄「自喜集」,1988 年 2 月
15 日。

創作個案

○ 「可口可樂人人讚好何人所擬　才子蔣彝助人發達筆潤卑微　Real
Thing 變認真好嘢　搞掂鬼佬幕後做馬」,《明報周刊》專欄「香
港商場野史」,1042 期,1988 年 10 月 30 日。

「『人頭馬一開』與『滑、滑』」,《壹週刊》專欄「彷彿是昨天」,
70 期,1991 年 7 月 12 日。

「好事自然來的故事」,《東方日報》專欄「霑記講古」,1984 年
12 月 2 日。

「香港人拔蘭地當茶　廿年來品質升三級」,《明報周刊》專欄「香
港商場野史」,1045 期,1988 年 11 月 20 日。

「果子鹽清熱氣轉瞬斷市　神筆李妙筆生花後無來者」,《明報周
刊》專欄「香港商場野史」,1043 期,1988 年 11 月 6 日。

「置地吞牛奶驚心動魄　十七報館改截稿時間　怡和頭不敢打電
話　齊齊配 BB 機」,《明報周刊》專欄「香港商場野史」,1048
期,1988 年 12 月 11 日。

「寫廣告歌」,《明報》專欄「廣告人告白」,1987 年 7 月 18 日。

黃湛森,「第三章《不了情》與《綠島小夜曲》時代（1960–
1973）」,《粵語流行曲的發展與興衰：香港流行音樂研究（1949-
1997）》(69-72 頁),香港：香港大學,(2003)。

□ 「廣告創作」,《東方日報》專欄「杯酒不曾消」,1985 年 11 月 20 日。

「好歌似童謠」,《明報》專欄「廣告人告白」,1987 年 7 月 19 日。

「幸遇好老師」,《明報》專欄「自喜集」,1991 年 2 月 12 日。

黃霑是舞台演員

○ 「黃老霑居然可做男主角」,《東方日報》專欄「我媽的霑」,1985
年 4 月 19 日。

甩帽入戲行
○　「甩帽入戲行」,《東方日報》專欄「霑記講古」,1984 年 9 月 18 日。

平頭裝鄭成功
○　「平頭裝鄭成功」,《東方日報》專欄「霑記講古」,1984 年 9 月 19 日。

話劇日子
○　「結緣舞台過癮媲美性高潮」,《東周刊》專欄「開心地活」,111 期,1994 年 12 月 7 日。
□　「探班」,《壹週刊》專欄「浪蕩人生路」,190 期,1993 年 10 月 29 日。
　　「你等一等……」,《東方日報》專欄「霑記講古」,1984 年 10 月 15 日。

大師姚克
○　「姚克不容忽視」,《東方日報》專欄「黃霑在此」,1980 年 6 月 20 日。
　　「名士派頭寫劇本」,《東方日報》專欄「黃霑在此」,1980 年 6 月 21 日。
　　「荊軻三部曲」,《東方日報》專欄「黃霑在此」,1980 年 6 月 22 日。
□　「結緣舞台過癮媲美性高潮」,《東周刊》專欄「開心地活」,111 期,1994 年 12 月 7 日。
　　「荒誕劇」,《新晚報》專欄「我道」,1994 年 4 月 2 日。

電視王子
○　「電視王子?太誇張了!」,《壹週刊》專欄「彷彿是昨天」,40 期,1990 年 12 月 14 日。

節目主持
○　「每周兩次月入千弍!」,《東方日報》專欄「我媽的霑」,1985 年 4 月 10 日。
　　「主持節目轉瞬三十載　獲觀眾支持黃霑致謝」,《東周刊》專欄「開心地活」,71 期,1994 年 3 月 2 日。

青年聯誼會
○　「青年聯誼會與我」,《東方日報》專欄「霑記講古」,1984 年 12 月 28 日。
　　「不離不棄的林樂培」,《信報》專欄「玩樂」,1990 年 2 月 22 日。
　　「八哥與電視」,《明報》專欄「自喜集」,1990 年 4 月 28 日。
　　「記李小龍」,《亞視周刊》專欄「阿霑八記」,825 期,1993 年 4 月 30 日。
□　「青年聯誼會」,《明報》專欄「自喜集」,1989 年 3 月 27 日。

由演戲到編劇

○ 「壹：陸佑堂　阮大鋮脱下書生帽　播影室　鄭成功搖擺太子
冠」,《電視週刊》專欄「電視堂倌回憶錄」,299 期,1970 年 12
月 18 日。

「貳：老子敦從容消尷尬　靚張清激將騙傻人」,《電視週刊》專
欄「電視堂倌回憶錄」,303 期,1971 年 1 月 15 日。

□ 「我與小説」,《東方日報》專欄「我手寫我心」,1990 年 4 月
20。

無綫電視開台

○ 「TVB 開台憶舊」,《壹週刊》專欄「彷彿是昨天」,86 期,1991
年 11 月 1 日。

□ 洪雯（黃霑）,「未能滿意的正式播映」,《新生晚報》專欄「電
視秘聞」,1967 年 11 月 25 日。

寫作的路

○ 「寫作的路」,《壹週刊》專欄「浪蕩人生路」,145 期,1992 年 12
月 18 日。

紅綠日報

○ 「紅綠日報」,《蘋果日報》專欄「我道」,1995 年 9 月 7 日。

□ 「懷念《紅綠日報》」,《東方新地》專欄「黃霑 Talking」,203 期,
1995 年 3 月 26 日。

明報

○ 「由臨記到主角」,《明報》專欄「隨筆」,1969 年 5 月 20 日。

□ 「『黃霑隨筆』」,《新報》專欄「即興集」,1977 年 3 月 11 日。

「《明周》一千期」,《明報》專欄「自喜集」,1988 年 1 月 9 日。

「黃霑鉅著」,《明報》專欄「隨緣錄」,1983 年 7 月 22 日。

「有因緣在」,《明報》專欄「隨緣錄」,1981 年 4 月 1 日。

寫作老師

○ 「敬悼三蘇」,《明報》專欄「隨緣錄」,1981 年 6 月 26 日。

「懷念三蘇」,《明報》專欄「自喜集」,1991 年 1 月 27 日。

「三蘇內幕」,《東方日報》專欄「黃霑在此」,1980 年 12 月 17 日。

「再説三蘇」,《東方日報》專欄「黃霑在此」,1980 年 12 月 18 日。

「三説三蘇」,《東方日報》專欄「黃霑在此」,1980 年 12 月 19 日。

「怪論」,《東方日報》專欄「滄海一聲笑」,1995 年 3 月 8 日。

「文字精彩　應讚三蘇」,《東方日報》專欄「黃霑在此」,1980
年 1 月 4 日。

「幾時好過？」,《蘋果日報》專欄「我道」,1995 年 10 月 26 日。

「又想起三蘇叔叔」,《明報》專欄「自喜集」,1988 年 2 月 25 日。

「三蘇的筆名」，《東方日報》專欄「黃霑在此」，1981 年 6 月 29 日。

「報壇怪傑梁小中」，《香港周刊》專欄「過癮人過癮事」，544 期，
1990 年 7 月 20 日。

□ 「給女兒的信」，《東方日報》專欄「黃霑在此」，1982 年 1 月 1 日。

「常常想做老闆的石人師」，《東方日報》專欄「我媽的霑」，1985
年 7 月 24 日。

筆名

○ 「筆名之來」，《明報》專欄「隨緣錄」，1982 年 10 月 20 日。

「再説筆名」，《明報》專欄「隨緣錄」，1982 年 10 月 21 日。

唱歌 ── 歷史

○ 「和寶島的緣」，《壹週刊》專欄「浪蕩人生路」，128 期，1992 年
8 月 21 日。

「台灣最紅香港歌星：黃老霑？」，《香港周刊》專欄「過癮人過
癮事」，559 期，1990 年 11 月 2 日。

「異數」，《東方日報》專欄「我手寫我心」，1990 年 5 月 25 日。

唱歌 ── 黃梅調

○ 「黃梅調之憶」，《信報》專欄「玩樂」，1991 年 1 月 3 日。

寫歌填詞

○ 「匆匆三十」，《東方日報》專欄「我手寫我心」，1990 年 4 月 25 日。

「事無有不行」，《明報》專欄「自喜集」，1989 年 5 月 23 日。

「寫好歌秘技公開」，《東周刊》專欄「多餘事」，63 期，2004 年
11 月 10 日。

「自學寫旋律」，《南方都市報》專欄「黃霑樂樂樂」，2004 年 10
月 19 日。

□ 「命運」，《壹週刊》專欄「內心世界」，296 期，1995 年 11 月 10 日。

電影配樂

○ 「為電影配樂荷包脹卜卜　無師自通黃霑樂此不疲」，《東周刊》
專欄「開心地活」，70 期，1994 年 2 月 23 日。

「舞技超群　春風化雨　陳寶珠，推動藝術志不渝！」，《東方新
地》專欄「黃霑講女人」，72 期，1992 年 9 月 20 日。

入門創作

○ 「再謝知音」，《新報》專欄「新即興集」，1979 年 10 月 18 日。

「秋官為人念舊」，《東方日報》專欄「霑記講古」，1984 年 10 月
28 日。

「嘖嘖稱奇的處男作《忘記他》」，《東周刊》專欄「開心地活」，
124 期，1995 年 3 月 8 日。

「記《愛你三百六十年》」，*Beauty Box*，1970 年 11 月。

□ 「九流作品也被剽竊」，《明報》專欄「隨筆」，1969 年 6 月 19 日。

「粵語時代曲」，《明報》專欄「隨筆」，1968 年 11 月 2 日。

「話劇天后　羅冠蘭」，《東周刊》專欄「霑叔睇名人」，18 期，2003 年 12 月 31 日。

「九流」，《明報周刊》專欄「裝飾音」，282 期，1974 年 4 月 7 日。

「中國撰詞人的歌者」，《明報》專欄「隨筆」，1970 年 10 月 30 日。

大師

○ 「也憶姚敏」，《明報》專欄「隨緣錄」，1982 年 5 月 16 日。

「彈《聖誕樹》憶姚敏」，《東方日報》專欄「霑記講古」，1984 年 12 月 30 日。

「寫曲詞」，《明報》專欄「隨筆」，1968 年 9 月 5 日。

「托王福齡先生洪福」，《東方日報》專欄「霑記講古」，1984 年 11 月 30 日。

「忘不了王福齡」，《明報》專欄「自喜集」，1989 年 2 月 4 日。

「《我的中國心》響徹神州大地　王福齡獲獎後含笑辭世」，《東周刊》專欄「開心地活」，79 期，1994 年 4 月 27 日。

「再結緣」，《明報》專欄「隨緣錄」，1983 年 8 月 14 日。

「我要你忘了我」，《明報》專欄「自喜集」，1989 年 2 月 24 日。

「流行歌的流行」，《明報》專欄「隨筆」，1970 年 12 月 18 日。

「幸而煇嫂不是我女人」，《壹週刊》專欄「彷彿是昨天」，62 期，1991 年 5 月 17 日。

「談張徹名作」，《東方日報》專欄「我手寫我心」，1989 年 9 月 28 日。

「真英雄張徹」，《壹週刊》專欄「彷彿是昨天」，54 期，1991 年 3 月 22 日。

□ 「李雋青」，《明報周刊》專欄「裝飾音」，280 期，1974 年 3 月 24 日。

流行音樂大環境

○ 「廣東歌受歧視數十年」，《東周刊》專欄「多餘事」，65 期，2004 年 11 月 24 日。

「香港歌曲的祖宗」，《南方都市報》專欄「黃霑樂樂樂」，2004 年 4 月 19 日。

黃霑導演的電影《天堂》劇本。

第六章

本土

從一九七三年開始，黃霑在多個行業走紅，令他成為家傳戶曉的人物。

期間，流行文化逐步轉型：粵語電影和歌曲復甦，新一輩藝人崛起、媒體跨界程度有增無減。與此同時，香港踏入麥理浩時代：反貪污，建房屋，改善教育和政府架構，經濟進一步起飛。香港稱不上是天堂，但住在這裏的人，開始肯定自己屬於這個地方。

這段歷史，有微觀版本。黃霑在一九七〇年代中三個出品——專欄「不文集」，歌曲《世界真細小》、電影《大家樂》——如實記錄了霑叔怎樣變成「霑叔」，香港怎樣變成「香港」的經過。

- 辭任國泰廣告公司創作總經理
- 與兩位好友組成寶鼎電影事業公司
- 1973 至 1975 年間，在無綫電視參與了「唔出奇呀」、「趣怪天堂」、「未算新聞」、「試映室」等節目。
- 在《明報周刊》連載「不文集」及「性的歡樂」專欄

1973

1974

- 自編自導寶鼎公司創業作《天堂》
- 參與演出電影《鬼馬雙星》
- 為仙杜拉的唱片《啼笑因緣》三首歌曲作詞
- 1974 年度香港流行歌曲創作邀請賽，冠軍歌《笑哈哈 Shau Ha Ha》作詞；亞軍 L.O.V.E - Love 作曲及詞，皆為英文歌。
- 電影《綽頭狀元》歌曲《一水隔天涯 / 愛你三百六十年》作詞（許冠傑唱）
- 電影《唐山大兄》主題曲英語版本 To Be A Man 作詞，顧嘉煇曲，Mike Remedios 唱。

- 為無綫電視劇「董小宛」三首歌曲作詞
- 在電影《大千世界》第一次當主角
- 為「迪士尼樂園巡迴表演」20 首歌曲填粵語詞，包括《世界真細小》、《歡笑樂園開心地》。
- 編導及演出電影《大家樂》，並為 14 首插曲作曲詞，當中包括《點解手牽手》、《今天我非常寂寞》。
- 創作家庭計劃指導會「節育歌」《兩個就夠晒數》
- 在《金電視》連載「糊裏糊塗又十年」專欄；用筆名「周雅倫」寫《明報晚報》專欄「廣告佬手記」。

1975

1976

- 佳視電視劇「射鵰英雄傳」主題曲作曲及詞
- 無綫新派長篇電視劇「狂潮」主題曲作詞
- 香港新浪潮開山電影《跳灰》歌曲《問我》作詞
- 為美國童話歌劇《小飛俠》在港演出的 15 首歌曲填粵語詞
- 無綫電視節目「香港小姐選舉」司儀
- 創辦黃與林廣告公司
- 第一本專欄文章結集《黃霑隨筆》出版
- 在香港大學隨羅慷烈老師攻讀哲學碩士，論文題目《粵劇問題探討》。

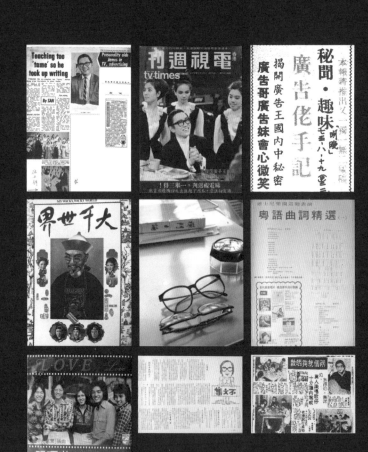

● 1970 年代的黃霑，報刊剪輯和書房物品。

我係霑叔

黃霑早出道，年紀輕輕已榮升阿叔輩。1973 年開始，他在廣告、電視、寫作、電影等多個界別走紅。「霑叔」和他的黑框眼鏡，挾着「鬼才」外號，變成家傳戶曉的標記。

論標記，黃霑喜歡「霑叔」，但抗拒「鬼才」。他覺得自己不是鬼，也沒有甚麼才華，比別人強的，只是多心、肯捱、肯學、肯試。一個多心肯捱，常講土產爛 gag 的阿叔能夠變成大眾的標記，反映世界已經變了。

一、香港娛樂走向跨媒體與多技能，多心是新型大眾文化的胎記。

二、戰後成長的一輩，肯捱肯學，經過試煉，技藝逐漸成熟，有力獨當一面。

三、這群人的出品用粵語，講地道，不怕市井，香港製造的氣味越來越濃。

四、本土出品，雖云地道，但背後積聚了多年的東西文化碰撞，越界反斗的本領在華人社會無出其右。文化人領過風騷，添了自信，更自覺自己是獨特的一群。

「霑叔」的嘜頭，在此時此刻跟香港製造和本土意識攜手登場，是偶然，也是命運。

我係霑叔：圖片故事

「我卅多歲，就當上國泰廣告的總經理，
已是一人之下的職位，自己從未幻想當廣告公司領導人，
所以，唯一選擇，是改行。」

1972 年獲國泰廣告公司（Cathay Advertising）聘為總經理（創作），報章剪輯。

「1969年聖誕左右，正是台灣流行歌熱潮席捲香港之際，
香港歌劇院趁熱開張，請來歐陽菲菲、楊燕、
劉朗諸位過江龍，加上靜婷、崔萍、蓓蕾等香港巨星，
陣容之盛，一時無兩。黃霑撲水過年，
賣身當司儀兩周，每晚為歐陽菲菲報幕。」

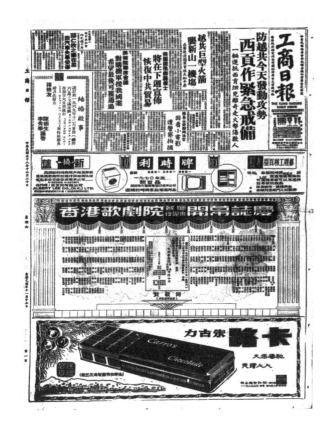

香港歌劇院開幕誌慶報章廣告，《工商日報》，1969年12月20日。

「《座頭市》以前在香港上映時叫《盲俠》，
全港觀眾迷得如痴如醉。演盲俠的勝新太郎首次來港宣傳，
上了我主持的電視節目『群星會』。為了令訪問更有效果，
他曾教我如何學盲人走路，還親手替我化妝。」

1972 年日本「盲俠」勝新太郎訪港，上電視跟黃霑切磋武藝，報章
剪輯。

「第一部做男主角嘅戲，係丁善璽導演嘅《大千世界》。
女主角係潘冰嫦同狄波拉。
客串嘅有王羽、柯俊雄、楊群、洪金寶等一班大佬。
《大千世界》唔賣座，無人肯再搵我做男主角。」

電影《大千世界》廣告，照片出自《明報周刊》，1975 年 7 月 20 日。

「六七暴動後，港府發覺，要官民溝通一番至會搞番掂個社會。

因此通過市政局，搞『香港節』。

嘉年華會响文華酒店嘅愛丁堡廣場舉行，

一連兩晚，黃霑做司儀，第一晚配蕭芳芳，第二晚配娜姐。」

香港節小姐今晚誕生，《工商日報》，1969 年 12 月 14 日。

「原來我都算係東方報業集團最早作家之一。

第一個《東方》副刊專欄，叫做『冇譜時代曲』，

十皮一日，年尾雙糧。」

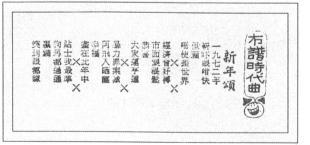

「冇譜時代曲」專欄，照片出自《東方日報》，1972 年 1 月 1 日。

「與許冠文為『芳芳的旋律』客串，當年對自己來說，是件大事，
因為這是自己第一次為電視寫國語『小型歌劇』。
真奇怪自己那時為甚麼會夠膽和芳芳演起歌舞來！
自己水準之差，現在有目共睹，但那時，卻倒有些沾沾自喜呢！」

報章報導無綫電視推出「芳芳的旋律」第三輯，照片出自《工商日報》，1969 年 7 月 29 日。

「《兩個就夠晒數》我完成了錄音，
還擔任節目主持，跟誼妹仙杜拉拖着一群兒童在
大會堂載歌載舞，介紹這首新歌。」

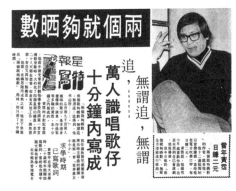

「兩個就夠晒數」特寫，照片出自《星報》，1977 年 1 月 6 日。

食飯，以色為先。事關過後的仍可以食番夠本，因此食與色熟重的問題，照三蘇兩者只許擇其一，若果兩者只許擇其一，則必先食而後色。假如有長期餓到暈，因此仍不過未至於愁凍餒，則美食不及美色矣。所以貧苦家庭，子女特多，他們未必「飽暖」，只不過未至於貧無立錐的男女，決定自殺。他們選擇「造愛」方式來自殺，認為死得風流，半天之後，雙雙昏倒，原因並非繞慾過度。只係餓到軟粒粒矣。

（原文刊第三期，一九六八年十二月一日。）

題目的三蘇叔叔（他有資格定此題目，當然應有了解女人對「食」與「色」反應的心得）。楊玉環型的女人，絕對不是「色」的好對象，她們的要求來不多。欲求「千里馬」的絕色中伯樂。食色熟重？我的綜合評論是：對男人而言，「色」重於「食」；對女人而言，有「食」無「色」，有「色」無「食」，所以難分輕重。

（原文刊第三期，一九六八年十二月一日。）

子曰：「食色性也！」飢而食色而不曰色食，顯而明之，夫子之道，食先而色後，必先充實五臟三腸，然後能效其豪人之好。否則肌腸轆轆，雖有當前活色生香，亦欲好無意，心有餘而力不足，徒呼荷荷而已。

但夫子之道，只說明人生兩大慾的先後次序，並未言及食色兩慾，孰重孰輕。當然夫子是心中有數，不過卻隱於種種問題，未便宣言。「夫子為大胃王」或「夫子與齊王同好」，則學生難起而問地，以後再不能面對門生，作諄諄之訓。是以夫子只云「食色性也」，便不再分析，甚至改變話題，亂以他語。

不過夫子的緘默，卻是不說等如說了。因爲如果夫子心中認爲食重於色，門生充其量只能謂夫子胃納過人，並無什麼好說之處。但倘如以色重食，那麼便連束修亦無着落。因爲目迷五色，好幹那車兒的性情，更重於食之身份，大有影響。萬一學生紛紛轉學，那麼便連束修亦無着落。由是之故，更遑論比食慾更重要之第二大慾矣！

也發生問題，更遑論比食慾更重要之第二大慾矣！佛曰「四大皆空」，色居次位，而食則棄而不言，可知食可以諒解，色則不可以忍受。蓋兩者雖然同是人生大慾，但食輕而色重。故即使是提倡摒棄慾念的宗教家，亦家顧對食視而不見，對色慾無法則不宣布。

董橋

（原文刊第三期，一九六八年十二月一日。）

以一個男子漢的立場來看，食色當然嚴重，因同是自然之性；除非是以禁慾爲尚之老僧，吃的是齋，絕非道行高超，大可能是內有隱衷，力不從心，是「不能」也，非不「想」爲也！老僧型之男人，是「不能」也，非不「想」爲也！所以酸溜溜的說：「色字頭上一把刀」，聊以解嘲。實則天字第一號阿Q！

假使一定要在「食」與「色」之間，作魚與熊掌之抉擇，拙見以爲應先取食。此食自然是指用口來食，而非「得食」或「飽何以解食比較比重要呢？是否邊隨古人的尾巴？大呼「民以食爲天」？是達到「色」這一目標的手段之一，與那些古僧「中學爲體，西學爲用」者之論調，有異曲同工之妙！因爲人到底是血肉之軀，精力有限。水塘乾竭，需要活水源源補充。靠藥物或其他外在因素，僅屬權宜之計，未足爲功。最基本者，係補充活水與彈藥，比如黑魚子醬和生蠔重黃之類。否則，一味重色，難免入不敷支，沉迷不振，雖仍有見獵心喜之心，到頭來大可能變成老僧第一，屆時當悔錯難返。故小的奉勸四方仁人君子，未若色心之前，首當重食，不斷爭取營養，及時進補。

正是：「留得青山在，那怕沒柴燒」也！

（原文刊第三期，一九六八年十二月一日。）

四方怪談

重熟食色

「四方怪談」專欄，原刊於《明報周刊》，3 期，1968 年 12 月 1 日，轉載於《明報周刊 30 周年紀念特刊》，1998 年 11 月 17 日。

「三蘇叔叔，行外人極少知其長相。

他連拍照見報也有很長時期堅決拒絕。

後來，《明周》雷老總，不管三七二十一，

趁那時他與簡八哥、

李英豪和我在《明周》寫同題的『四方怪談』，

在某次酒會上拍了照片，

刊在《明周》彩頁，他才算是破題兒第一遭的

以真面目見報。」

三蘇

好久以前看過一部外國短篇電影，其中一個故事說，夜間有一男子向一村婦求宿，村婦寡居，見男子瀟灑英俊，春心怒動，召之入內，大賣風情，男子半推半就，婦人已急不及待，解衣相候，召男子登榻，據「牀」大嚼，懍當前的美色於不顧，婦人爲之吹脹。短篇電影，至此遂告結束。這一個故事，正好回答：「食與色孰重」的問題。

古諺有云：「飽暖思淫欲。」大抵一個人飢腸轆轆之時，幾難想住做愛。做愛雖云是生理慾望，其實還是心理的要求居多。而肚餓則非立即埋理妥不可。和尚成世人不近女色，決不至於瓜得。五臟

「四方怪談」本周開檔，四個臭皮囊事先在席上言明，怪談題目一定，便停止交換意見，以免塗寫出來的東西，你肖他時他肖我。題曰：論食色孰重？三蘇叔叔年紀最長，所以第一周的題目由他定。

我個人認爲，「食」與「色」兩者相提並論時，雖然往往是「食」字在上而「色」字在下，但這種次序的安排，除了形象的位置是順理成章以外，其他方面絕不合理。

爲「色」而「食」，似乎早已是不成文的「法例」。君不見，許多許多男人千方百計求進補，到頭來還不是將自己的身體作爲補品的「轉運站」，單由此點已可證明出，「食」是爲

簡而清

我叫做霑叔

我 30 歲一過，已經有人叫我做「霑叔」。

音樂生涯，在下出道早。十四五歲，便拿了口琴，跟着老師梁日昭先生到處跑，在麗的呼聲、香港電台、綠邨電台、商業電台錄音、播音，與做電影配樂。所以，在樂壇，和我合作過的人，真是老中青三結合。杜麗莎的祖父結他大師，我們經常合作。特樂樂隊姬麗絲汀的爸爸簫王洛平，和我每周一次在商業電台錄「一曲難忘」。

前 EMI 音樂總監 Romy Diaz 還是年青小伙子的時候，我就用他作結他手。露雲娜七歲，我就請她唱發達汽水廣告歌。關正傑剛進港大，就為我唱「一生起碼一次，到世界度假」的航空公司廣告。鄭少秋還是在堅成片廠做棚長的時候，就替我唱合唱。

而梁日昭老師領導的大樂隊，琴手徐 B，真名是徐永兆。一月與 B 哥，聚首數次。徐 B 兄永兆是徐日勤的爸爸。所以勤世姪見到我，無法不尊稱一聲「霑叔」。

別人叫我做「霑叔」，全部受落，當正自己係阿叔，唔怕面懵。

這是出道早，後生就「出嚟蒲」的好處，也是壞處。

好處是輩份高，竟然與「波叔」等一流人物同列「叔」級。壞處是有些明明不是叔輩的，也一聲「叔」過來。

四哥謝賢聽了，開心大笑。曰：「老霑，你就有我咁好命！我老過你，但係時至今日，仍然只有人叫哥，冇人叫叔！」

我想想，此話甚對。

「胡樹儒送了張樓柏安寫的中堂給我，
上書兩大字，曰『文霑』。
黃永玉先生為我畫速寫，亦題曰『文霑』。
但全世界人類，都認為我是不文霑。
黃霑究竟是甚麼？
我怕連我阿媽，都弄不清楚。」

霑叔，攝於 1970 年代。

我唔係鬼才

承蒙朋友捧場，賜了頂受不起戴不穩的「高帽」，於是有人叫我「鬼才」，連《新報》為本欄作預告的時候，一樣這樣說。

「鬼才」的意思究竟是甚麼，我不大明白。「才」是才華？人才？「鬼」是「鬼怪」？還是比「人才」還要厲害？

不過無論意思是甚麼，這頂「鬼才」的高帽，黃霑絕不敢接受。

一來是受之有愧，一來是自問與事實不符。

我絕不是個謙恭之人，如果有些事情我自問是做得來的，別人不知，我也會告訴他們，不會因為要謙恭，便裝模作樣，虛偽一番。反之，如果明知辦不到，或不懂如何辦，也會據實而言，不會以不知不識為恥。

我自問有過人之處。

我努力，我苦幹，我工作不懈。比別人，至少，比一般人，在這方面，是的確勝人一籌的。

過去十多年來，一向是同時有三份不同的工作。每天，平均工作時間，至少 16 至 18 小時。別人睡眠八小時，我睡四小時，別人玩樂憩息八小時，我娛樂三小時。其他的時間，我都在工作，都在苦幹，都在努力。透支睡眠，透支休息，透支體力，透支時間。

讀友吃飯的時候，是細嚼慢吃，舒適享受，我吃飯是狼吞虎嚥，一邊看書或一邊寫稿子！

寫歌詞，從 1960 年開始寫，寫到現在，一邊寫，一邊學，

分析名家作品，苦讀前人寫曲理論，努力了 17 年，到現在，才開始慢慢的看到點竅門。

做廣告從業員，從 1965 年開始，到現在，也有十餘年了。這十餘年中，每天無時無刻，不在想，讀，學，做。

如果我有才華，我是鬼靈精，何必如此苦幹？何必每每事必透支精力的埋頭不懈？

所以，你說，黃霑是甚麼「鬼才」？根本，連人才也攀不上！說有過人，也只是比別人更苦幹而已。

● 黃霑，《不文集》（第1版），藝文圖書公司，1983年。

不
文
集

1973 年 4 月「不文集」專欄面世，最初類似雜文，很快轉成清一色有味笑話。專欄持續一年多，文章在 1983 年結集成書，一紙風行。

有味圖文出版，香港一直不缺，但長期不能見光。「不文集」由大眾鬼才執筆，在家庭式的周刊定期出版，令鹹濕故仔，變成見得人的事。它的鹹故，部份原創，部份翻譯西洋，再加上在本地朋友之間眾籌，經黃霑加工，樂而不淫，盡現港式流行文化的架勢。

黃霑寫「不文集」，其實頗為正氣。1960 年代中，性解放運動在歐美爆發，不久風潮吹到香港。黃霑成長時，性知識零蛋，性慾抑壓，罪疚感隨身。長大後，受洋風吹襲，立志要為自己和整個道統鬆綁。寫「不文集」前後，他在大小專欄推薦男人寶鑑，歌頌性的歡樂，為女性的性行為揭秘，部份下筆嚴肅，猶如化身性博士。

黃霑並不孤獨。「不文集」面世前一年，港府鼓勵自由婚姻，禁止納妾的新婚姻法已經落實。李翰祥的《風月奇譚》和丹麥電影《鹹濕先生》先後上映，主打色情小說和馬經的《今夜報》創刊，據稱日銷五萬份。當然，要鬆綁，必有阻力。一開始，「不文集」已與「世風日下」和「荼毒青年」畫上等號。社會有關取締色情刊物和電檢制度的爭議，到 1980 年代依然激烈。

同期，《不文集》靜悄悄地印了 62 版，成為香港史上有數最暢銷的書。

我與性

一、我與「性」十年

開始對「性」，當門嚴肅學問去翻書，是在 1967 年之後。

那年無意之中，在舊書攤裏買了本洋書，叫做《沒有犯罪感的性》（*Sex Without Guilt*）。著者是艾爾拔·靄理斯博士 Dr. Albert Ellis，是美國性學研究會的會長。

這本書薄薄的，全書不過十章以下。文字也不怎麼引人入勝。

只是看完了這本小冊，令我茅塞頓開。我開始覺得，人有性慾，是最自然不過的事。告子在 2,000 年前說過的「食、色，性也」實在有道理。食慾，色慾，都是自然人性的一部份。上口與下口的慾念慾望，沒有甚麼大不了，實在不應該大驚小怪，也絕不應該有甚麼犯罪感。

可是我一向是個頗虔誠的天主教徒，從 20 歲領洗後，一直頗循規蹈矩。性經驗少得無可再少。而且因為自少受教義約束，生理上有性的慾望，往往用種種方法，強加壓制。而一旦理智迷糊，血肉之軀的切實需要戰勝了宗教壓抑之後，也是懊悔得不得了，非去找神父告解，唸經補贖，不得安心。

可是每次下定決心，以後不會再「犯罪」之後，過一段日子，又去「犯罪」了。結果心靈上的犯罪感越積越重。老是責備自己，為甚麼這樣不長進，不成材，這麼懦弱。

直至我看到了《沒有犯罪感的性》一書之後，我才開始明

白，多年來因為性慾而積聚的犯罪感，是多麼的沒有道理。

而從此，我就矢志去學，去想「性」這人生的大問題，逢與性有關的書必買必讀。開始知道，「性」這事，影響人類行為，十分厲害。

我喜歡讀「性」書籍，偏重理論，尤其心理方面的理論和性與人類行為方面的理論。與「性」技術有關的不是不看，可是卻不大重視。

想不到一轉眼，已是十年光景。

二、不文自序

友人稱我為「不文」，其實是過譽了，我對「不文」事物的認識，與其說是來自實際經驗，不如說是得自書本。

但是，「不文」書籍倒真看過不少。我們求學的時候，學校不設性教育，一切性知識，除了偷偷問朋友之外，就全靠閱讀。

由淺藍色封面，專供在芬域碼頭洋水兵登岸購買的英文 fuck books，到亨利米勒的《南回歸線》《北回歸線》；由《紅綠日報》的「金巴里羅頓博士信箱」，到 Shere Hite 的《奚女士報告書》，我都看。

而且常常看完再看，像 Albert Ellis 的那本《沒有犯罪感的性》，我至少細讀過六七遍。因此，日久有功、經年累月積聚下來的知識，漸漸多了起來。

347

香港的社會風氣，這十多年來，開放了不少。現在的青年人，對性的知識，比我們當年，豐富了許多。

這是好事，也是社會的進步。

中國人，對性的態度，本來十分開明。幾千年前，告子就認為「食、色，性也」。可惜後來，開明態度逐漸變向，變得社會

充滿偽善，事事禁制。

　　性，其實是人與生俱來的正常需要，絕難缺少。我們要做人，就要對性有認識。否則，社會產生很多不必要的誤解。而誤解，往往導致悲劇。

> 「《紅綠日報》有個性信箱。由金巴里羅頓博士主持。
> 呢位金巴里羅頓博士，亦無其人，只係筆名，
> 而且，我有理由相信，係自問自答嘅多。
> 但係我哋十零歲嗰陣，日日睇。係我哋做嘅嗰陣
> 嘅權威性知識來源。」

《紅綠日報》專欄「金巴里羅頓信箱」，1966 年 2 月 4 日。

不文集

一、由來

「不文集」其實是我 1973 年，在《明報周刊》連載的專欄，每周千餘字，配以插圖，刊了一年，到 1983 年才結集出版。想不到一賣，賣到現在，每版 3,000 冊的賣了 50 多版，成為香港最暢銷的書。

「不文」二字，現在成為與性有關的事物代名詞，有點由我而起。

但起初，取「不文」為集名，有兩重意思。

在下行文寫稿，一向我手寫我心，下筆大膽，極少禁忌。因此想欄名的時候，就想標明這種寫作態度，別人「不」敢宣諸於「文」的，我敢。

第二重意思，是因為想寫些與性有關的知識。於是就截取「不文之物」的兩字，作為欄名。

我本是受了洗的天主教徒。1963 到 65 年間，還在天主教教區第一家中文中學「培聖」，教過兩年聖經。可是天主教教義，一向建築在人類的犯罪感之上，令我覺得甚受束縛。我到 25 歲，還是處男。和女友拍拖，愛撫完畢，第二天就要去告解。這事令我甚受困擾。

而在結了婚之後，覺得自己對性知識十分貧乏，於是就開始在 1967 年，找談性問題的書來看。

看了幾年，茅塞漸開。由金賽，到靄理斯，到 Masters And Johnson 這些美國性研究權威的書，全部啃了下肚，覺得很有益處。於是就有「野人獻曝」的構想，希望把自己苦苦鑽研了幾年的學問，公諸同好。

碰巧那時辭了國泰廣告公司創作總經理的職位，與友人開了家寶鼎電影事業公司，正在籌備創業作，空下來的時候，想寫點東西，於是就懇求雷坡兄，在他主編的周刊讓我寫個 2,000 字的專欄。

「不文集」於是面世。

但那時的「不文集」不限於性笑話。

剛剛在台北拿了第 27 屆「金馬」影后的林青霞，第一次來港，宣傳她的處女作《窗外》，我一見，驚為天人，就馬上在「不文集」裏介紹，叫人記住她這名字。顯見拙欄在當日，其實不那麼不文。

但漸漸，這欄就轉向，成為不文笑話專欄了。

轉向的原因，是因為不文笑話大受歡迎。不但讀友愛看，朋友也紛紛來電，提供不文資料。雷老總是報界高人，一見是此情形，就馬上替我改了個「不文霑」的綽號，大事推廣。於是不但文字不文，連人也與不文結合起來，到現在，依然脫不掉這不文形象。

不過，寫了一年，就寫不下去了。

不文笑話，有水準的甚少。我儲資料多年，才儲得一些，每周寫，到後來，就無以為繼，寫得十分辛苦。

辛苦的事，不做。

停了專欄。

想不到，十年之後，居然這個小欄又重新流行。「不文集」結集成書出版。幾個月不到，已經十版賣光。

二、不文同好

「不文集」見報之後，出奇的頗多絕非不文的文友有反應，這幾位文友，自然絕不如黃霑不文，但既爾看不文之集，而且還看出反應來，有理無理，黃霑也要把他們列為不文同好的了。

首有反應的是八哥簡而清。八哥與我，扯貓尾之輩也，有反應不奇。

次有反應的是三蘇叔叔。雖未見報，卻有電話：「世侄，你個不文集，開得幾盛！」

三有反應的是秋子先生，在權威專欄中說同意黃霑說法。黃霑說法，向來同意人少，反對人多，今文壇名筆高手竟然將同意宣之於筆，黃霑馬上如阿Q在捏了小尼姑蛋臉一把後一樣：飄飄欲仙之至。

四有反應的是莫大姐圓莊。莫小姐絕不喜愛「不文集」，據說每次看過之後，必以美國最流行服藥「妙蓮」洗淨妙目，但在「不文集」一段「黃霑改名巴黎」，莫姐竟也賜電讚許，謂有供人想像餘地，不如平日一語道破云云。

這是「不是不文」的文友反應，至於不文（不寫文章之謂也）的狗豬朋反應之烈，也是二千字難書。

所以，今日黃霑在此搖頭擺腦嘆曰：「不文同好，何其多哉？」

三、後會有期

這一期，是「不文集」在《明周》，最後一次和讀者見面了。

在開始寫「不文集」之初，本來預備只寫半年左右便擱筆，誰知一寫下來，竟然寫了三四個半年，這可真是始料不及。

還有一件始料不及的事，是「不文集」開始的時候，「不

文集」的意思，不是現在流傳着的含義。當初的所謂「不文」，只是想把別人「不」敢宣諸「文」字的東西寫出來。因為我自問寫東西，下筆比此地一般撰稿的先生女士大膽、刻薄和少顧忌；而這類文字，向來很少刊物願意刊登。所以當日深宵搖電話給《明周》老總討地盤的時候，蒙他答應文字絕不刪改，就一心朝這「人不敢寫，我偏敢寫」的膽大妄為路向走。誰知這一膽大妄為，這一「敢」就「敢」出了另一條「不文」路線。

記得「不文集」第一次交稿，一次交了六篇。這六篇文字，其中「有味笑話」只佔了極少部份。其他內容，不外是抒發自己對當時時事的感受。若說這六段文稿和我從前寫的東西，有甚麼大不同，那是絕對沒有。唯一的小不同，只是文字盡量的輕鬆點而已。誰料幾個星期過後，讀友的反應，朋輩的反應，都異口同聲說我那佔全部文稿極少部份的「有味笑話」很過癮；又認為這樣才是真的「敢」作「敢」為，「敢」寫「敢」說。

其實，說「有味笑話」，是我從小的愛好，平日一向不覺得有甚麼大不了；所以絕對想不到寫些這類笑話出來，就變成「敢死隊」了。而既然眾口一聲，認為這便是「敢死隊」作風，那我就索性把心一橫，乾脆「敢死」下去，把多年來聽到的看到的想到的與「不文之物」「不文之事」有關的笑話、歌曲、漫畫等等資料，都在「不文集」傾巢而出地傾了出來。

這一「傾」之下，「不文集」的「不文」兩字，漸漸有了新的含義：尤其甚者，是連我的名字，也變成了「不文霑」了。於是友儕紛紛以我為「不文」中心，有好的「不文」笑話，便紛紛為我轉告，然後，讀友來信附上資料的，也越來越多。就這樣，本來預備寫幾個月的專欄，寫得欲罷不能，欲收不可。甚至好友知交如簡而清兄，也以為我是在一開始便蓄意製造自己的「不文

上兩期的「明周」，有連載「青春期少女的「性」心理，文中說美國和日本的少女，很多很不可以理喻的性心理。而這些心理的形成，都因爲對性缺乏的充份的認識。

但我看，中國女孩子對性的知識，也不會比美國和日本的同輩高明多少。

而缺乏知識，往往會釀成不少悲劇。

但我們的「教育司」還是像沙坑上的鴕鳥，永遠不敢正視青年的性教育問題。

這種逃避現實的態度，不知挨害了多少人。

記住林青霞

「明周」一連數期都有林青霞的介紹。顯見老編都有眼光。

也不是黃霑寫爲「明周」老編托腳抬靴擦鞋，林青霞的確是值得介紹的。

這位新人，實在了不起。

這位新人的秀氣，眞如老編所調「叫人瞠目結舌」，而她演技的好處，眞叫那些演了十幾二十年戲的女明星，得過幾許紅，包佢倆三五年間就不注，加以青睞，現在終於來了機會。

可以紅得發紫，各位也不妨現在就記住她的名字，各位也不……

一六九與三六九

楚原搬電話找不文霑演「七十二家房客」，不文霑守「未登大銀幕處女之身」多年，等候大導演們叫又垂青，現在終於來了機會，大喜之餘，在電話旁邊幾乎要馬上向楚原叩頭謝恩，歌頌楚原的提拔，提名一番。

後來，此角不文霑絕不可演，因爲：做一六九，點做三六九？

所以唯有有辜負了楚原的好意，只得一六九，點做三六九？

「窗外」

生平絕少看國片試映，看「窗外」，只因爲那片的主題音樂。

原來，因爲「不文霑」十年來第一次用口琴爲電影配樂，所以……自我欣賞一番，自我陶醉一番。

誰料竟也因此而看到了兩位一位是上面說的林青霞，另一位是演她同學的張艾嘉。兩個小妮子都令人叫絕。

就算宋存壽的導演手法不是如斯流暢，就算顧嘉輝的配樂不公映的時候，我也會爲這兩位影壇的新演員看看「窗外」。

而一套國片我背着看過一次，除了「秋決」與「喜怒哀樂」之外，從未試過。

明周 245 期

電影對人的影響

向來認爲，電影只是銀幕上的幻象，對一個已經能夠有辨別是非的成年人，不可能會有什麼太大的幻象的影响。

但最近我覺得電影不但能得，電影真有影响，甚至可以影响銀幕下的人很觀眾，甚至可以影响銀幕上的人很有影响。

弄你底媽去吧

談起洋人的罵別人令壽堂，想起洋人似乎很少說這類與別人母親有關的話，他們罵人，寧願把人叫做「幹你娘」，而不說此事有美國黑人動輒說別人「幹你娘」，而不說「幹你母親的人」，此事有美國黑人動輒說別人……

是復旦大學人類學教授馬林諾夫斯基著，一本書裏面說這種「罵人的話」，裏面說這種「幹人話」裏面，是歐洲斯拉夫民族的，而在斯拉夫民族去亂倫，而在斯拉夫民族去亂倫俄羅斯老大哥最能將這種特性特性發揚光大。

MOTHER── ──ER 可證。的第四章「兩性社會學」。

英雄的邏輯

有位也地無人不曉的大英雄，不知道這位英雄在用廣東話粗口間候記者令壽堂之時，倘的邏輯是：自己認得這位英雄，就應該對他時候，倘的邏輯又是怎麼樣之當頭棒喝，惟其如果東話粗口間候記者令壽堂之當頭棒喝。

度，不好？對人不下不客氣，就應該……

「做愛」歌

「做愛」此詞，緣自英文。此詞不知何時開始有現在的意義？

以我看來，不可能是太久之前，因爲不文霑在青少年時代時，有歐西流行曲，就叫 WE WILL MAKE LOVE。此曲之前，WILL MAKE LOVE 二字，解作今義。否則電台十多年前頗流行；而記憶所及，當時似乎無人將「做愛」二字，解作今義。

「做愛」與「幹」

「做愛」此詞，我認爲與「幹」有不同意義。「做愛」有情的存在，而「幹」則是洩慾而已。

可惜世人「幹」的多，「做愛」的少。

揚光大。俄語 YOB TWAUY MAT（意卽「弄你底媽去吧」）變化最多，也最流行。

但在罵人的勁道上，似乎「弄你自己底去吧」，或「弄你老母去吧！」都不夠「弄你底媽去吧」。因爲前兩者只是小小你老母」屬害，但我們中國人就英雄一點，我直接罵你媽作學……

黃霑

黃霑「不文集」專欄，出自《明報周刊》，1973 年 7 月 22 日。

形象」，絕不知道我只是「應邀客串」而已。

經過一番考慮之後，還是認為與人快樂，讓人過癮，是天下間最大好事，所以也就決定「不文」起來。

只是「不文」資料的搜集，着實不易，好的「不文笑話」，真是要幾年才出現一個的。《花花公子》雜誌，每期出重資向全世界數百萬讀者徵求這類笑話，但一年下來，刊出來的笑話，也沒有幾個是真有水準的。當初寫「不文集」，下筆千言，轉瞬而就，是因為多年來無意之中積聚了不少資料的緣故。到後來資料逐漸用罄，要重新搜集，就成問題了。而到了最近，事忙加上資料短缺，寫這一欄東西，就變成相當吃力的工作。

我知道這樣下去，始終會變成敷衍塞責，不但對不起《明周》，對不起讀者，也對不起自己，因此與其讓這段開始成為我生命一部份的東西變壞變質，不如及早收場收科收檔收工收竿收手了。

非常感謝各位年來的愛護。黃霑在此，向各位作 160 度深鞠躬。

最要鞠躬謝過的是替我畫版頭的王司馬兄。他為我寫這個生動的版頭，令我出了一年多的「不文」風頭，而到今期「不文」風頭不再出之後，他仍然要為我「執手尾」寫告別插圖。所以，司馬兄，鞠躬，再鞠躬，三鞠躬。

「『不文霑』呢個名，係《明周》編輯雷坡同我改嘅。
『不文集』面世初初，不文笑話嘅比重，
响個欄度只係佔三分一左右篇幅，想唔到寫寫吓，
最受讀友歡迎嘅，就係嗰三分一。
我寫稿，已經明知再寫多七世都唔會攞得到
諾貝爾文學獎嘅嘞。所以一早就立定心腸，為人民服務，
走大眾化路線，讀友鍾意嘅嘢，我盡力去供應。
所以慢慢就成個欄走咗不文路線。
雷坡乃係一流一嘅大編輯，佢見到呢條橋煞食，
就生安白造，無端端同我起咗個『不文霑』嘅名，
大事宣傳。咁樣一搞，幾乎同我連姓都改埋。」

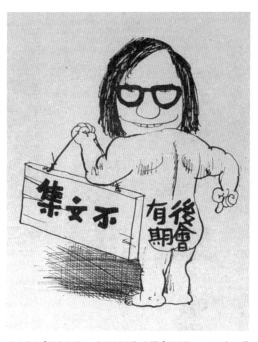

照片出自「後會有期」，《明報周刊》專欄「不文集」，1975 年 4 月 27 日。

性的歡樂

一、世界「性」巨著

引言

「食、色，性也」這句話，由告子在 2,000 多年前提出來之後，一直掛在中國人的嘴邊，可是中國人只是對食的文化，認識得夠；對色，卻一直都不開明。即使不是對色有偏見，也大都是採取李宗言的態度，認為那是可以做，而不可以講的一回事。所以專講色一方面的著作，少得可憐。僅有的幾本甚麼《素女經》、《玉房秘要》一類書，完全是把女性視作男人洩慾的器具，是用作「爐」和「鼎」；而且不但思想壓根兒要不得，連所講「技術性」的指導，甚麼「九淺一深」，甚麼「十動不瀉，通於神明」，也是絕無科學根據的胡謅。

可是儘管國人對性的認識不深，對外國性書的譯作，卻也仍然貧乏。坊間所見的性書，不但譯得不知所謂，選擇來翻譯的洋性書，本身也是一塌糊塗。所以能引導國人上性正途的中文書籍，實在太少了。

我從十多年前第一次開始讀洋性書以來，便想過要選有根據而且實用的外國性巨著來翻譯一下。可是翻譯是件十分艱苦的工作，「信、達、雅」真是談何容易。何況，翻譯外國性書有一個額外的難題：外國性書，是寫給外國人讀的。外國人道德觀念與

國人不同,依書直譯,往往令中國讀者看得大不以為然,因而可能會令讀者產生抗拒感,連本來會對他有益處的地方,也不能接受了。

因此,《明報周刊》總編輯先生邀請我翻譯那本在美國居暢銷書首席九個月的《性的歡樂》時,我提出了不如改譯為述的建議,一來這樣可以比較容易獲中國讀友接受,二來我寫來也可以輕鬆一點,三來也可以將自己十多年來,朝夕讀性書所得的一點愚見,作「野人獻曝」式的寫出來。這便是「世界『性』巨著逐部講」,在《明報周刊》逐期連載的由來。

第一部最新美國鑊經 ——《性的歡樂》

根據《時代周刊》每期刊出的美國暢銷書統計,《性的歡樂》這本書,已經一連九月,都居首席,這是十分厲害的紀錄,因為《性的歡樂》到今天為止,仍是精裝硬皮本,未出普及袖珍本,售價奇昂,而美國讀者,趨之若鶩,出高價購買而面不改容,絕對不易。這部書,看來比「J」的《渾身解數女人》,「M」的《渾身解數男人》與麥士達、莊臣合著的《人類性缺憾》與魯班醫生的《你想知而不敢問的性問題》的銷量,更要大大超過了。

這本書的精彩,一在插圖,二在內容。插圖分由兩位名家所繪,一個是彩色繡像,一個是炭筆素描,各擅勝場。至於內容方面,是目下最進步的一本。作者認為讀者不會再對性有縛束,所以下筆的尺寸,已經不再像前兩三年的性學家一樣,着力在解除讀者對性的心理束縛。開宗明義,就討論性的歡樂問題,而且全書裏面,對性技術,性用具的介紹,着墨極多。雖然書中不乏學術性的討論,但也不板起說教的面孔,文字頗為輕鬆幽默,可讀性甚高。

這書的副題叫「做愛食家指南」，全書將性與美食，相提並論，與告子的「性也」哲學，不謀而合。就是因為這樣，我在這裏稱之為美國最新「鑊經」，因為「鑊」之為物，正是美食之產生地。

全書共分六大章。第一章「論高級做愛術」，是純理論性文字，第二章叫「做愛的藝術」，是七彩繡像，加上雋永的簡短文字標題。第三章叫「頭盤」，講的是性用具與性器。因為這一章非常實用，沒有艱深的理論，不但可以「活學活用」，而且可以「即學即用」，所以先從這一章講起。

頭盤——基本作料

這章講「性」基本作料的「頭盤」，分很多節。第一節講的是床。

根據《性的歡樂》作者的說法，「床」仍然是家庭裏面，最重要的性事用具，因為雖然真正熱力四射，熱度極高的性事，可以在任何家中角落上舉行，沙發固可，地板上亦佳，甚至桌上凳上，也絕無不可，只要雙方興到，來一個「倒掛金鈎」的「瑜珈式」位置，也會魚龍曼衍，精彩紛呈的，但床，卻的確是性事的最普遍場地。

可是大部份在市面上有售的床，卻未必盡合做愛食家應用。因為代傢俬店設計床的人，大都只是抱着這個宗旨：「床也者，睡眠之工具也。」這個宗旨，未必符合做愛食家那「做愛第一，睡眠第二」的要求。一般的床，因為是設計作睡眠工具的，所以床面十分軟綿綿，絕不會硬轟轟。這樣一睡下去，自然是「春眠不覺曉」得很。可是軟綿綿對做愛，幫助不大。因為做愛，的確是需要硬轟轟的！連床也如是！所以理想的愛之床，比理想的睡

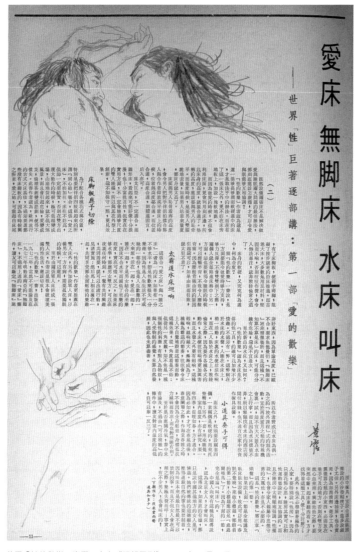

黃霑「性的歡樂」專欄，出自《明報周刊》，1973 年 11 月 11 日。

之床，很有不同。套一句洋服店的廣告術語，正是「目的各異，需要不同」。

二、總結《性的歡樂》

《性的歡樂》全書，已在這裏講完，今期，且來為之作一總結。

此書作者為美國醫學博士阿歷斯・甘佛夫婦。貢獻中最大的，是甘佛能遍覽群書，將前賢的各家專著，取其所長，合而為一家之說。所以洋洋大觀，可說是罕見的詳盡性學專書。

甘佛夫婦的《性的歡樂》一書，另有比其他性書籍勝一籌的是，這本書能把醫學上的、人情上的性問題，都融匯在一起。

當然，原書中的插圖，也功不可沒。

《性的歡樂》是精印性書，印刷好，紙張佳。且而明白一般人心理，知道讀者一方面要看插圖，一方面又會覺得如果看的是照片，就會噁心。所以全書兩種插圖，一種彩筆素描，一種鉛筆速寫，雖然都是用真人模特兒，卻也因為插畫師的藝術加工，就變得通俗而不庸俗了。

全書除了提出種種性交和性技術，供讀者參考之外，最重要的是提出下列兩點：

第一點、是「無器不性」。

這是說人身四肢，與每一性官，都是廣義的性器官，鼓勵做愛的仁兄仁姐，善加利用。

第二點、是提出「溫柔體貼」四字。

這是男人，特別是美國男人，最不懂的事情。男人因為生理上的先天條件，往往形成了種種「速戰速決」的最「不解溫柔」習慣。《性的歡樂》一書，全書無處不力數其弊，令讀者時存警惕。

女性性行為揭秘

我在《新星日報》寫「司儀我見」，已經差不多要結束。《新星》少編死賴，要在下繼續寫，在下一想，寫也可以，不過只寫性文章。

剛好這幾天天天捧住《奚女士報告書》，啃得很過癮，於是衝口而出，說：「《奚女士報告書》啦？」

「講女人性生活？好！我哋《新星》好多女讀者，不過咁嘢，你唔好寫得咁鹹濕。」

「《奚女士報告書》係最權威女人性生活調查，正經兼好嘢點會鹹濕！」

《奚女士報告書》我打算只用書中資料，用比較容易看懂的文字改寫。因為個書太多統計，可能讀友沒有興趣，所以決定去蕪存菁，只留精華。

女性性行為「揭秘」？有甚麼「秘」可「揭」的？

1953 年，美國動物學家出身的金賽博士（Dr. Alfred C. Kinsey）和他的研究員，出版了《人類女性性行為》這一本巨著，是人類有史以來，第一次有系統的對女士們的性行為，作科學化研究工作的研究報告書。

在金賽博士之前，只是零星落索的小研究，而且很多時，注重所謂「變態行為」，而對一般「敦睦倫常」、「魚水之歡」式的正常性行為，極少涉及。

金賽的書一出，全世界轟動。這本書影響力深遠，現在有所

謂「女性性革命」、「女性性解放」，不多不少，受了金賽的巨著影響。

可是這本《女性性行為》，雖然是巨著，卻有不少謬誤。最大謬誤之一，是認為女性在性行為中，所得快感，全靠陰戶口的那一粒蒂——陰核而來。

這些謬誤，到六〇年代，性學權威馬斯達與約翰遜（Masters And Johnson）的第一部巨著《人類性反應》（Human Sexual Response）已經開始大部份改正過來了。

馬斯達與約翰遜這對夫婦性專家的研究工作，其實是 1954 年便開始的。那正是金賽《女性性行為》面世後的第二年。他們一共臨床實驗了 11 年，到 1965，《人類性反應》書本面世。面世後又是全球轟動，成為六十年代最權威性巨著。

然後到了七十年代，就有《奚女士報告書》The Hite Report 出現了。這部報告書，和金賽，和馬斯達及約翰遜的著作完全不同。

怎麼不同？

和以前的研究著作不同，這部書是由女人自己口中親自說出對性行為的感受。

全本書都是這樣的報告。女人，由 14 歲到 78 歲的，自己親自用文字回答四張極長的問卷，每張問卷，50 餘條至 60 餘條問題不等。在回答問卷的時候，不必寫上自己的名字。

這問卷的方法有很多好處。

第一，女人回答問題的時候，有時候去想清楚自己的真實感受。

第二，因為只是在文字上作答，不必面對面的和發問人談話，所以在很多問題上可以暢所欲言，不至難於啟齒。

所以絕對是第一手資料。絕對坦白。絕對真實。

「在《新星日報》寫『女性性行為揭秘』，
曾經呼籲女讀友寫信來談自己的性感覺，
可是一封回信也沒有收過。完全沒有反應。
唯一是希望這沒有回信的原因，
是女讀友們對性一點問題也沒有。」

黃霑「即興集」專欄，出自《新報》，1977 年 9 月 27 日。

全書總共收集了 3,019 份答案。這個研究，歷時四年。

此書在美國，暢銷了很久一段時期。看完此書，我的感覺是：「咦，乜女人做愛嗰陣，咁嘅咩？」

我相信這部書，男讀友固然大開眼界，女讀友也會覺得，「原來第個女人都有咁感覺嘅。」

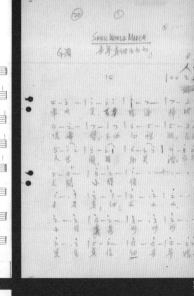

●《世界真細小》歌詞手稿，左、右、下分別為英文、粵語、國語版，
1975 年。

世界真細小小小

1975 年華星娛樂主辦「迪士尼樂園巡迴表演」，在香港會球場演出，持續三星期。今天回看，這次演出有點像個傳說：出席的觀眾很多，但事後的報導很少；演出有多首歌曲，但真正流行的只剩一首，叫《世界真細小》。

1970 年代，香港進一步跟世界接軌。1971 年華星娛樂成立，斥巨資改裝利舞臺，專攻舞台演出，連續多年主辦包括 Cliff Richard、Diana Ross、José Feliciano、Ray Charles 等海外頂尖藝人的演出。1975 年，華人歌手歐陽菲菲攜 18 人日本樂隊在利舞臺演出。翌年，華星的母公司無綫電視用衛星全球轉播環球小姐競選。

跟「世界」交流，弔詭地加速了「本土」的形成。本地人見過國際巨星，渴望從世界取材，做好翻譯和改良，然後發展自己的東西。巡迴表演將世界級的材料，改良為適合本土的演出，其中牽涉將超過 20 首英文原曲，翻譯成粵語，翻譯工程由黃霑承擔。今天書房內相關的歌詞和編樂手稿過百，圖中三份記下了歌曲 It's A Small World 化身成《世界真細小》的過程。中文分粵國語兩個版本，後者相信是為下一站台灣備用。國際品牌對改編的規格一向從嚴，由手稿修改的力度看，這次翻譯，絕非簡單任務。

事後黃霑自評：《世界真細小》有倒字，而且意思太深，是不太好的兒歌。但歌終究變成一代本土文化的標記。

迪士尼樂園巡迴表演揭秘

迪士尼樂園巡迴表演來港演出，粵語歌詞由我執筆撰譯。其實我在寫完 21 首歌詞，交了卷，就溜之大吉。除了在錄粵語聲帶的時候，因為顧嘉煇兄太忙，瓜代指揮了一首《世界真細小》之外，連首夕演出，也沒有空看。所以要我揭秘，真不知從何說起。

其實，迪士尼樂園巡迴表演也沒有甚麼秘可揭。迪士尼的秘密，是公開的——「家庭娛樂，認真演出，不惜工本，大力宣傳」16 個字，大概就可以概括了。他們的演出蓬帳，是自備的，全套音響器材，是自備的，連演出的舞台，也是自備的。全套器材服裝道具，連 130 多名團員，剛好裝備了兩隻 DC8 型噴射機，就這樣的原班人馬，原裝的飛來飛去，在澳洲與亞洲，巡迴演出。

這次「巡迴表演」，先在澳洲的 Perth 首演。一邊演出，一邊錄香港粵語聲帶，錄好了，就由專人帶返排練。到在港演出的時候，就錄國語聲帶，然後再飛到台北演出，然後是日本等地，全部用當地語言演出。

譯對白，譯歌詞，譯成了中文之後，要再經三重翻譯。一是音譯，每個中文字音，翻成英文；再一是直譯，每個中文字的意義，都翻出來；三是意譯，全句意義，再譯一次，這是便利演出人員充份明瞭對白和歌詞意義。所以無論是白雪公主，是王子，或是《世界真細小》的全體演員，每個字的口型，完全對！

他們每到一地演出，都和電視台合作。這是他們懂得宣傳之道。在香港，和無綫電視屬下的「華星」合作，在台灣，和「台視」合作，都是能利用最深入家庭的大眾傳播媒介，做成了人人非看不可的現象。而且團員未到，愛麗絲、米老鼠、高飛狗等先頭部隊，已經飛抵該地，到處宣傳了。

迪士尼有一個傳統，就是從來不准許任何人拍攝迪士尼人物化裝。觀眾看的米老鼠，就是米老鼠，演員是誰，永不公佈。這是要保持「迪士尼」人物的完整，絕不容許任何人為因素，破壞了家庭觀眾對這些人物的印象。無綫電視在錄粵語聲帶的時候，本來是想大肆宣傳一下的，但後來也遵照了迪士尼工作人員的意見，連聲音的「身份」，也不公佈了。因此，連幕後代唱的歌手是誰，對外界來說，也是秘密。

這秘密，我要揭穿。我想，配音人員，功勞不少，不應完全略去不提。

香港「巡迴表演」唱白雪公主的，是尹芳玲。

唱小蟋蟀的，是陳欣健。那是「歌星督察」《交通安全歌》的主唱者。

唱小木偶的，是張圓圓。

《雞欄舞》唱公雞的，是黎小田，一首《始終有一天》，實在唱得好！

《雞欄舞》另有主題曲，由犴狐狸唱出，那是 Albert Chang，就是可口可樂廣告歌那位嗓音沉雄的歌星。

《雞欄舞》大結局是華娃、劉韻、麥韻。合唱的還有席靜婷、關菊英等等一大群很有名氣的歌星。

差點漏了！唱惡婆娘和女巫的，是仙杜拉！

「巡迴表演」中的拙作《世界真細小》頗受歡迎。此曲集香港唱家班知名人士合唱，歌唱的水準不俗，可是有兩個字，唱得

不清楚。那是「又有陽光照」句的「又有」兩字，因為女聲部有兩位歌者是外省人，雖然久居香港，粵音還是欠百分之百純正，所以影響了咬字，「又有」變成了「悠悠」。

「兒童歌，今日最流行的一首大概是《我是一個大蘋果》吧？但這歌倒字倒得一塌糊塗，聽在耳中，好像是『鵝試一個歹蘋過』，根本不知所云。我的舊作《世界真細小》也有倒字。而且意思太深，歌詞也太長，看來還不是太好的兒童歌曲。」

四朵金花，《世界真細小》，百代唱片，1975 年，照片由吳俊雄提供。

「諗起多年前一個狂想。嗰陣，香港嚟過『迪士尼樂園』，
『華星』主辦，賺過大錢，而拙作《世界真細小》歌詞因此
流行一時。我對呢類場館表演，好有興趣。
認為又好玩，又有錢賺。所以諗過整隊咁嘢，周圍表演。
我嘅構想，跡近荒謬。我係想叫人投資，買隻舊嘅航空
母艦，改裝咗佢成為水上樂園，沿着地球海岸，逐個埠去。
航行之中，表演藝員就排戲，到埠就停响度，演到冇得演，
又成隻船去第二個埠。呢個構想我同後來再嚟香港做
『小飛俠』嘅幾個外國監製講，佢哋話有得諗，
重周圍打探過呢件事，結果發現航空母艦所用嘅油費太多，
好難維皮，因此而作罷。」

《小飛俠歌唱原聲帶》，娛樂唱片，1976 年。

● 電影《大家樂》劇照，由左至右：葉智強、陳友、黃霑、彭健新、
　譚詠麟，攝於 1975 年。

大家樂

1974 年黃霑告別廣告行業，開電影公司當導演去。創業作《天堂》，票房差強人意。第二部作品《大家樂》，娛樂性先行，由剪接到茄喱啡跳樓的場面，都不遺餘力。

作為文化現象，《大家樂》有幾個亮點：

一、它是音樂劇，表現方式類近西洋的 musical，不少場面以歌代白，以舞表心聲，有別 1960 年代粵語片常見的「對白加插曲」模式。

二、片中 14 首歌曲，兩首英語，其餘粵語，差不多全部由黃霑一手原創。歌的風格由數白欖到樂與怒，包羅萬有；歌由新紮巨星主唱，菲籍高手伴奏，金牌監製把關，整件工程是一次港式流行音樂初創期的大檢閱。

三、《大家樂》廣告宣傳「本片由全港影視明星參演」，可圈可點。1973 年，電影《七十二家房客》由電視明星主演，借鑒電視美藝，票房超卓，令粵語電影起死回生。《大家樂》承接其風，實行影視互助，接力重畫香港的文化地圖。

四、《大家樂》由溫拿樂隊主演。那時溫拿出道不久，技巧平平，但台型十足，（其中兩位）斯文靚仔。跟許冠傑比較，溫拿不算開路先鋒，但他們由西洋音樂轉玩廣東歌曲，先在電視崛起，再進軍電影，然後紅盡藝能界，整個上升的軌跡，百分百港式地道。

《大家樂》之後，「霑叔」的嘜頭加倍擴散，迅速成為本土文化字典的一個關鍵詞。

天堂

不能解釋自己為甚麼那麼想拍電影。只知道從小就喜愛這事，小時候在家，和兩弟玩遊戲，都玩拍電影。拿個鞋盒，幾塊玻璃，玻璃上用墨繪上人物，再在鞋盒上剪個洞，用電筒躲在衣櫃裏，就玩上半天。

1960 年代，我是半個電影青年，那時有好的電影，會看完一場又一場。好像《畢業生》，看了六七次。《八部半》（意大利導演費里尼名作）總共看了 16 次，連對白與鏡頭，都差不多可以背出來。

我想學拍電影。又沒有多少機會參加實際拍戲工作，唯有把那些經典當書本。入戲院，就像上堂一樣。

這樣看電影，看了幾年，到 1974，機緣巧合，兩位行外摯友，忽然也想拍電影，願意和我合作。

那時我在當洋資廣告公司的總經理，澳洲總公司派來新人當主席。此公無能之極。我最怕上司無能，所以正在考慮辭職不幹。

就是此時，香港的廣告片大亨卡通王胡樹儒兄找上門來。同來的，還有大家樂快餐集團的前執行董事羅開睦兄。

他們兩位，說要開電影公司，認為我可以加入作股東，執導創業作。投資他們全部負責，我只要拿兩萬元出來，我佔公司三分一股權，而且可以拿導演費。

就是這樣，我自編自導了處男作《天堂》。而未拍戲之前，只是做過廣告導演而已，大電影片場都未曾入過。

「半生有好多愛錫我嘅朋友。

其中一個係支持我開寶鼎電影公司嘅羅開睦先生。

我係『生番』嚟，永遠坐唔定，心散。

拍第一套戲嘅時候，又心大心細，一陣驚戲唔夠料，

一陣又驚戲多料過頭。睦哥於是運用佢嘅商管技術，

令我寫個劇本出嚟。佢一出馬，

我 12 日就寫好《天堂》，27 日拍完，上畫，

當年賣座第九。我有電影拍，全靠佢。」

電影《天堂》拍攝現場，導演黃霑（左二），老闆之一胡樹濡（左一），1974 年。

記得，在拍攝時期，有位入行數十年的劇務大哥，在我背後喃喃自語：「我入行幾十年，從來沒有看過人這樣拍片的！」

但《天堂》居然成為當年十大賣座電影的第九部。而且還讓台灣影評人協會，選為十大國片之一。

「看《天堂》的觀眾，當年也不少說胡燕妮與曾江的
床戲有韻味。不過，沒有人知道，
胡燕妮除了幾個對白的鏡頭之外，
在被裏兩人嬉戲的鏡頭，有替身。替身是我。
棉被之內，我與曾江摟着亂動，如此而已。」

電影《天堂》劇照，1974年。

「黃霑第一部電影《天堂》，當年在港是十大賣座片，
用當時最紅小生鄧光榮兄，
拍最紅女星胡燕妮，觸及難民問題，
雖然被台灣影評人協會選為當年十大國片，
可是賣座奇差，成果不提也罷。」

電影《天堂》劇照，1974 年。

大家樂

被人稱「叔」,「溫拿」五虎是始作俑者。

那時,我卅三歲。剛拍完當導演的處男作《天堂》,居然票房紀錄,位列全年第九,賺了點錢,想乘勝追擊,想拍部音樂劇。

音樂劇,自然要找會唱歌的人演。

我看中了「溫拿」五位青年,認為他們是可造之材。他們那時,在麗的電視有個節目,頗受年輕觀眾歡迎。

但幾位朋友,持相反意見。有位資深前輩,特別約我出來告誡,他認為這五個小伙子,難成大器。

另外有位電台紅人,也說:「不行的,他們!」

我一意孤行。全部反對意見,視作耳邊風。和自己電影公司的兩位股東商量過後,就和「溫拿」的經理梁披圖簽下了電影約。

「溫拿」五人,鍾阿B鎮濤和譚阿倫詠麟,兩個都是俊男,自然是男主角料子。

陳友的臉,很有卡通味,加上一副眼鏡,就是不折不扣的四眼笑匠了。

而彭健新戇直忠厚,阿強勝在普通,與一般青年,全無分別,正是觀眾典型。五個人組合起來,perfect!各有個性而相輔相成,應該紅得起來。

我相信自己的眼光,自認看新人看得準,絕少走眼。而且音樂劇少人碰,拍得成,應該一新耳目。

他們片酬也低,五萬元再加點分紅,就可以了。比起當年紅

星，他們只是一半價錢。

但訓練新人，要心血。他們雖然已是樂隊，但水準不高。只能在灣仔的小夜總會表演。所以和他們錄音的時候，辛苦得很。音準，咬字，都常常出問題。

阿倫的字音，當年是現代派，「我」、「牛」、「五」這些音，沒有一次咬得正的。

陳友的鼓技，勁是勁，但技術實在普通。

「你打八小節 solo 讓我聽聽！」記得第一次和他們練習，我對陳友說。

陳友睜大眼看着我，不作一聲。

他根本不知道鼓手也可以獨奏的。

於是，一首歌唱兩三天，錄數百次，是常事。

但和他們相處，十分愉快。

他們那時，情同手足。一個人錄獨唱，其他四個就在旁等。同甘共苦，互相激勵，五條心有如一條，令人感動。

一休息，鬼主意就出來了。而且，永遠出不完。

錄音間有個老爺可樂機。汽水一樽一樽吊在冰水中。上面有兩條鐵，鎖着汽水瓶，入足了硬幣，就可抽一瓶出來。是非常笨的設計，和今日的自動機截然不同。

一夜，阿 B 打開汽水機，硬幣不夠。腦筋一轉，鬼主意就來了。汽水瓶抽不出來？有方法，只要弄枝個開瓶器，把瓶蓋打開，插支飲管進去，再把頭俯下來啜，一瓶可樂，就可以喝清光。完全不必碰那鎖在鐵條中間的汽水瓶。

就是這樣，整個冰箱的可樂，一夜之間，全部贜空瓶子。

「溫拿」喝汽水，胃口像鯨魚吸水，吃漢堡包，更是超乎常人想像之外。

一夜，我不知走甚麼運。他們喊肚餓的時候，居然大動慈

377

悲，說要請宵夜。而又沒有零錢，只有大鈔。

500 元就此報銷，一毛錢沒有剩。

那時是 1974 年，漢堡飽大概 5 元一個。500 大元，全買光。

「你們幹嗎的？」我有點光火，覺得他們浪費，想罵人：「怎麼吃得了？」

「保證一個不留！」他們說。

然後我看見了半生人從未看過的場面。近百個漢堡飽，在一小時不到，就讓五個人吃得連麵包屑都不留一點。

但吃歸吃，玩歸玩，工作起來的時候，態度是很認真的。

阿 B 的 L.O.V.E - Love，唱了至少 500 次。

在冬天最冷的時候，我們拍陳友初會余安安的戲，陳友冷得面青唇白，但半聲不哼。

健仔學太監「喳！」學來學去學不像，就一天到晚，躲在一旁練。

結果《大家樂》拍成，全年賣座季軍。14 首插曲，7 首上榜，2 首還是 top hit。「溫拿」也五個人之中，有四個成名。連健仔也當過幾部戲的男主角。

一眨眼，十多年過去。今天我的大兒子已經差不多他們當年年紀了。「霑叔」兩字，娛樂界人人掛在嘴邊，變成了我的代號。

我看着當年舊照片，悠然神往。那份滿足感，筆墨難描。

到底當年，沒有走眼，看「溫拿」，的確是看準了。

「黃霑拍過兩部電影，第一部戲《天堂》，
理想多多，顧忌也不少。又怕戲不好，
又怕戲好而沒有娛樂性，所以來個漁翁撒網，兼收並蓄，
有悲有喜，有酸有甜，變了大拼盤。
拍第二部《大家樂》，開始對電影事業有了些微認識，
知道必要立定心腸，單向一點進攻。
於是選定了『娛樂性』三字，其他盡量不理。
結果《大家樂》當年賣座第三，
比《天堂》的排行第九，連跳六級。」

電影《大家樂》分場外景表封面，1975 年。

佈　　　景	場次	灯光	刖情摘要
走廊所務室心像面	22	片	漢站起如師務相相拱要業相、又更回
	23	〃	漢古入園乙錯、又所.
學校圖之館	42	黃昏	機斗漢程狸B告来、欸池球是园
	101 A	日	練碼过程看"好字為福"
第一課室	57	片	漢在黑校罗字、延知友時间、友正
	58	夜	友里夫告截、看書.
	27	日	先生教之. 友瞌睡, 众大笑.
	47	〃	友対試覓大叫. 众喜.
課室内	65	片	漢入課室告众拍电視、
	102	片	四人在逗台 漢、傻入、对众告歌
	104 B	日	晝胡试程春歌.
化學實驗室	72	片	壹幼漢地欢田毯. 友手列百黑了.
〃	100	片	四人在作實毯.
校長室	96	日	校長告友功收獲再告、同輪今甲業
學校礼堂	112	片	漢欲航州球是团收、並盤鑰流

電影《大家樂》分場外景表內頁，1975 年。

景3.

朋友仔	細載	阿健	阿漢	漢媽	達連	叔貞	教華	其他演員	特別道具
X	X	X	X						
X	X	X	X						
		X	X						
X	X	X	X						
X			X					黃木老師、眾同學、	
X	X							國文老師、〃、	
X								〃、〃、	
X									
	X		X						
X	X		X	X					
X	X								
X			X					訓導老師、眾同學、	
X								校長、	
		X	X						

381

「自己拍過的兩套電影《天堂》與《大家樂》，
劇本我都不滿意。比較有水準的戲，
是多年前一個改編英國舞台劇的電視劇本，
叫『第七號溶液』。
那是 1964 年在『麗的』電視演出的。
十多年前的劇本，竟然好過黃霑近作，
想起來，真是十分慚愧。」

「余安安是位十分漂亮的人，當年我見她，
第一眼就想和她簽長約。
一談好首部戲的條件，就馬上拍她的泳裝鏡頭，
免得夜長夢多。拍完《大家樂》，安安馬上走紅。
我們再談合約，她堅持要寫明不拍暴露戲。
因為『暴露』兩字，定義難下，終於沒有談成。」

383

上圖：電影《大家樂》劇照，溫拿樂隊，1975 年。/下圖：電影《大家樂》劇照，
余安安（左）、高妙思（右），1975 年。

聖誕快樂！

「大家樂」是什麼戲？

「大家樂」的卡士

「大家樂」的幕後陣容

38

「我自拍《大家樂》起，到拍完，到剪接，到配音，
到配樂，到籌備上映，到宣傳，完全親力親為，
所以，幾個月來，透支精力，不但身體瘦了25磅，
精神疲累兼困倦得筆墨難以形容。
19日晚上，我獨自一人在趕黃霑聖誕特輯『聖誕快樂』
劇本和歌詞的時候，突然眼前一黑，昏倒了！」

「1975年拍《大家樂》，劇情是我到電視台作茄喱啡，
被安排表演跳樓。外景在香港仔維他奶廠房天台拍，
由天台躍下，大約有五層樓吧。
地上鋪上了500個紙皮箱，上覆三張棉被。
Camera！一聲之後，下望，忽然，腦中出現奇景，
心中思念的人，全在腦海閃過。然後，硬着頭皮跳下去。
人一躍空，心像跳了出胸口，真要命！」 385

上圖：電影《大家樂》特刊（頁一），寶鼎電影事業有限公司，1975年。/ 下圖：
電影《大家樂》歌曲特輯（頁十四至十五），寶鼎電影事業有限公司，1975年。

	黃露黃露	
8. 人靠衣裝 (Clothes Make The Man)	黃露黃露 Wynners	華娃 (黃露)
9. But I Love You (但我愛你)	黃露黃露 Wynners	
10. Why Does Holding Hands (熱辣辣拖手牽手)	黃露黃露 陳秋霞	
11. (Unity Is Strength) 齊心就事成	溫添枝黃露 Wynners	
12. I'm Lonely Today (今天我非常寂寞)	黃露黃露 Kenny Bee	
13. Into The Hills Of Green (投向青山綠木)	黃露黃露 華娃、刘韻	
14. 大家樂 (主題曲) (Happy Rock)	黃露黃露 Wynners	

音樂指導、Eugenio (Nonoy) Ocampo

（電影原声帶中、寶麗麗麥唱片公司、出品）

（收播所有、不得翻印）

電影《大家樂》插曲一覽表，1975 年。

嘉禾電影事業有限公司一九七五音樂喜劇

大家樂 插曲一覽表

號	曲名	作曲	作詞	主唱
1.	只有知心一個 (Only You Are There To Love Me)	黃霑	黃霑	Alan Tam
2.	L-O-V-E Love (L-O-V-E 愛)	黃霑	黃霑	Kenny Bee
3.	玩吓啦! (Play A Little)	Kenny Bee	黃霑	Wynners
4.	好學為福 (Learning Is the Way to Happiness)	黃霑	黃霑、華娃	Wynners
5.	錢最親! (Honey Is My Honey)	黃霑	黃霑	Wynners
6.	始終都係朋友好 (Friends Are For Keeps)	黃霑	黃霑	Wynners

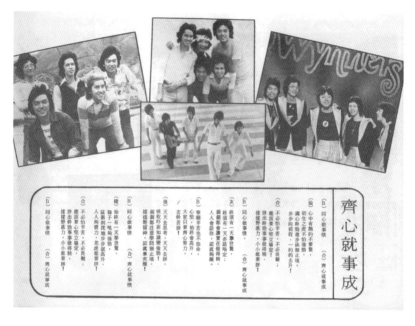

齊心就事成

（合）齊心就事成
（B）同心就事情

（慧）心中有酌的不害驚，初生之犢不怕強勁。鴻鵠羣遊少怯境，步步向前程。

（合）不必怕平苦，不必離，遍路要心堅立定！挽出幹勁事事做得精，攜攜野落力，小小都要拼！

（B）同心就事情
（合）齊心就事成

（友）終須有一天參世驚，終須有一天赤話瑪定。鋼鋼都會廣實在做得精，人人會話你，認真夠瀟。

（B）寒雁辛苦也不惑命，心堅，始終會高升。大家只要齊心努力，/ 苦與苦拼！

（強）天天去思考，天天去拼勁，我致努力新如進變強勁。鋼鋼都注意意問無止境，樣樣野留峰，認真兼處醒！

（B）同心就事情
（合）齊心就事成

（總）始終有一天參世驚，翅子一瓜飛向高勁。猛面到我地少步就高升！人人阿賣力，老虎都要拼！

（合）不必怕平苦，不必貴，應談要心堅立場定，挽出幹勁事事做得精，樣樣野落力，小小都要拼！

（B）同心就事情
（合）齊心就事成

3

「為了《大家樂》歌曲錄音，
一連在錄音室埋首工作了 20 多天，
發現了全港對錄音水準要求最高的唱片監製人——
寶麗多的 Ricky Fung。
第一次聽見銅管樂器，吹得如此和諧，
是在 Ricky Fung 監製自己作品，
《大家樂》插曲《齊心就事成》的時候。」

「半歌舞片《大家樂》，有一夜寫成五首旋律的紀錄，
其中包括陳秋霞第一首 top hit《點解手牽手》與
自認水準不差的《投向青山綠水》。
因為旋律可用元素有限，翻來覆去，
算你是貝多芬，也不外用 12 個音符而已。」

上圖：電影《大家樂》特刊（頁十），寶鼎電影事業有限公司，1975 年。／下圖：
電影《大家樂》特刊（頁十三），寶鼎電影事業有限公司，1975 年。

「1975 年，少男少女拍拖，拖吓手仔就好大件事。
《點解手牽手》開正後生仔女心頭好，
變成陳秋霞第一首 top hit。錄音嗰陣，
就真係快而準。幾十年來，
我同全香港大大細細男女歌星合作，
冇人係 take one 就收貨嘅。唯一例外，就係陳秋霞。」

電影《大家樂》劇照，陳秋霞，1975 年。

「有一類歌，在下自問唱得不壞。
那是需要『鬼馬』味道的輕鬆調子，
因為一定要『鬼馬』，窄嗓門就可派上用場而
不以為病了。《大家樂》電影，有首《錢最親》，
也是在下自唱。這首歌半唱半白，
字多而節奏快，黃霑半說半哼，也就過了骨。」

電影《大家樂》劇照，簡而清（站立者左）、陳友（站立者右），1975 年。

「初識阿倫，他的歌藝，未如今日之佳，
　『我』『喎』不分，『五』『唔』無異，
　口齒發音，十分含糊。《大家樂》主題曲之一，
　叫《只有知心一個》，其中『我』字多到加零一。
　錄音之日，阿倫幾乎唱到要喊。」

電影《大家樂》特刊（頁六），寶鼎電影事業有限公司，1975 年。

「小學課文中，有一篇叫『笨賊』。勸少年人努力，
不要愚笨。世上可偷的東西多，天可偷，地可偷，
不要蠢至偷人財物。是個寓意很深，境界頗高的故事，
讀後深印腦海。因此拍完溫拿五虎的《大家樂》，
便想把這教訓移用。很有點勸世的意思。
可是，世事往往未如人意，有了劇本，簽好演員，電影經過
多番轉折，拍不成，終於變成另一個未完成計劃存檔。」

笨賊霑

劇本（二）

劇　本：黃　霑

故事潤色：陳　劍　康

編　劇：王　晶

顧　問：鄧　偉　雄

黃霑電影事業有限公司出品

電影《笨賊霑（占）》劇本，手稿，1976年。

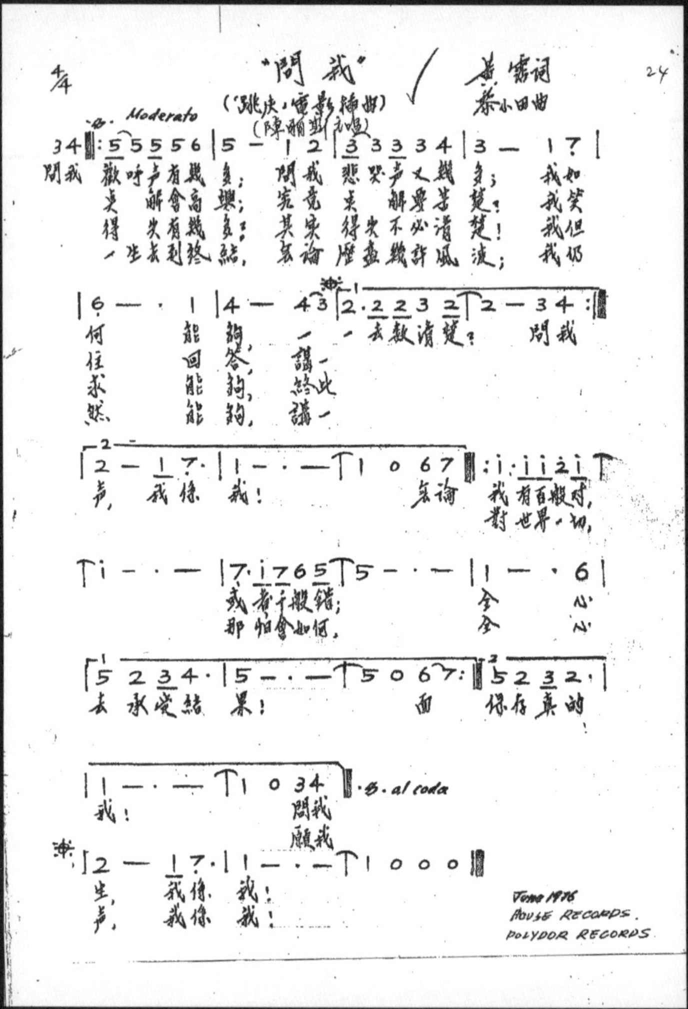

●《問我》手稿，1976 年，黎小田曲，黃霑詞，陳麗斯主唱。

我係我

1976 年，黃霑寫成《問我》，歌迅速大熱，成了他的飲歌。

黃霑喜歡《問我》。寫歌時，他被指背叛妻子，是香港頭號賤男，心情跌下谷底，歌詞寫「面對世界一切，哪怕會如何，全心保存真的我」，「我仍然能夠，講一聲我係我」，全部是決堤式的真情實感。

有趣的是，他的真情，也是眾人的實感。幾十年下來，《問我》的翻唱版本不計其數，演唱會上唱的感觸，聽的共鳴。「我係我」似乎不單止是黃霑的個人金句，更可能是幾代人的集體心情。

這個想法，黃霑早已提出。1983 年他的專欄文輯《黃霑雜談》出版，他在書的「前言」問：黃霑是甚麼東西？我幹嗎要看你，知你？你的「我」，於我何有哉？

黃霑的「我」，開門見山：「我是個和香港一起成長的人……值得記憶的一切，都在香港度過……有『我』的東西，或許也會引起香港讀友的共鳴」。

黃霑的「我」，同時帶點複雜：「我同時是個徹頭徹尾的中國人，很為自己體內的中國血液感到驕傲光榮……看着海峽兩岸政府的種種不堪，我痛心疾首，所以，在我還能自由選擇居住地的今天，我選擇了香港」。

《問我》的歌詞，將懊悔的心情，轉化成對「自我」的肯定，然後一人唱歌，萬人共鳴，將個人的際遇，嵌入時代的境況。「我係我」輾轉成了一代香港人的身份標記。

我係我

問我歡呼聲有幾多？問我悲哭聲有幾多？

我如何能夠，一一去數清楚！

這首 1976 年的拙作《問我》，是在下寫詞生涯的第一個大突破。

旋律，是黎小田的傑作，陳麗斯主唱。那是葉志銘兄繽繽影業創業作《跳灰》主題曲，戲是蕭芳芳與梁普智聯合導演的。

我深愛此曲，是因為歌詞真情實感。

那年婚姻觸礁，內心痛苦，更與何人說，只好以歌寄意，連填四首都不愜意，一夜床上苦思，忽爾靈光閃現「問我」這概念，急忙推被而起，一揮而就。

歌詞交給了小田之後，小田亦覺得這歌詞好，於是急急忙忙弄好了音樂，自己唱了，在「家燕與小田」節目搶先面世。

節目播映後翌日，華娃打電話來問我：「昨夜小田唱的那首歌，是不是你寫的詞？」

歌詞中的情感，一下就讓前妻聽出來了。因為心中感慨良多，濃得可以，一化成歌詞，真正乃盡情流露，決堤而洩。

《問我》為甚麼流行？事後看，《問我》不單止有我自己的感覺。七十年代中開始，香港粵語流行曲不少成功的作品，用現代人說話，寫現代人心聲和感受，坦白直率，毫不掩飾，也不退讓，這和《問我》那種「無論我有百般對，或者千般錯，全心去承受結果」的「我係我」態度一樣，寫出了這一代人的自我意識。

選擇香港為家的中國人

黃霑是甚麼東西？

散文，我自知寫得不太好。至少，比起我的粵語流行曲歌詞，就有不及。不過，我倒是頗重視自己這些散文的。因為，只有在散文裏面，我才可以暢所欲言，無拘無束。

我從事種種不同方式的創作近 20 年，只有在寫散文的時候，完全不受限制。拍電影，我每分鐘在考慮票房；寫劇本，我想着觀眾。寫歌，我要照顧歌星，服侍老闆，取悅歌迷。寫廣告，要按着產品的需要，市務的目的，和準用家的心理行事。只有寫散文，全無顧慮。想寫甚麼，就寫甚麼。

可以說，在我的不同作品之中，只有散文，最多我在。

文中有「我」，對讀友來說，不一定有好處。

黃霑是甚麼東西？我幹嗎要看你，知你？你的「我」，於我何有哉？

這點道理，我很明白。

我是個和香港一起成長的人。從 1949 年，隨着先父逃避中共的統治，從廣州跑到了這個小島。此後，就一直沒有離開過。值得記憶的一切，都在香港度過。受的教育，也全是香港式的。所以，我實在是個說得上有點代表性的香港人。我不能代表全面，卻絕不缺乏代表性。我一方面承接着中國上一代的傳統，一方面吸收着西方的學識和生活方式，另一方面，也在拼命糅合兩者來找出些真正算得上是自己的東西。所以，在心態，在對事物

的觀感，都和每個香港人很相似。因此，有「我」的東西，或許也會引起香港讀友的共鳴。

我同時是個徹頭徹尾的中國人，很為自己體內的中國血液感到驕傲光榮。我絕對沒有因為自己是中國人而自卑過。看着海峽兩岸政府的種種不堪，我痛心疾首，所以，在我還能自由選擇居住地的今天，我選擇了香港。

本書的每個字，是我這個選擇香港為家的中國人底心聲。

香港是我們的家

我覺得香港居民，正在漸漸的對我們這香港，多了歸屬感。

我們這群從大陸來香港的人，大概起初都免不了有「寄居」此地的感覺，心中總是隱隱的覺得，家在那邊。此地我們看成酒店，也把自己看作過客，「滯留」在這裏，只是暫時性的，時機一到，我們就走了。

但經過 20 多年的住於斯，生活於斯，大概免不了對此地產生了感情。而且隨着時日的過去，這感情越來越深。「回家」的期望，也相應的減少。何況，看着他鄉，更覺得，我們這「酒店」，實在比「家」還勝，所以酒店逐漸變成家了。

香港在這 20 多年來，也着實的進步了。

本來，香港是不怎麼好的城市，沒有資源，居住環境也劣，政府對居民的政策，也不怎麼好。

但現在，這一切都進步了。政府雖然仍舊不太民主，但誰也不能否認，居民的實際需要，政府是分了點力來照顧的。

視香港為家，比視外地為家，實在好得多。

我希望每個香港人都珍視香港這個家，都愛護這個家。

因為我們實在是除香港之外，已經無以為家了。

這是我家

每次外遊，無論怎麼好玩，怎樣舒服，一旦飛機進入香港上空，就欣喜莫名。

因為有歸家感覺。

覺得香港是家的感覺，不是一開始便有的。我們初來此地，全家人都是過客心情。那時，心中都想着廣州的老家，總希望能有一天回去童年時舊地。

然後漸漸的就愛上此地了。

那是一點一滴積聚下來的感覺，來得慢，也來得曲折。到開始知道國民黨年年講的「反攻大陸」不過是連他們自己也不相信的謊言之後，才一點點的把記憶從腦中抹掉，再一滴滴的把愛注入這小島裏。

到最後，我家中人人立定心腸，以此為家了。廣州變成過渡，此地才是真愛。

記得八十年代中，第一次重回廣州，特地找自己的老家看。那次的感覺是奇怪的。面對童年時生活的一部份，我居然只覺得陌生到非常震驚。

回港後反覆咀嚼自己當時的心境，才驀然發現，在悠悠歲月裏，愛心轉移。老家，不過只是片段美的回憶，不再在生活中發生任何實質的影響。

香港，已是老家。

不棄不離，與之終生廝守。

任何人對之有任何不利，我願捐出生命，誓死守之。

我係香港人

中國立國以後，對外封閉。可是香港卻迅速發展成對外開放社會。不但經濟起飛，而且逐漸成為全球經濟網絡中重要成員。而因為大陸和香港隔絕，港府又有意無意地限制港人的「中國意識」，港人的「中國人」身份，根本難以建立。代之而起的，是一種發自民間的本土庶民精神。

香港人開始以身為「香港人」為榮為傲，是自發的。由生存到自豪，從危機走到富足，由心懷故土發展至向心香港，並非港府有心主導搖旗振臂號召民心的結果。在此傳媒起了推波助瀾的功用，社會深層的一些蓄勢待發的感覺，因為媒體的倡導，一下子藉此機會迸發出來。

七十年代初，是香港青少年人口的膨脹期。他們既是社會的未來棟樑，也是經濟的推動力與勞動力。和上一代不同，他們不是移民，沒有家鄉故土的懷念，因此較易對香港產生歸屬感覺。

香港人到七十年代，社會意識和從前顯著不同。人口中 15 至 30 歲的新生代，身處經濟迅速發展的社會之中，努力追求一己的個人成就。傳統觀念，對他們來說早已不夠應用。電視媒介在這過程，成為新價值觀的凝聚點，送走了上一代的舊意識，催生了本地的普及文化。而在這時期，參加電視工作的主要人物，正是香港的新生代。他們多數來自香港各大學，如許冠文、許冠傑、劉天賜、鄧偉雄、梁淑怡、黃霑、孫郁標、馮美基、蕭若元等，本無電視傳媒經驗，但邊學邊做，發揮高度創意，把他們從大

學得來的文化觸覺，直接或間接地運用在香港電視文化的開拓上。

「香港人」的本土意識確認，和不願依附中國的複雜心情，投射在創作態度上，變成一種力求上進與自求多福的心態。香港流行音樂創作人，不約而同，對作品水準有要求，希望脫離前人巢臼，不停將作品水平提升，令「香港人」作品，變成是高水準產品標誌，使自己與作品受眾，都可以引以為榮。於是，水準較好，現代感較強的粵語流行曲歌詞，1975 年左右才較多出現。

所謂「水準較好」和「現代感較強」是遣詞用字造句，語法較新。意象也多些現代感覺，現代人的「自我」常常在這時期的歌詞出現。像《問我》「我笑住回答，講一聲，我係我」的感覺就是。這些歌用現代人說話，寫現代人心聲和感受，所以行銷各地，處處得樂迷認同和共鳴。即使身居外地，沒有「香港人」本土意識和文化身份的，也被歌曲中澎湃的真情所動，絲毫不因為所處地方不同，而感受有異。香港粵語流行曲的興起，和此地本土意識確立，文化身份的締造，息息相關，幾乎同步而前。

香港人向世界宣示「我係我」之後，社會的發展，走上另一路向。本來戰戰兢兢，唯恐有失，不旋踵已經邁開大步，向前直衝，信心十足了。這種充滿自信的態度，配合了當時環境，獲得了空前未有的成功。中國文化，向來的影響，是由北而南的，方向極少改變。到普及文化開始在四十年代流行，上海才稍改影響的方向。香港因緣際會，在五十和六十年代汲取了上海普及文化養料，加上歐美多年影響，終於在七十年代中葉，找到了自己獨特的聲音，令粵語流行文化，衝破了方言界限，在製作和創作上，既與前不同，也與人有異，產生了「只此一家，別無分店」的優質產品，於是影響遍達中國，東南亞，甚至全球。

參考資料

我係霑叔：圖片故事

□ 「廣告生涯之憶」,《壹週刊》專欄「浪蕩人生路」, 196 期, 1993
年 12 月 10 日。

「菲菲一紅十多年」,《東方日報》專欄「霑記講古」, 1984 年 9
月 14 日。

「兩代《座頭市》」,《南方都市報》專欄「黃霑樂樂樂」, 2003
年 10 月 30 日。

「黃老霑居然可以做主角」,《東方日報》專欄「我媽的霑」, 1985
年 4 月 19 日。

「俾狄娜吹脹」,《東方日報》專欄「霑記講古」, 1984 年 9 月 25 日。

「唔驚無八聞」,《東方新地》專欄「黃霑 Talking」, 196 期, 1995
年 2 月 5 日。

「回憶……」,《東方日報》專欄「黃霑在此」, 1982 年 12 月 21 日。

「林貝聿嘉周時指掂黃霑」,《東方日報》專欄「霑記講古」, 1985
年 1 月 5 日。

「作家與電視」,《明報》專欄「自喜集」, 1990 年 4 月 27 日。

我叫做霑叔

○ 「阿叔」,《東方日報》專欄「黃家店」, 1984 年 10 月 22 日。

「係唔係都『叔』過來」,《東方日報》專欄「他媽的霑」, 1985
年 4 月 1 日。

「行年過卅就『叔叔』聲」,《東方日報》專欄「我媽的霑」, 1985
年 5 月 12 日。

□ 「誰是我媽的霑」,《東方日報》專欄「我媽的霑」, 1985 年 4 月 8 日。

我唔係鬼才

○ 「『鬼才』高帽」,《新報》專欄「即興集」, 1977 年 1 月 24 日。

我與性

○ 「我與『性』十年」,《新報》專欄「即興集」, 1977 年 3 月 15 日。

「自序」,《香港周刊》專欄「黃霑談性」, 201 期, 1983 年 11 月 4 日。

□ 「懷念《紅綠日報》」,《東方新地》專欄「黃霑 Talking」, 203 期,
1995 年 3 月 26 日。

不文集

○ 「『不文集』的由來」,《壹週刊》專欄「彷彿是昨天」, 42 期,
1990 年 12 月 28 日。

「不文同好何其多」,《明報周刊》專欄「不文集」, 235 期, 1973
年 5 月 13 日。

「後會有期」，《明報周刊》專欄「不文集」，337 期，1975 年 4 月
27 日。

☐ 「不文霑係唔係不文霑？」，《東方日報》專欄「霑記講古」，1985
年 2 月 8 日。

性的歡樂

○ 「世界『性』巨著逐部講」，《明報周刊》專欄「性的歡樂」，260
期，1973 年 11 月 4 日。

「總結『性的歡樂』」，《明報周刊》專欄「性的歡樂」，338 期，
1975 年 5 月 4 日。

女性性行為揭秘

○ 「Hite 來了」，《新報》專欄「即興集」，1977 年 7 月 18 日。

「權威巨著」，《新星日報》專欄「女性性行為揭秘」，1977 年 8
月 22 日。

「揭做愛之秘」，《新星日報》專欄「女性性行為揭秘」，1977 年 8
月 23 日。

☐ 「一點反應也沒有」，《新報》專欄「即興集」，1977 年 9 月 27 日。

迪士尼樂園巡迴表演揭秘

○ 「迪士尼樂園巡迴表演後台秘密」，《明報周刊》，328 期，1975 年
2 月 23 日。

「未清」，《明報周刊》專欄「裝飾音」，330 期，1975 年 3 月 9 日。

☐ 「兒童歌」，《新晚報》專欄「我道」，1994 年 3 月 19 日。

「『海上樂園』構想公開」，《東方日報》專欄「我媽的霑」，1985
年 9 月 14 日。

天堂

○ 「活在電影夢中」，《東方日報》專欄「我手寫我心」，1990 年 4
月 1 日。

「睇電影」，《東方日報》專欄「鏡——一題兩寫」，1987 年 4 月
22 日。

「隨緣而活五十年」，《壹週刊》專欄「彷彿是昨天」，67 期，1991
年 6 月 21 日。

☐ 「黃霑拍戲全靠羅開睦」，《東方日報》專欄「霑記講古」，1985
年 2 月 24 日。

「床戲」，《信報》專欄「玩樂」，1990 年 11 月 5 日。

「開心結下台緣」，《東方日報》專欄「我手寫我心」，1990 年 6
月 15 日。

大家樂

○ 「和『溫拿』合作的日子」，《壹週刊》專欄「彷彿是昨天」，63 期，

1991 年 5 月 24 日。

□　「時至今日」，《明報》專欄「隨緣錄」，1981 年 9 月 24 日。

「劇本」，《東方日報》專欄「黃家店」，1984 年 10 月 12 日。

「余安安臉與身材叫絕！」，《南方都市報》專欄「黃霑樂樂樂」，2003 年 10 月 31 日。

「我與周梁『淑怡』」，《明報周刊》，372 期，1975 年 12 月 28 日。

「跳樓戲」，《新晚報》專欄「我道」，1994 年 2 月 6 日。

「Ricky Fung」，《明報周刊》專欄「裝飾音」，347 期，1975 年 7 月 6 日。

「顧兄小心　黃霑來也」，《東方日報》專欄「黃霑在此」，1980 年 1 月 10 日。

「陳秋霞錄音一 take 搞掂」，《東周刊》專欄「多餘事」，50 期，2004 年 8 月 11 日。

「黃派唱法」，《明報》專欄「隨緣錄」，1983 年 6 月 28 日。

「幸運倫再不『喎』」，《東方日報》專欄「霑記講古」，1984 年 9 月 10 日。

「和『溫拿』合作的日子」，《壹週刊》專欄「彷彿是昨天」，63 期，1991 年 5 月 24 日。

「笨賊占」，《東方日報》專欄「滄海一聲笑」，1995 年 3 月 31 日。

我係我

○　「問我」，《東方日報》專欄「鏡——一題兩寫」，1988 年 11 月 10 日。

「在問我中」，《明報》專欄「隨緣錄」，1981 年 10 月 15 日。

黃湛森，《粵語流行曲的發展與興衰：香港流行音樂研究（1949-1997）》（145 頁），香港：香港大學，（2003）。

選擇香港為家的中國人

○　「前言」，《黃霑雜談》，香港：博益出版社，（1983）。

香港是我們的家

○　「香港是我們的家」，《明報》專欄「黃霑隨筆」，1977 年 9 月 23 日。

這是我家

○　「這是我家」，《明報》專欄「自喜集」，1990 年 11 月 19 日。

我係香港人

○　黃湛森，「第三章《不了情》與《綠島小夜曲》時代（1960–1973）」，《粵語流行曲的發展與興衰：香港流行音樂研究（1949-1997）》（93-94、104、107、133、145、150 頁），香港：香港大學，（2003）。

鳴 謝

贊助機構
衛奕信勳爵文物信託
香港大學社會學系

版權授權機構 / 人士
星島報業　明報周刊　黃麗玲　方保羅
彭志銘　高添強　張順光　陳婕萱　古音坊

個人
蕭潮順　黃菊如　黃志淙　陳智遠　朱順慈
陳嘉銘　徐香玲　吳穎兒　曾仲堅　楊倩倩
周偉信　朱偉昇　李舒韻　陳彩玉　王敏聰
王潁聰　張適恆　蘇芷瑩

文章出處
明報　新報　新星日報　東方日報　信報
中國時報　新晚報　快報　蘋果日報
文匯報　南方都市報

學苑　電視週刊　明報周刊　香港周刊
壹週刊　東方新地　亞視周刊　東周刊
Beauty Box

喇沙書院校刊
博益出版社書籍（黃霑雜談）
黃霑香港大學論文
香港電影資料館訪問（黃霑）

1941-1976

黃霑看黃霑

黃霑 著

吳俊雄 編
黃霑書房 製作

保育
黃霑 1

CONSERVING JAMES WONG .1
JAMES WONG ON JAMES WONG

責任編輯
　寧礎鋒
書籍設計
　姚國豪

出版
　三聯書店（香港）有限公司
　香港北角英皇道 499 號北角工業大廈 20 樓
　Joint Publishing (H.K.) Co., Ltd.
　20/F., North Point Industrial Building,
　499 King's Road, North Point, Hong Kong
香港發行
　香港聯合書刊物流有限公司
　香港新界荃灣德士古道 220-248 號 16 樓
印刷
　美雅印刷製本有限公司
　香港九龍觀塘榮業街 6 號 4 樓 A 室

版次
　2021 年 6 月香港第一版第一次印刷
　2024 年 3 月香港第一版第三次印刷
規格
　大 32 開（140mm x 200mm）408 面
國際書號
　ISBN 978-962-04-4662-7

三聯書店
http://jointpublishing.com

JPBooks.Plus
http://jpbooks.plus